LE MASSAGE DES BÉBÉS

L'éditeur tient à remercier tout particulièrement
Christel Proudhon, pour ses précieux conseils
et sa participation active à la réalisation de cet ouvrage.

La présente édition est publiée avec l'accord de
The Bantam Dell Publishing Group, a division of Random House, Inc.

Les comptines destinées à accompagner les massages
nous ont aimablement été transmises par l'AFMB
et par Agnès Levine, psychopédagogue.

Conception graphique et mise en page : Valérie Azzaretti
Coordination éditoriale : Laurence Piault

ISBN : 978-2-7107-0812-4
Dépôt légal : novembre 2010

VIMALA McCLURE

Le MASSAGE des BÉBÉS

Traduit et adapté de l'anglais par
Simone Mouton di Giovanni

Relecture et adaptation par Christel Proudhon
Docteur ès sciences, Instructrice et représentante
de l'Association française de massage pour bébé auprès
de l'Association internationale de massage pour bébé

TCHOU

À propos de l'auteur

Vimala McClure vit à Boulder au Colorado, le « foyer de ses ancêtres ». Elle pratique le yoga et la méditation depuis 1970. Après avoir passé du temps dans un orphelinat du nord de l'Inde, où elle découvre le massage des bébés, elle élabore une technique novatrice, inspirée par sa découverte et ses pratiques antérieures (éléments de massage suédois et de réflexologie, postures de yoga et positions adaptées pour les bébés). Pendant plusieurs années, elle enseigne cet art chez elle. En 1978, à la demande d'éducateurs, elle met au point un programme de formation. Avec son premier ouvrage, *Le massage des bébés*, elle fait découvrir au grand public la pratique ancestrale du massage des bébés.
Au cours de ces années, elle forme un noyau d'instructeurs, avec lesquels elle fonde en 1981 l'International Association of Infant massage (IAIM – AIMB en français), association sans but lucratif. L'AIMB compte maintenant plus de trente sections dans le monde et le livre de Vimala est disponible dans de nombreuses langues.
Depuis, Vimala continue à écrire pour de nombreux magazines et a publié plusieurs autres ouvrages. Maintenant que ses enfants sont adultes, elle a le loisir de se consacrer à l'art du fil, devenant une artiste reconnue dans la confection d'édredons brodés (quilts).

Préface

J'ai eu l'incroyable chance de rencontrer Vimala McClure à plusieurs reprises ces dernières années, dans le cadre de ma carrière d'instructrice et de formatrice en massage pour bébé, commencée en 1983. Cette femme m'a toujours impressionnée. Visionnaire d'une société meilleure, elle a su réaliser de façon exemplaire un de ses plus grands rêves : celui de voir tous les bébés du monde recevoir dès leur naissance un toucher sain, nourrissant, rempli de l'amour dont tous les êtres humains ont besoin pour grandir, et développer leur « humanité » dans le sens le plus noble du terme. Vimala a été la première personne dans le monde occidental à mettre tout en œuvre afin de réaliser cette vision.

Ce livre a été la première étape vers la réalisation de ce rêve, et c'est avec une joie profonde que j'ai appris que tous les parents francophones du monde vont enfin y avoir accès. Ce livre a été traduit en plusieurs langues, preuve que son message est essentiel, je dirais même vital.

En ce début de troisième millénaire, l'humanité fait face collectivement à une question existentielle : comment pouvons-nous vivre ensemble dans le respect de nos différences ? Il devient de plus en plus urgent de revisiter nos valeurs, nos façons de vivre les uns à côté des autres dans le respect. Cette question fondamentale ne peut trouver une première ébauche de réponse ailleurs que dans l'attention que nous témoignons à nos enfants, à ces petits bébés qui nous arrivent dans toute leur fraîcheur et leur innocence, avides du « meilleur » que la vie peut leur offrir.

Les lecteurs et lectrices de ce livre pourront sentir jusqu'à quel point Vimala imprègne du plus grand respect toute son approche avec les bébés. Un toucher sain, conscient, adapté, sensible, à travers le massage et la mise en application de toute l'approche préconisée par cet ouvrage, devient sans conteste un impératif pour les parents soucieux de l'avenir de leur enfant.

Les grands chercheurs en psychologie, dont ceux qui étudient la neuroscience s'entendent : les premiers mois de la vie de l'enfant et la relation saine d'attachement qui se crée entre les adultes proches du bébé et le bébé lui-même sont déterminants pour le reste de la vie de cet enfant, influençant même sa vie d'adulte. Après avoir identifié l'approche préconisée par Vimala McClure et par tous les membres de l'Association internationale de massage pour bébé, en grand nombre aux quatre coins de la planète, tous ceux qui se sont penchés sur les théories de l'attachement sont tombés d'accord : le programme fondé par Vimala est la clé par excellence pour le développement de ce lien d'attachement crucial. L'approche de Vimala inclut en effet tous les éléments intrinsèques à la relation d'attachement parent-enfant identifiés par les chercheurs. Les lecteurs gagneront aussi à savoir que de nombreux scientifiques ont analysé les bienfaits de l'application du massage pour bébé, avec des résultats sans précédent. Certains de ces travaux et de ces découvertes officiels sont soulignés dans ce livre. Quel que soit l'angle de la recherche, qu'il s'agisse de bienfaits pour la santé, pour l'équilibre émotif, ou pour les parents eux-mêmes, tous les résultats sont concluants.

C'est donc avec une profonde gratitude envers Vimala, auteur de ce livre et fondatrice du programme de l'Association internationale de massage pour bébé, que j'invite les lecteurs et lectrices à mettre en application son enseignement, que ce soit dans la douceur de leur foyer, dans un cours officiel dispensé par un instructeur ou une instructrice qualifié de l'association, ou simplement en en discutant avec toute personne œuvrant dans le domaine périnatal et éducatif.

Je suis profondément convaincue que les effets qui en résulteront seront bénéfiques non seulement pour chacun, mais également pour notre avenir collectif.

Sylvie Hetu

Présidente de l'Association internationale
de massage pour bébé
Mai 2004

INTRODUCTION

En 1973, alors que j'étudiais et travaillais en Inde dans un petit orphelinat, j'ai fait une découverte qui allait avoir un impact décisif sur ma vie.

J'ai pris conscience de l'importance du massage traditionnel des bébés en raison à la fois de ses effets apaisants et de son rôle dans une communication non verbale affectueuse. La maman indienne masse régulièrement tous les membres de sa famille et transmet cette coutume à ses filles. Presque chaque jour, à l'orphelinat, les aînées massaient les plus jeunes. C'était un type de soins que je n'avais pas rencontré aux États-Unis. J'en ai bénéficié lors d'une crise de paludisme survenue pendant ma dernière semaine en Inde. Tandis que je délirais sous l'effet de la fièvre, les femmes du voisinage se succédèrent à mon chevet. Me massant tout le corps de leurs mains expertes en chantonnant comme pour un bébé, elles se relayèrent jusqu'à ce que la fièvre tombe. Je n'oublierai jamais le contact de leurs mains et leur générosité.

Après des adieux émouvants, je me trouvais sur le chemin de la gare lorsque mon rickshaw s'arrêta pour laisser passer un attelage de buffles. Sur ma droite se trouvait la cabane d'une famille – une toile tendue sur quelques planches au bord de la route. Une jeune mère était assise dans la poussière, massant tendrement en chantant le bébé qu'elle tenait sur ses genoux. La vie est tellement plus riche que la richesse matérielle ! ai-je pensé en l'observant. Elle possédait si peu, mais elle offrait à son bébé ce cadeau merveilleux de l'amour et de la sécurité qui aideraient à faire de lui un être bienveillant.

J'ai revu en pensée tous les enfants que j'avais rencontrés en Inde, leur disposition joyeuse, aimante et chaleureuse en dépit de leur condition si défavorisée. Ils s'occupaient les uns des autres, en acceptaient la responsabilité sans restriction, affectueux, détendus et spontanés. Sans doute le devaient-ils à cet amour maternel que reçoivent les bébés en Inde depuis des milliers d'années. Peut-être le massage leur permettait-il de se sentir à leur place dans leur univers plutôt que contraints d'y vivre en ennemis ou en conquérants, de s'y sentir accueillis dans la chaleur et l'amour et de préserver ainsi l'âme qui avait pris un nouveau corps, fragile et dépendant. Sans doute les massages aident-ils ce corps à s'adapter avec curiosité plutôt qu'avec crainte à un monde plein de bruit, de lumières, de mouvement, théâtre d'une lutte perpétuelle pour la survie. Par la suite, j'ai appris de nombreuses mères et grands-mères cet art ancestral des mains et du cœur qui influence de façon si décisive le corps, l'esprit et l'âme de ceux qui en bénéficient.

Mon premier enfant est né en 1976 et je l'ai massé chaque jour. J'avais enseigné le yoga pendant plusieurs années et il me fut facile d'associer nombre de ses postures et techniques de massage qui m'étaient familières aux traditions indiennes et aux méthodes suédoises modernes. Cet assemblage personnel a procuré à mon fils un équilibre entre l'apport et la libération d'énergie d'une part, la décontraction et la stimulation d'autre part. De plus, il semblait soulager les douloureuses coliques du nouveau-né dont il a souffert le premier mois. Je terminais nos séances par des exercices légers et amusants inspirés du yoga, qui contribuaient aussi à tonifier et soulager son système digestif.

Quand je le massais, attentive, décontractée et ouverte de cœur et d'esprit, il semblait plus détendu et plus heureux toute la journée. Pour savoir si cet état favorable était dû aux massages, j'ai interrompu ceux-ci pendant deux semaines : mon bébé manifesta des tensions, se montra plus irritable et la nuit, ses crises de coliques duraient plusieurs heures. J'ai donc décidé que les massages feraient définitivement partie de notre mode de vie, non seulement pour soulager les tensions et le stress, mais comme un moyen de communication privilégié.

Quand mon fils eut sept mois, je décidai de mettre au point un protocole et de partager mon expérience avec d'autres parents. Depuis, en groupe ou individuellement, des milliers de parents ont assisté à mes classes avec leurs tout-petits. Au fil des années, ils ont été pour moi une source permanente de connaissance et d'inspiration, dont je leur suis reconnaissante.

L'intérêt pour le massage des bébés s'est ensuite régulièrement développé parmi les parents et les professionnels. J'ai d'abord formé des instructeurs, puis des formateurs ayant pour charge de former des instructeurs. Nous disposons maintenant d'une importante organisation internationale à but non lucratif pour la protection et la promotion de cette très ancienne pratique[1]. De nombreux hôpitaux[2] forment aujourd'hui les infirmières aux techniques de massage et à la manière de tenir les bébés prématurés ou malades. Ils proposent également des stages aux parents pour leur faire découvrir l'importance affective et thérapeutique de la relation mère-bébé. Les bienfaits du massage traditionnel né

1. L'International Association of Infant Massage (IAIM : Association internationale de massage pour bébé) possède des antennes dans trente-trois pays. (L'adresse de la branche française, l'Association française de massage pour bébé, AFMB, figure en fin de livre, cf. *Références et recommandations*.)
2. Aux États-Unis et de plus en plus en France (N.D.T.)

de l'intuition et affiné dans les « laboratoires » de milliers d'années d'expérience humaine sont de plus en plus reconnus par la recherche scientifique contemporaine. (J'ai entendu pourtant bien des plaisanteries à ce sujet, moi l'Occidentale qui avais besoin d'une étude en double aveugle pour prouver que les plantes poussent quand on les arrose !)

Mes enfants ont maintenant grandi et l'impact de notre pratique quotidienne du massage durant leur petite enfance est demeuré vivace. Il en a résulté une harmonie et une intimité physiques, émotionnelles et spirituelles jamais démenties au fil des années.

J'ai gardé la lettre d'une maman qui avait découvert le massage du bébé grâce à une édition antérieure de ce livre, à l'époque où je commençais à enseigner. Ce témoignage ne constitue pas un avis médical. Il faut toujours consulter des médecins et des spécialistes lorsqu'un bébé a des problèmes de santé et s'assurer que les massages pratiqués sont appropriés. Je vous propose de prendre connaissance de cette lettre comme d'un témoignage de l'influence profonde que peut avoir cette simple pratique sur toute une famille. J'en remercie encore l'auteur.

Chère Vimala,

Je désire vous remercier personnellement pour votre contribution au développement de mes enfants.

À sa naissance, mon fils souffrait d'une accoutumance à un médicament qu'on m'avait prescrit pendant ma grossesse pour remédier à une toxémie gravidique et éviter un travail prématuré. On m'avait aussi administré d'autres médicaments par voie intraveineuse. À maintes reprises, les médecins nous avaient reproché à mon mari et moi de vouloir poursuivre cette grossesse, annonçant que notre bébé serait un handicapé, un légume, etc. Nous nous sommes battus de toutes nos forces au fil de ces trente-huit semaines, à l'issue desquelles notre fils vint au monde, pesant 3,85 kilos. Il apparut vite que son système nerveux avait été gravement affecté par les médicaments et notre stress.

Soit il pleurait sans arrêt, soit il dormait sans interruption, manquant ainsi des tétées. Quand il était surpris, ses petits membres s'agitaient et tremblaient de façon incontrôlable. Les médecins proposèrent d'autres médicaments pour le calmer. Puis, ils affirmèrent de nouveau que son système nerveux et probablement son cerveau avaient subi des lésions irréversibles. Heureusement, une voisine spécialiste de l'allaitement au sein vint à notre secours. Elle m'enseigna votre méthode de massage et me montra comment emmailloter mon bébé de façon à protéger son système nerveux hypersensible. Pour abréger un peu une longue histoire, il devint un petit garçon éveillé et adorable. Les tremblements s'atténuèrent et une intelligence vive se manifesta, s'ajoutant à cette vitalité qui épuise les pauvres adultes que nous sommes. Aujourd'hui, mon enfant prétendument handicapé est un étudiant brillant avec des qualités de futur dirigeant reconnues, un bénévole actif, fiancé à une jeune femme qui lui ressemble. Adolescent, il a été distingué au plan national et des bourses d'étude très généreuses lui ont été proposées. Il travaille avec des adultes gravement handicapés et se prépare à devenir médecin.

Mon second fils est né à l'issue d'une grossesse à haut risque. La thérapie médicamenteuse avait un peu évolué et, avec l'aide d'une alimentation appropriée, la toxémie gravidique resta sous contrôle. Le bébé vint au monde avec un déficit neurologique. On nous signala, quand il avait cinq mois, qu'il présentait des symptômes d'autisme. C'était un bébé extrêmement irritable et, pour tout dire, très difficile.

À nouveau, j'ai recouru aux massages. Ils évacuaient la tension de ses petits membres et entretenaient son contact avec le monde. Je le gardais près de moi, ne le confiant que pour de très brefs moments à des personnes prêtes à le réconforter, à le porter et le masser selon ses besoins. Bien qu'il ait encore quelques problèmes, c'est maintenant un garçon de seize ans intelligent et affectueux. Il crée déjà des logiciels de jeux et autres pour des sociétés de software.

Sans l'aide de notre voisine qui avait étudié vos méthodes, je ne crois pas que mes fils auraient accompli le chemin qui est le leur. Je crois que leur développement intellectuel, physique et émotionnel doit être porté au crédit du soutien et du réconfort qu'ils ont reçus dans leur petite enfance. Comment pourrai-je jamais vous remercier ? La maman que je suis a envers vous une dette éternelle.

Sincèrement vôtre,
Une maman reconnaissante

Le massage des bébés développe le type de parentage que cette mère attentive a pu apporter à ses enfants. Ses bienfaits dépassent de loin les avantages physiologiques immédiats. En massant votre bébé régulièrement, vous découvrirez que vous établissez avec lui un lien qui durera toute votre vie.

Le choix du terme

Comme beaucoup d'auteurs, j'ai été confrontée au problème masculin-féminin. Parlant d'un bébé, devais-je dire *il* ou *elle* ? Ou *il/elle* ? C'était plus lourd, c'est pourquoi je m'en tiens à *il* pour un bébé, qu'il soit garçon ou fille.

Autre problème : comment désigner la personne qui masse le bébé ? Selon mon expérience, c'est le plus souvent la maman qui pratique le massage. Pour cette raison mais aussi par esprit pratique, c'est donc le terme que j'emploie en général. De plus, le massage tel que je le conçois fait partie du *maternage*, qu'il soit effectué par le père ou la mère, un frère, une sœur ou l'un des grands-parents.

Espérant de tout cœur que les pères aussi s'intéresseront à cette pratique et y participeront, je leur ai consacré un chapitre. Aux papas qui décideront de lire ce livre en entier et de masser leurs bébés, je demande simplement de remplacer mentalement *maman* et *elle* par *papa* et *il* dans tous les cas appropriés.

1

POURQUOI MASSER VOTRE BÉBÉ

> Être touché, massé et caressé est nourriture pour le nouveau-né – une nourriture aussi nécessaire que les vitamines, les protéines et les oligo-éléments.
>
> Dr Frédérick Leboyer

Une tradition ancestrale

Une jeune mère berce doucement son bébé dans ses bras tandis que les rayons du soleil de l'après-midi filtrent entre les panneaux de bois de la porte. Pour la deuxième fois de la journée, elle débouche un petit flacon et défait les linges blancs qui emmaillotent son bébé.

Débarrassé de ses langes, celui-ci agite ses petits bras et jambes, sent le va-et-vient maintenant familier des mains chaudes et huilées de sa maman et écoute le son réconfortant de la comptine qu'elle chantonne. Ainsi commence son massage biquotidien.

La scène se déroule dans un petit village juif de Pologne au début du siècle, mais elle pourrait prendre place n'importe où et à n'importe quelle époque, car c'est une évocation de la maternité à travers les âges et les cultures.

Du Grand Nord canadien à l'Est de l'Afrique, de l'Inde méridionale à l'Irlande du Nord ; en Russie, en Chine, en Europe, en Amérique latine, dans les îles du Pacifique, aux États-Unis, des bébés sont chaque jour massés, caressés avec amour et apaisés par des berceuses. Dans le monde entier, les mères savent que leurs nourrissons ont besoin d'être tenus, portés, bercés et touchés. De parent à enfant, l'art délicat du massage a été transmis pendant des générations comme faisant partie des soins dus aux bébés. Questionnée sur sa raison d'être, chaque culture donnerait une réponse différente. Dans la plupart des cas, les mères répondraient simplement : « C'est la coutume. »

Au début du vingtième siècle, nous avons abandonné nombre de nos traditions en faveur du « progrès ». Elles retrouvent leur place au fur et à mesure que la science redécouvre leur importance et leur contribution au bien-être des tout-petits et de l'ensemble de l'humanité. Des études comparatives ont démontré que dans les sociétés où les bébés sont massés, bercés, nourris au sein et portés, les adultes sont moins agressifs et moins violents, plus coopératifs et compatissants. Si elles pouvaient observer nos « découvertes » en matière de maternage, nos arrière-grand-mères ne manqueraient pas de nous déclarer : « Je vous l'avais bien dit ! »

L'amour peut-il gâter les bébés ?

La recherche peut nous aider à comprendre pourquoi ces pratiques traditionnelles sont si importantes. Nous serons alors moins prompts à rejeter des coutumes qui ne demandent qu'à enrichir nos vies. Dans les quelques mois qui suivent la naissance, bien des jeunes parents ont l'occasion d'entendre : « Ne gâte pas ton bébé. » Cette crainte de « gâter » les enfants vient de l'époque où, ayant découvert le conditionnement, les comportementalistes pensaient que nous pouvions conditionner les bébés à se conduire comme de petits adultes en ignorant leurs cris et en ne leur témoignant pas trop d'affection.

Les modes vont et viennent et la puériculture n'échappe pas à ce phénomène. Vers la fin des années 1990, une méthode parentale en vogue voulait que les bébés aient des horaires réguliers, qu'on les laisse pleurer seuls et qu'on les punisse quand leur comportement dérangeait les parents. Les promoteurs de ce mouvement réussirent également à convaincre les parents qu'ils perturbaient le métabolisme du bébé en l'allaitant à volonté (toutes les études indiquent le contraire) et en faisaient un enfant gâté et égocentrique en répondant à ses besoins et en le réconfortant chaque fois qu'il pleurait. On leur recommandait de ne jamais laisser leur bébé dormir avec eux dans leur lit de crainte de l'étouffer (autre affirmation démontrée sans fondement). Tout cela contredisait le comportement parental naturel préconisé dans les années 1970 et considéré comme sain et normal par les pédiatres au début des années 1990.

Il est abondamment prouvé que les bébés négligés et punis souffrent de ruptures du lien affectif et, sans thérapie appropriée, deviennent souvent des individus émotionnellement perturbés, pour ne pas dire des êtres asociaux. Depuis plus de vingt ans, j'aide des parents à établir un lien profond avec leurs bébés, à les respecter, à découvrir leur langage non verbal et à y réagir avec amour. Et j'ai reçu un nombre incalculable de lettres exposant les changements intervenus dans les familles avec l'adoption des massages, décrivant l'évolution des enfants devenus de jeunes adultes dynamiques, créatifs, équilibrés et généreux. Les tenants de l'autoritarisme oublient de se rappeler que sur toute la terre, les parents ont naturellement traité leurs bébés avec amour, les ont allaités et nourris à volonté, ont dormi avec eux et, depuis des millénaires, ont inventé toutes sortes de porte-bébés pour les tenir contre eux. En lisant des biographies de terroristes, de tueurs en série ou de despotes, on découvre invariablement des enfances marquées par l'abandon ou l'autoritarisme.

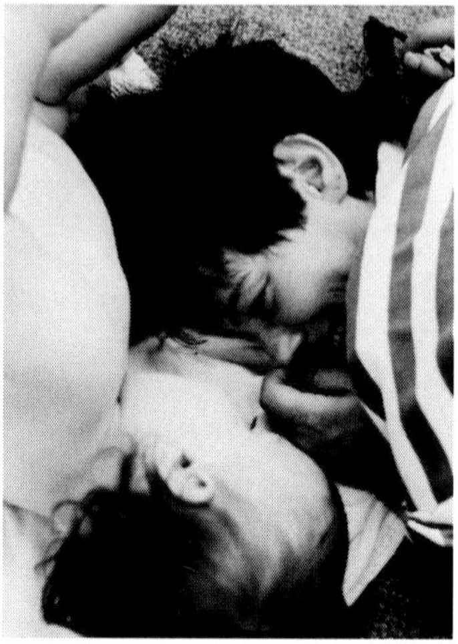

Le massage du bébé présenté dans ce livre n'est pas une mode. C'est un art ancestral qui vous permet d'établir un contact profond avec la personne qu'est votre bébé. Il vous aide à comprendre son langage non verbal personnel et à y répondre par une écoute aimante et respectueuse. Il fait de vous un parent plus compétent en vous permettant de devenir un expert de votre enfant, capable de réagir en fonction de ses besoins. Loin de devenir égoïste et exigeant (bien que tous les petits enfants passent par ces stades), un enfant dont la voix est entendue et le cœur comblé d'amour en déborde lui-même et le reporte naturellement et instinctivement sur autrui. Il apprend ce qu'est un contact sain et respectueux en en faisant lui-même l'expérience. Il découvre l'autodiscipline en observant et imitant ses parents. Il a peu de causes de colère parce qu'il n'est pas envahi par le ressentiment que provoquent des règles et une autorité parentale arbitraire. Les liens émotionnels profonds établis dans la petite enfance constituent les fondations de toute une vie de confiance, de courage, de fiabilité, de foi et d'amour.

Le massage du bébé ne s'adresse pas seulement aux parents optant pour un style de vie particulier. Que votre bébé dorme avec vous ou dans sa chambre, qu'il soit nourri au sein ou au biberon, sevré de bonne heure ou tardivement, toutes ces décisions dépendent de vous. En massant votre bébé, vous exprimez simplement votre amour, vous apaisez toute tension, vous saisissez mieux ses besoins. Et que ce soit un plaisir est un bienfait supplémentaire.

À l'issue de cinquante ans de recherches approfondies, il est devenu évident qu'il en va des enfants comme des fruits: c'est la négligence et non pas l'attention qui les gâte. « Avant même qu'il soit né, j'avais subi de telles pressions pour que je ne "gâte" pas mon bébé ! déclare Judith. Mais au fond de moi, je sentais les choses autrement. Les informations sur les massages m'ont permis d'être le type de maman que je désirais être et fourni les arguments pour répondre à mes contradicteurs. » En sachant pourquoi nos caresses sont si importantes pour un bébé, nous allons faire plus confiance à notre intuition, nous détendre davantage et donner libre cours à notre inclination naturelle.

Plus durables qu'on ne le pense, les bienfaits des massages influencent à la fois les parents et les bébés. Pour ces derniers, le massage est plus qu'une expérience sensorielle agréable ou une sorte de thérapie : c'est une pratique qui ménage leur santé et leur bien-être sur divers plans. Quant aux parents face à ce petit paquet d'humanité soudainement arrivé dans leur immédiate et totale dépendance, le massage les aide à prendre confiance dans leur capacité à lui apporter – tout en recevant en retour une réponse sensible – ce dont il a besoin pour entreprendre le long chemin de la vie.

Les bienfaits de la stimulation tactile

La sensibilité de la peau est une fonction corporelle fondamentale et l'une des toutes premières à se développer. En fait, la stimulation de la peau est indispensable à une évolution physiologique et psychologique adéquate à la fois chez les animaux et chez les humains. L'anthropologue Ashley Montagu a déclaré à ce propos : « On ne se rend pas toujours compte que la première forme de communication perçue par un bébé et le premier langage qu'il développe passent par la peau. Si un plus grand nombre de parents en étaient conscients, ils apporteraient toujours à leurs bébés le type de stimulation tactile dont ils ont besoin. »

Pourquoi parler des animaux alors qu'il s'agit ici de bébés ? Parce que les chercheurs ont découvert chez les premiers des comportements et des réactions étonnamment proches des nôtres et que ces parallèles sont fascinants.

Les mammifères ont tendance à adopter des comportements de type « caché » ou « porté ». Les petits des espèces du type « caché » sont abandonnés pendant les longues périodes où la mère est en quête de nourriture. Ils doivent alors demeurer silencieux pour ne pas attirer les prédateurs et par conséquent ils restent cois. Pour la même raison ils n'urinent pas, sauf si leur mère les y incite. Des mécanismes internes contrôlent leur température corporelle. Le lait maternel est très riche en protéines et en lipides, et les bébés tètent rapidement.

Au contraire, les sujets des espèces de type « porté » entretiennent un contact permanent avec leurs petits et les allaitent souvent. Ceux-ci tètent lentement, urinent souvent et crient quand ils sont dans le désarroi ou ont perdu le contact avec leurs parents, dont ils ont besoin pour maintenir leur température corporelle. Le lait des mères, pauvre en protéines et en graisses, les oblige à nourrir leurs petits à intervalles rapprochés. Les humains sont une espèce de type « porté ». D'ailleurs, le taux de protéines et de lipides du lait maternel humain est identique à celui du lait des singes anthropoïdes (type porté). Nos bébés ont besoin d'un contact physique avec leurs parents aussi étroit que possible.

Les célèbres expériences de Harry Harlow avec des singes ont été les premières à montrer que le contact apportait aux petits un réconfort supérieur à celui de la nourriture. Entre une silhouette maternelle en fil de fer accompagnée de nourriture et une silhouette en serviette éponge moelleuse sans nourriture, le bébé singe choisissait la silhouette en tissu moelleux. Les bébés humains souffrant d'une déficience de développement ont la même réaction ; et même convenablement nourris, ils continuent à s'affaiblir si les soins excluent la dimension affective et ne leur apportent pas de contact réconfortant.

Physiquement, l'effet du massage sur les humains peut se comparer à celui du léchage chez les animaux. Ces derniers lèchent leurs nouveau-nés et entretiennent avec eux un contact étroit. Ceux qui ne sont ni léchés ni caressés, ni autorisés à s'agripper à leurs parents restent chétifs et sujets

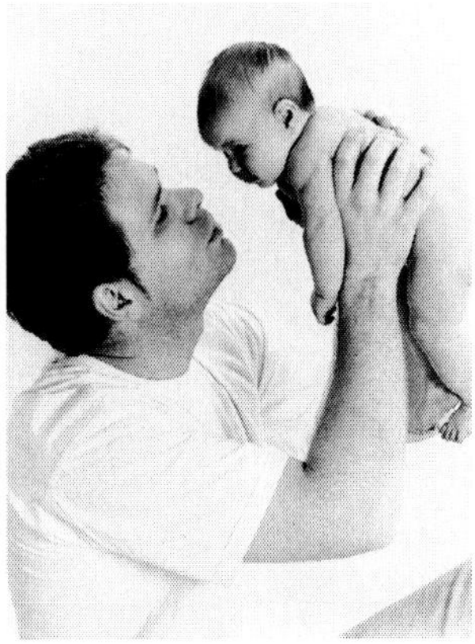

au stress. Ils ont tendance par la suite à être agressifs et à maltraiter ou négliger leurs propres rejetons. Le léchage a pour effet de stimuler les systèmes physiologiques et la formation du lien mère-enfant. Les chattes passent plus de cinquante pour cent de leur temps à lécher leurs chatons – et l'on n'a jamais vu un chaton souffrir de coliques ! D'ailleurs, sans cette stimulation qui permet à leur système gastro-intestinal de fonctionner correctement, les chatons nouveau-nés meurent rapidement.

Au cours d'une étude, des rats dont on avait supprimé la thyroïde et la parathyroïde (glandes endocrines, la première stimulant le système immunitaire) ont remarquablement réagi au massage. On a massé un certain nombre de ces rats en leur parlant plusieurs fois par jour : ils étaient détendus, réceptifs, ne s'effrayaient pas à tout propos et leur système nerveux restait stable. Dans le groupe témoin, les sujets ne reçurent pas ces soins. Nerveux, craintifs et coléreux, ils sont morts en 48 heures. Une autre étude portant sur des rats a mis en évidence une meilleure résistance du système immunitaire à la maladie, une prise de poids plus rapide et un développement neurologique plus satisfaisant chez les petits qui avaient été doucement caressés.

Les chiens, les chevaux, les vaches, les dauphins et beaucoup d'autres animaux témoignent aussi de différences remarquables suivant qu'ils ont ou non été manipulés avec douceur au tout premier âge. Le contact et les caresses améliorent le fonctionnement de pratiquement tous les systèmes (respiratoire, circulatoire, digestif, rénal, nerveux et endocrinien). Ils transforment radicalement les modes de comportement, abaissant le seuil de la peur et de l'excitabilité, et développant la gentillesse, la sociabilité et l'assurance. Ashley Montagu a écrit dans *Touching* (La peau et le toucher) : « Plus nous en apprenons sur les effets de la stimulation cutanée, plus nous prenons conscience de son influence générale sur le développement. »

Chez presque tous les oiseaux et mammifères étudiés, on a constaté qu'un contact physique étroit était primordial à la fois pour la santé du bébé et l'aptitude de la mère à soigner ses petits. Au cours de l'étude sur les rats mentionnée plus haut, on a empêché les mères de se lécher (une forme d'automassage) pendant leur gestation. Leurs activités de maternage en ont été substantiellement diminuées. En revanche, celles qui avaient été doucement caressées chaque jour pendant leur gestation ont témoigné ensuite un plus grand intérêt à leur progéniture et produit un lait plus riche et plus abondant. Leurs petits ont pris du poids plus rapidement et présenté une excitabilité moins accentuée.

Les recherches aboutissent aux mêmes conclusions pour les humains. Chez les prématurés, les études mettant en œuvre des techniques semblables à celles présentées dans ce livre ont démontré que le massage quotidien était un bienfait considérable. Les études effectuées au Centre médical de l'Université de Miami dirigé par le docteur Tiffany Field, fondatrice du Touch Research Institute (Institut de recherche sur le toucher) ont donné des résultats remarquables. Dans l'une d'elles, vingt prématurés ont été massés pendant quinze minutes trois fois par jour. En moyenne, leur prise de poids quotidienne a été supérieure de 45 % à celle des bébés qui n'avaient pas bénéficié de massages ; ils étaient plus actifs et plus éveillés, avec un développement neurologique plus avancé. En outre, ils ont quitté la maternité six jours plus tôt que les autres prématurés.

La psychologue de Dallas Ruth Rice a effectué une étude sur trente bébés prématurés divisés en deux groupes après leur sortie de l'hôpital. Les mamans du groupe de contrôle reçurent les conseils habituels de soins aux nouveau-nés ; on apprit à celles du groupe expérimental à faire un massage quotidien et à bercer chaque jour leur bébé. À quatre mois, la prise de poids et la maturité neurologique des bébés qui avaient été massés étaient supérieures à celles des bébés du groupe témoin.

La stimulation sensorielle naturelle que procure le massage accélère la myélinisation du cerveau et du système nerveux. La myéline est une substance lipidique qui forme autour de chaque nerf une gaine isolante comparable à celle des fils électriques. Elle protège le système nerveux et accélère la transmission des impulsions nerveuses du cerveau au reste du corps. À la naissance, le processus d'enrobage des nerfs n'est pas achevé ; la stimulation cutanée le favorise, activant le développement neurologique et améliorant ainsi la communication cerveau-corps.

En 1978, le monitorage transcutané du taux d'oxygène sanguin a été mis au point, permettant aux médecins de mesurer instantanément le degré de saturation en oxygène dans les capillaires artériels au moyen d'une électrode placée sur la peau. On a ainsi découvert que chez les nouveau-nés hospitalisés, le stress provoquait d'énormes variations de la saturation en oxygène et constaté que le massage et la détente procurée par le contact (cf. chapitre 5) atténuaient ces fluctuations. Le massage des nouveau-nés est maintenant couramment pratiqué dans les services de néonatalogie[1] pour aider les nouveau-nés en situation de stress comme lors du changement de couches, d'examens ou autres perturbations.

Les recherches confirment chaque jour davantage le bien-fondé des traditions ancestrales : les nouveau-nés ont besoin d'un contact affectueux. Le docteur Lawrence Schachner, professeur à l'École de médecine de l'université de Miami, affirme que le contact de la peau peut soulager les bébés souffrant de maladies comme l'eczéma. Il ajoute que « de plus, il peut améliorer l'interaction entre le parent et le nouveau-né ». Le docteur Tiffany Field le confirme : « Nos recherches suggèrent que pour les bébés et les enfants, être touché est aussi important que dormir et être nourri. » Elle remarque qu'être touché avec amour déclenche des changements physiologiques qui aident les tout-petits à grandir et se développer en stimulant les circuits neuronaux qui facilitent

1. Aux États-Unis et de plus en plus en France (N.D.T.).

l'assimilation de la nourriture, abaissent les taux d'hormones du stress et renforcent l'efficacité du système immunitaire. Un rapport du Families and Work Institute (Institut familles et travail) mentionne que la grande majorité des connexions nerveuses entre le cerveau et les cellules se forment au cours des trois premières années de la vie. Il conclut qu'une interaction empreinte d'affection telle que le massage peut influencer directement le développement émotionnel d'un enfant et son aptitude à bien réagir au stress à l'âge adulte.

Le toucher affectueux et les massages sont également bénéfiques pour le père et la mère. Les mères qui bénéficient d'un contact corporel chaleureux pendant leur grossesse et le travail qui précède la naissance ont tendance à accoucher plus facilement et à être plus proches de leur nouveau-né. Par ailleurs, d'autres études ont révélé que les mères dont la grossesse a été dominée par un stress chronique ont généralement des bébés qui crient plus souvent et plus longtemps que ceux des femmes ayant bénéficié d'un soutien affectif et d'une gestation sereine.

Les pères qui font l'effort de fonder un lien affectif avec leur bébé à naître en lui parlant, en écoutant ses mouvements dans le ventre de sa mère, en massant celle-ci avec tendresse, en l'accompagnant aux séances de préparation à l'accouchement et en s'instruisant avec elle sur le développement et la psychologie infantiles ont tendance à devenir des pères plus attentifs et accomplis. En massant régulièrement votre enfant (et en acceptant vous-même des massages pendant votre grossesse), vous instaurez un cycle de réactions favorables qui, jour après jour, amélioreront vos compétences de mère, le bien-être et le caractère de votre enfant ainsi que la qualité de la relation entre papa, maman et bébé.

Stress et relaxation

Le sort d'un nouveau-né fiévreux était incertain au temps de nos arrière-grand-mères. Tous les siècles ont connu les maladies infantiles contagieuses. Nombre d'entre elles ont été éradiquées par les progrès de la médecine et des conditions de vie. Mais notre siècle est caractérisé par un mal insidieux et plus subtil : le stress.

Le stress peut affecter un bébé avant sa naissance car les hormones du stress, présentes dans le sang de la future maman, traversent le placenta et influent directement sur le fœtus en pénétrant dans son flot sanguin. Les études montrent que la tension et l'anxiété prolongées nuisent à l'assimilation des nutriments chez la femme enceinte. Son nouveau-né risque alors d'être plus chétif, irritable et hyperactif que s'il avait bénéficié de conditions meilleures.

Sachant que nos expériences et nos réactions influencent notre métabolisme et se traduisent par la sécrétion de substances chimiques favorables à la vie ou génératrices d'anxiété, il est facile de comprendre que le fœtus les partage avec sa mère et que ses cellules reçoivent ainsi des « informations » contribuant à le programmer. Avant même de naître, un bébé peut donc inconsciemment percevoir le monde comme un lieu d'anxiété et de stress où il faut lutter pour survivre, ou comme un espace d'amour et de sécurité où l'on peut s'épanouir et faire l'expérience de la vie. Cela ne signifie pas que tout est perdu lorsque les circonstances de la vie n'ont pas été parfaites. Avec la pratique du massage, nous disposons d'un moyen qui peut aider à remodeler les interprétations du monde de notre enfant, à évacuer sa douleur, son chagrin, sa peur et à l'ouvrir à l'amour et à la joie. En devenant des adultes plus conscients, nous comprenons la profonde influence de nos états d'esprit sur notre santé et notre longévité, et sur la santé, la longévité, l'intelligence de nos enfants et leur aptitude à ressentir et donner à leur tour l'amour et la joie.

Les bébés nés il y a des siècles dans des cultures plus primitives venaient dans des familles où se côtoyaient plusieurs générations, où les structures étaient stables et les environnements naturels. Dans un monde de progrès technologiques incessants, nos enfants doivent résister au stress pour survivre et se développer. Dès leur conception, nous devons donc leur ménager toutes les possibilités d'acquérir des réactions positives au stress et d'avoir confiance dans leur potentiel et leurs facultés d'adaptation.

Nous ne pouvons évidemment pas éliminer le stress, pas plus que nous n'aurions intérêt à le faire car à doses adéquates, il constitue un facteur nécessaire au développement de l'intelligence. Dans les périodes de stress, l'hypophyse sécrète l'hormone ACTH ou corticostimuline. Comme son nom l'indique, cette hormone stimule les glandes surrénales dont le cortex produit les corticostéroïdes qui organisent la réaction du corps et du cerveau face à une urgence, une situation inconnue ou imprévisible. Les expériences conduites avec des animaux de laboratoire ont démontré que cette hormone stimulait la production de nombreuses protéines dans le cerveau et le foie – des protéines indispensables à l'activité cognitive et à la mémoire. Le cerveau des animaux recevant de l'ACTH développe entre les neurones (les cellules « pensantes ») des millions de nouvelles connexions qui lui permettent de traiter les informations.

Le stress que provoquent la confrontation à une situation nouvelle et sa conversion en une conjoncture connue et prévisible est nécessaire au développement du cerveau de nos bébés. Mais il n'est qu'une partie du cycle qui favorise l'activité cognitive. Sans relaxation – son exact opposé tout aussi important – le stress peut aboutir à la surstimulation, à l'épuisement et à l'état de choc. Quand le stress s'accumule sans être soulagé par une relaxation équivalente, le corps se ferme progressivement à toute perception sensorielle et le processus cognitif se bloque. Selon la description du neurologue Bruce Lipton, entre comportements de protection des systèmes et comportements favorisant l'acquisition du savoir, les comportements biologiques protecteurs l'emportent, handicapant la croissance ou l'activité cognitive.

Quel rapport avec le massage des bébés ? Tout d'abord, le massage est un moyen de procurer à nos enfants des expériences agréables et relaxantes. En recourant à des méthodes de conditionnement des réflexes semblables à celles préconisées pour l'accouchement par Lamaze et d'autres spécialistes, nous pouvons apprendre à nos bébés comment se détendre en réaction au stress. L'aptitude à se décontracter volontairement est un atout considérable pour gérer la pression que notre société impose aux enfants au cours de leur croissance. Acquis de bonne heure, ce réflexe de relaxation peut constituer pour eux un atout aussi naturel que les anticorps qui les protègent contre la maladie.

Le stress est inhérent à la vie des bébés mais trop souvent, ils ne sont pas en mesure d'en tirer le meilleur parti. Ils sont surchargés d'informations par leur environnement et le système social où, par ailleurs, on trouve inacceptable qu'ils crient pour soulager leurs tensions. Il en résulte pour eux des frustrations génératrices de nervosité et d'anxiété.

Le massage aide les bébés à réagir à l'inconnu par la détente. Observez une maman occupée à masser son bébé de façon experte : dans les réactions du nourrisson au va-et-vient rythmé de ses mains, vous verrez se succéder le stress puis la relaxation. Le tout-petit découvre toutes sortes de sensations, d'impressions, d'odeurs, de sons et de perceptions visuelles. Les gargouillis dans son ventre, la chaude sensation d'une circulation activée, le passage de l'air sur sa peau nue, tout cela provoque en lui un léger stress ; la voix douce de sa mère, son sourire et son toucher le détendent et soulagent la gêne provoquée par ces impressions nouvelles. Elles lui communiquent la sensation rassurante que même hors du ventre maternel, la vie est aussi, selon les mots du docteur Leboyer, « vibrante, et chaleureuse, et rythmée, et amicale ».

Le massage quotidien élève le seuil de tolérance des bébés à la stimulation. Ceux qui la supportent difficilement au début s'y accoutument peu à peu ; ils apprennent à adapter leurs réactions aux expériences stressantes, ce qui abaisse le niveau de tension qu'ils accumulent au cours de la journée. Les bébés qui ont des coliques sont calmés par un massage. Celui-ci leur permet de se décontracter et les tensions s'allégeant n'aggravent plus leur inconfort. Les massages réguliers dès le premier âge initient nos bébés à la gestion plus efficace du stress qui leur sera précieuse dans les années ultérieures.

Vers l'âge adulte

Les psychologues considèrent que le type d'attachement que nous formons dans la petite enfance augure du type de relations que nous nouerons à l'âge adulte. Les sujets qui ont bénéficié d'une enfance stable et sécurisante, qui ont été tenus, portés et écoutés, qui pouvaient établir un contact par le regard avec leurs parents et, de façon générale, étaient comblés d'affection, ont tendance à nouer facilement des contacts et à entretenir de bonnes relations avec leurs semblables. Pour eux, l'interdépendance (c'est-à-dire être, dans une mesure raisonnable, dépendant de quelqu'un ou avoir quelqu'un qui dépende de soi) ne constitue pas un problème. Ils construisent des rapports agréables, confiants ; leurs histoires d'amour sont plus durables et se terminent moins souvent par un divorce qu'au sein des autres groupes étudiés. En revanche, les bébés dont la petite enfance est marquée par l'insécurité et l'angoisse sont par la suite moins ouverts aux autres et moins aptes à recevoir le soutien et l'aide d'autrui ; leurs relations sont dépourvues de confiance et de complicité ; la jalousie, les peurs et la réticence à s'engager sabotent leurs amitiés de même que leurs unions. À moins qu'ils ne reçoivent très tôt une aide appropriée, les sujets dont les liens affectifs ont été constamment rompus dans la petite enfance risquent, beaucoup plus que d'autres, de devenir des inadaptés sociaux, voire des criminels à l'âge adulte.

Les liens de confiance et d'amour ainsi que l'expérience de la compassion, de la chaleur humaine, de l'ouverture et du respect inhérents à la pratique du massage dès la petite enfance perdureront à l'âge adulte, en particulier si vos comportements parentaux coïncident avec les valeurs incarnées par le massage. Votre enfant aura alors beaucoup plus de chances de répondre aux autres avec chaleur et empathie, aux problèmes sociaux avec altruisme et compassion, et de vivre sa vie comme une aventure pleine de joies, dans laquelle il peut aimer et être aimé, aider les autres et s'engager au service de ses semblables.

2

L'UNIVERS SENSORIEL DE VOTRE BÉBÉ

> Deux petits yeux pour regarder
> Deux petites oreilles pour écouter
> Un petit nez pour sentir les bonnes choses
> Une petite bouche qui aime bien manger
>
> Comptine traditionnelle

Les sens des bébés évoluent en série : tout d'abord les sens de proximité (ceux qui exigent un objet proche pour fonctionner efficacement) ; puis les sens à distance (ceux qui aident le bébé à percevoir les objets plus éloignés). Le toucher est le premier et le plus important des sens de proximité.

Toucher et mouvement

Le sens du toucher a été détecté chez l'embryon humain de moins de huit semaines, alors qu'il ne mesure guère plus de deux centimètres. À ce stade, il n'a pas encore d'yeux ni d'oreilles, mais la sensibilité de sa peau est déjà hautement développée. La nature entreprend le massage du bébé longtemps avant sa naissance. Il flotte d'abord dans son milieu qui peu à peu l'enserre de plus près. La caresse délicate de l'utérus se fait alors plus pressante, se transformant graduellement en contractions et en poussées rythmiques qui stimulent constamment sa peau et ses organes.

Habitué avant de naître à cette stimulation constante du mouvement, le nouveau-né a besoin d'en retrouver le rythme. Deux études ont contribué à le démontrer, au cours desquelles on a demandé à un groupe de mamans de porter leur nourrisson non seulement quand il tétait ou criait mais aussi dans un porte-bébé ventral souple pendant des périodes prolongées. Ces bébés ont été comparés avec d'autres tenus et portés normalement. À six semaines, les bébés ayant bénéficié plus longuement du contact et des mouvements du corps maternel pleuraient deux fois moins que les autres. Aujourd'hui, ce portage ventral façon kangourou est courant dans les maternités en raison de ses effets bénéfiques sur la santé physiologique, émotionnelle et psychologique des bébés. De même, le massage fait souvent partie des soins aux prématurés depuis que les travaux du docteur Tiffany Field ont démontré son impact remarquable sur leur croissance et leur développement.

Le goût et l'odorat

Les autres sens de proximité importants pour le nouveau-né sont le goût et l'odorat, tous deux liés au toucher. Un nourrisson de cinq jours peut distinguer l'odeur et le goût du lait de sa mère de ceux du lait d'une autre mère. Les nouveau-nés ont aussi leur propre « signature chimique » que leur mère est capable de détecter. Il a été démontré que de nombreuses mamans pouvaient reconnaître l'odeur des vêtements de leur bébé après seulement deux heures de contact avec lui.

La vue et l'ouïe

Les sens à distance – la vue et l'ouïe – peuvent jouer un rôle très important dans le développement de l'attachement du nouveau-né à sa mère, lui-même essentiel à la bonne relation parent-bébé. Cependant, ce lien ne fera pas défaut à un bébé né avec un handicap visuel ou auditif si ses parents sont attentionnés, car le toucher et son impact sur le lien avec la mère sont également puissants. En fait, le toucher l'est sans doute plus que tout autre parce qu'il est le sens le plus hautement développé.

Bien avant le terme, votre fœtus peut « voir ». Avant même que vous vous sachiez enceinte, son nerf optique (qui transmet les signaux de l'œil au cerveau) est déjà constitué. Entre les sixième et septième mois de la gestation, son cerveau réagit à la lumière. Il peut ouvrir et fermer les yeux, regarder de tous côtés : votre nouveau-né est programmé pour vous voir. Ses yeux convergent clairement à partir de dix-sept et jusqu'à trente centimètres, distance à laquelle il se trouve quand vous le tenez confortablement dans vos bras. Il est particulièrement attiré par la cible contrastée que constituent vos yeux et l'aréole de vos seins. Cette attirance favorise la formation du lien par le contact visuel et tactile, et assure sa survie. De plus, la stimulation provoquée par la focalisation sur ces objets renforce sans doute la myélinisation des nerfs et le développement physiologique.

Le fait que la mère parle d'instinct à son bébé sur un ton plus aigu que la normale se révèle merveilleusement adapté à l'attraction naturelle qu'il éprouve pour les hautes fréquences. La collaboration entre les centres visuels et auditifs est totalement établie dès l'âge de deux semaines. Votre bébé aime vous regarder et entendre votre voix. Au cours d'une expérience, on a exposé des bébés à quatre situations mettant en jeu l'ouïe et la vue : leur maman parlant normalement ; une personne étrangère parlant normalement ; une personne étrangère parlant avec la voix de leur mère ; et leur mère parlant avec la voix de l'étrangère. La voix de leur

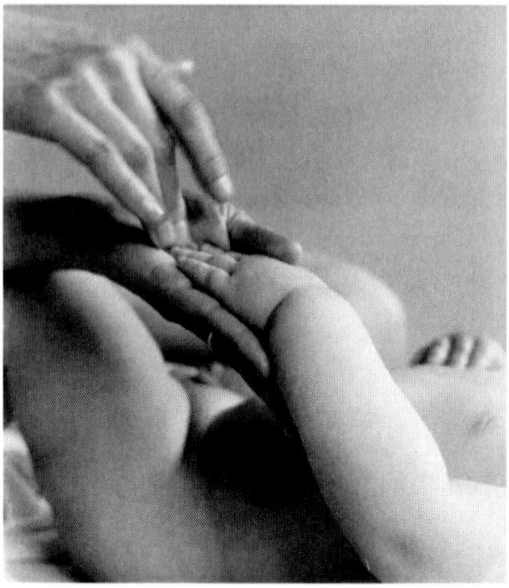

maman parlant normalement les ravissait. Les bébés regardaient moins l'étrangère parlant normalement; quant aux combinaisons mère-étrangère, elles leur étaient intolérables et les bébés y réagissaient invariablement par des hurlements. Dans une autre expérience, on fit entendre un conte à des nouveau-nés équipés d'écouteurs. Dès que les bébés suçaient rapidement leur tétine, ils entendaient la voix de leur mère, sinon une étrangère racontait l'histoire: les bébés apprirent à « provoquer » la voix de leur maman qu'ils préféraient à toute autre.

Les prémices de l'apprentissage du langage sont visibles dans les mouvements corporels du bébé qui se synchronisent avec les expressions, les pauses et les intonations de sa mère. Analysées par ordinateur, des vidéos de mamans avec leur bébé ont révélé que chaque bébé a son répertoire personnel, particulier de mouvements corporels qui s'accordent avec la parole de sa mère – une réaction corporelle pour chaque élément expressif. Au fil de la croissance du bébé, ces mouvements deviennent microcinétiques, perceptibles seulement par des instruments sophistiqués. Au début, le bébé présente des mouvements réflexes incessants. Ils sont suivis du développement de la phonation, puis des inflexions, d'un contenu émotionnel puis du babillage. Viennent ensuite les mots; enfin, ces mots ont leur sens propre et les réflexes moteurs deviennent inutiles. Cela dit, un petit préscolaire avance encore un pied si on lui demande de répéter le mot *pied*. Cette réaction corporelle est la trace intériorisée de la voix parentale prononçant *le mot*. Les sons émis par un parent, que ce soit ses paroles plus aiguës ou son « parler bébé », les comptines et les berceuses rythmées atteignent directement l'hémisphère droit du cerveau du bébé qui, à ce stade, est le plus développé.

Le bébé entend les voix de ses parents depuis que son ouïe s'est développée dans le ventre de sa mère, mais depuis plus longtemps encore il perçoit les rythmes de la parole par les vibrations qui se propagent à travers les os de sa mère. On pense aujourd'hui que les bébés pourraient commencer à déchiffrer le langage dès six semaines. Certaines études ont démontré qu'ils pouvaient repérer différents types de structures grammaticales et certains mots qui semblaient aller de pair, comme un nom précédé de son article.

En 1997, les études de la neurologue Patricia Kuhl, de l'Université de Washington, ont démontré qu'inconsciemment, les parents détachaient et étiraient certaines syllabes, ce qui aidait les bébés à maîtriser la phonétique de leur langue maternelle. Les parents « parlent bébé » d'une voix chantante et plus aiguë, qui souligne et amplifie certaines sonorités. Ils en facilitent ainsi la différenciation qui favorise d'abord l'apprentissage de la parole et, plus tard, celui de la lecture.

Kuhl a constaté que les nourrissons de six mois « classaient » les sons signifiants de leur langue et que leur accentuation par les parents était universelle, quelle que soit la langue étudiée. Il semble donc que nous soyons programmés pour fournir à nos bébés les informations vocales dont ils ont besoin pour commencer à appréhender leur langue maternelle et la parler. Quand nous aborderons les massages eux-mêmes, vous verrez que nous associons à certains mouvements des comptines et des sons qui aboutissent au même résultat. Lorsque les parents exécutent sur le ventre du bébé le massage appelé *I Love you* (Je-t'ai-me), je leur conseille d'étirer les sonorités sur un ton plus aigu. Dans tous les cours que j'ai donnés ou observés, les bébés entrent sans

délai et avec ravissement en phase avec ce mouvement particulier. Quand il arrive que quelques bébés pleurnichent, je demande à tous les parents d'exécuter le massage en étirant ensemble les sons *I Love you* (ou *Je t'aime*)*:* la mauvaise humeur cesse, tous les bébés poussent de petits cris de satisfaction et sourient, attentifs au plaisir du mouvement recommencé. C'est celui le plus fréquemment demandé par les petits de deux à trois ans, qui aiment répéter les sons avec le parent qui exécute le massage.

La stimulation artificielle

Si personne ne conteste que les bébés sont naturellement attirés par les types de stimulation dont ils ont besoin pour se développer, les chercheurs ne sont pas d'accord sur la valeur d'une stimulation sensorielle artificielle. Les partisans de la stimulation précoce avancent que le fait d'être exposé au contraste d'images en noir et blanc (mobiles constitués de cibles, de rayures ou de damiers noirs et blancs), à des fonds sonores, y compris des enregistrements de « bruits blancs » (sons monotones et soutenus comme ceux d'un moteur de voiture ou d'un aspirateur) et autres stimuli sensoriels peut accélérer le développement d'un bébé, de son intelligence, l'aider à s'endormir ou calmer ses coliques.

Le docteur Henry Williams, médecin généraliste très respecté, fait remarquer que les nouveau-nés sortant d'un environnement aux contours flous et aux teintes diffuses, il est raisonnable de les habituer graduellement aux lignes aiguës de l'univers dans lequel ils viennent d'arriver. « Nous voulons les familiariser progressivement avec la vie terrestre, leur ménager une transition prudente et paisible avec de la musique douce, des formes arrondies et des couleurs atténuées avant de passer lentement à ces contours plus abrupts, si fascinants parce qu'ils sont nouveaux. Mais ne nous précipitons pas. »

Nous sommes anxieux quant à l'aptitude de nos enfants à réussir les tests d'intelligence. Cela nous conduit souvent à adhérer à des programmes plus ou moins valables qui, à long terme, peuvent se révéler nuisibles à leur développement émotionnel et spirituel. Les fabricants de produits pour bébés prétendent que dans un environnement toujours plus compétitif, nos enfants ne pourront réussir dans la lutte pour l'argent et le statut social qu'à condition d'être mis très tôt en présence de certains objets et moyens de traiter l'information. Faire dépendre leur avenir de « stimulateurs sensoriels » artificiels profite assurément aux industriels qui les produisent et aux experts qui en font la promotion. Par ailleurs, ces inventions mécaniques soulagent le stress et la culpabilité des individus moins instruits et moins soutenus dans leur rôle parental. Cependant, la lente dégradation de nos capacités intuitives et de notre confiance en nous m'inquiète beaucoup. Nous risquons d'en arriver un jour à croire que les objets matériels assurent effectivement une meilleure stimulation et un réconfort plus efficace, qu'ils contribuent au développement cérébral mieux que les parents et que nos enfants seront défavorisés s'ils en sont privés. C'est ainsi qu'au lieu de leur apporter un soutien attentif, des valeurs spirituelles et la découverte d'un univers vivant, nous travaillons de plus en plus pour acquérir ces objets de stimulation prétendument indispensables.

L'intérêt croissant des chercheurs pour les multiples bienfaits du massage des bébés n'a pas échappé aux « chercheurs de profit ». Il y a quelques années, je disais en plaisantant que si nous voulions faire fortune, nous fabriquerions une machine à masser les bébés, le seul problème étant qu'elle irait à l'encontre de tous les avantages du massage. À ma grande surprise et à ma consternation, une société a effectivement commercialisé un « masseur de bébé » similaire à divers appareils de shiatsu qui finissent généralement au fond d'un placard parce que rien ne soulage la tension comme le contact humain. Beaucoup de parents mal informés achèteront ce gadget en le croyant bénéfique pour leur bébé. Mais celui-là aussi finira dans un placard lorsque les parents comprendront que rien ne peut remplacer leur contact et leur amour.

Les psychologues spécialistes du développement reconnaissent aujourd'hui que les nourrissons sont des apprentis-nés et que d'un environnement aimant et chaleureux, ils tireront toujours l'information dont ils ont besoin. Le sentiment fondamental de sécurité que crée un lien solide entre parents et enfant donne à ce dernier les moyens de découvrir son univers et d'exploiter au maximum ses capacités physiques, mentales et spirituelles. Le massage procure un trésor d'expériences sensorielles. Vos yeux, la ligne de naissance de vos cheveux, votre sourire, votre odeur et le son de votre voix qui raconte une histoire ou fredonne une berceuse ne fournissent pas seulement les contrastes intéressants que votre bébé recherche, mais lui renvoient aussi une vague d'amour et d'informations. Ils n'accélèrent pas seulement la myélinisation de ses nerfs, ils lui apprennent aussi qu'il est entré dans un monde qui vit et qui respire. Pour lui, pas de plus douce musique qu'une maman qui chante ; pas de jouet qui puisse raconter une histoire comme sait le faire son papa. Personne ne peut inventer l'ersatz des caresses et de l'amour d'un parent. Aucun appareil de stimulation sensoriel ne peut être comparé à des bras aimants qui tiennent et qui bercent. Quant à la valeur des bruits blancs, elle n'égalera jamais celle des sons synchronisés de la respiration et des battements du cœur humain.

3

LIEN, ATTACHEMENT ET MASSAGE DES BÉBÉS

> Je m'étends et sur toi, Bébé, je pose mon regard
> Tout autre objet oublié.
> Dans les rêves passent les choses de ce monde
> Mais éveillée, je n'en ai cure.
> J'entends si délicat, ton souffle qui va et vient,
> Ton souffle si neuf à la vie
> Et dans le bleu innocent de tes yeux
> Je vois la pure lumière du ciel.
>
> Anonyme, 1860

L'importance du lien et de l'attachement

La formation du lien affectif est un phénomène fondamental qui prend place sur toute la terre. En termes de physique, ce lien se produit au sein d'un champ énergétique : placées à proximité l'une de l'autre, deux particules chargées d'énergie tournoient et se polarisent de façon identique, même quand elles sont séparées ; de même, deux cellules vivantes d'un cœur humain s'approchant l'une de l'autre se mettent à battre au même rythme. Dans le royaume animal comme dans le règne des humains, les liens affectifs et tactiles entre la mère et son petit favorisent l'interaction et le développement harmonieux à venir. À travers les expériences sensorielles et les échanges affectueux, l'intimité entre parent et nouveau-né les conduit à se synchroniser.

Les spécialistes ont découvert l'imprégnation il y a longtemps déjà, quand l'éthologue Konrad Lorenz démontra que les canetons étaient biologiquement programmés pour suivre le premier objet mobile qu'ils percevaient et s'attacher à lui. Au même moment, Harry Harlow et ses associés étudiaient les singes et les chèvres, et découvraient des éléments et des périodes critiques pour la formation du lien affectif, qui jouaient un rôle décisif non seulement dans la survie des nouveau-nés mais aussi dans ce que l'on peut appeler leur équilibre émotionnel. Ils observèrent que les singes maltraitaient leurs petits lorsque la formation de ce lien avait été perturbée dans leur propre petite enfance.

Chez les animaux, la période cruciale de formation du lien intervient dans les minutes ou les heures qui suivent la naissance. La mère le crée en léchant et touchant son petit, un type de massage qui facilite son adaptation physiologique à la vie une fois sorti du ventre maternel. Si, pendant cette période, la mère et son petit sont momentanément séparés, il arrive souvent que la mère rejette ou néglige son nouveau-né, qui peut alors mourir faute de stimulation maternelle, même s'il est nourri par d'autres moyens.

Dans des études parallèles à la recherche animale, les docteurs John Kennell et Marshall Klaus entre autres chercheurs ont également décelé chez les humains une période sensible pour la formation du lien affectif. Moins rigidement délimitée, elle peut se prolonger pendant des mois, des années après la naissance.

On parle souvent d'*attachement* à propos de ce rapport particulier. Alors que la formation du lien est spécifique à la naissance et à notre connexion avec le royaume animal, l'attachement se construit dans le temps et peut naître entre deux êtres quels qu'ils soient. Dans son livre *When Bonding Fails* (L'Échec du lien), Frank Bolton décrit le *lien* comme un processus à sens unique qui apparaît chez la mère biologique pendant la gestation et se poursuit à travers l'accouchement et durant les premiers jours du nouveau-né. Au contraire, l'*attachement* est une interaction entre parents et enfant – biologiques ou non – qui se développe au cours de la première année et se renforce toute leur vie. Bolton le décrit comme le sentiment que l'autre est irremplaçable.

Les deux mots sont souvent employés indifféremment parce que chez les humains, la période de formation du *lien* est si imprécise qu'elle se fond dans le processus d'*attachement*. Kennell et Klaus définissent le lien comme « une relation unique, particulière entre deux êtres et qui résiste au temps ». Cette définition s'applique aussi à l'attachement. J'utilise tantôt l'un, tantôt l'autre de ces deux termes dans ce livre où je ne me conforme pas au vocabulaire strict et précis de la recherche ou de la médecine. Dans le langage courant, ces concepts font simplement référence à l'amour qui se développe entre parents et enfant, qu'il s'agisse d'un nouveau-né biologique ou d'un bébé ou petit enfant adopté. Tels que nous les employons, les termes *lien* et *attachement* recouvrent simplement toute l'intimité qui se crée dans le temps et qui peut être favorisée par la pratique du massage du bébé.

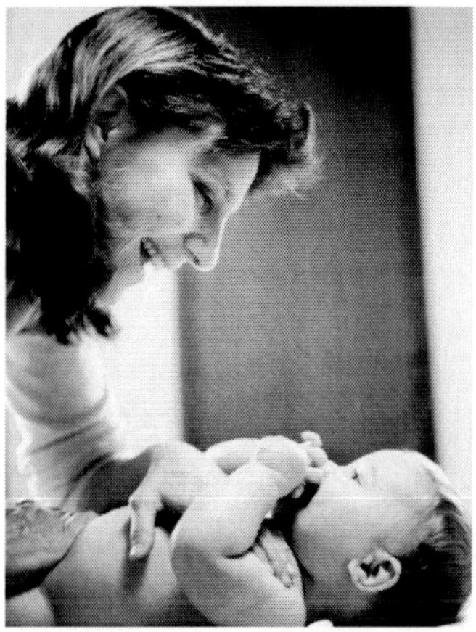

Kennell et Klaus citent les câlins, les baisers et les contacts visuels prolongés comme indicateurs du développement d'un lien affectif. Leurs études, comme celles de nombreux autres chercheurs, établissent de façon frappante la corrélation existant entre l'absence de lien et d'attachement précoces d'une part et l'abandon, la maltraitance et le déficit de développement ultérieurs d'autre part. Les mères séparées de leur bébé dès la naissance hésitent souvent à faire l'apprentissage du maternage et en maîtrisent souvent mal les gestes élémentaires. Même les brèves séparations peuvent avoir une influence défavorable sur la relation mère-enfant.

De nombreux experts, dans divers domaines, s'inquiètent de plus en plus de ce qu'ils appellent « la crise de l'attachement » dans les sociétés occidentales. Longtemps avant l'explosion de la violence juvénile aux États-Unis, le psychologue Ken Magid signalait, dans son livre *High Risk : Children Without a Conscience* (Haut risque : des enfants sans conscience), « une profonde révolution démographique » qui modifie le cours de notre histoire. « On n'accorde tout simplement pas assez d'attention au fait que, les mères travaillant au dehors, il est possible que leurs enfants souffrent d'une rupture des liens affectifs », a-t-il écrit. En 1988, en une saisissante anticipation, il citait déjà les tensions que connaissent les foyers où les deux parents travaillent, la lutte pour survivre des parents célibataires, une société obsédée par la réussite, des structures de garde médiocres au personnel insuffisant, l'absence ou la brièveté des congés maternité[1], les modalités d'adoption inadéquates et les arrangements inappropriés en cas de divorce comme des facteurs à haut risque pour les nouvelles générations. Les bébés privés de lien affectif et/ou dans un rapport angoissé à leurs parents peuvent présenter en grandissant toute une gamme de perturbations psychologiques allant de la difficulté à établir et entretenir des relations jusqu'aux comportements psychotiques criminels. Par « rapport angoissé », Magid désigne la situation d'un bébé dont les parents ne répondent pas régulièrement à ses besoins avec amour : ce bébé ne peut se détendre dans la certitude que ses besoins affectifs ou autres seront satisfaits et qu'il est en sécurité dans un monde chaleureux et accueillant. Pour ces enfants, le monde est inquiétant et il leur est difficile de faire confiance

1. Aux États-Unis (N.D.T.).

et de s'ouvrir aux autres ; ils refoulent souvent une violente colère qui risque d'être extériorisée ultérieurement de façon inappropriée. Ayant été des bébés angoissés, ils ont peine à nouer des liens affectifs profonds parce qu'ils n'ont jamais appris à faire confiance.

À l'inverse du bébé singe qui s'accroche à sa mère, le bébé humain ne dispose pas des moyens physiques d'entrer en contact avec la sienne et d'obtenir ainsi la satisfaction de ses besoins. Sa vie dépend de la force de l'attachement de ses parents. Les études démontrent l'influence évidente et positive du contact précoce et prolongé entre mère et nouveau-né. Les mamans qui établissent ce lien dès les premiers instants et jours de la vie de leur bébé en sont plus proches, elles entretiennent davantage de contact tactile et visuel avec lui, leur comportement est plus calme et rassurant. Elles allaitent avec plus de succès, passent plus de temps à regarder leur bébé pendant la tétée et celui-ci prend du poids plus rapidement. Faisant l'objet du test Stanford-Binet à trois ans, ces enfants témoignent d'un QI supérieur à celui des bébés qui ont été séparés de leur maman.

Faire garder un bébé

Les experts qui ont étudié les effets de la séparation sur les bébés de moins d'un an ont tiré la sonnette d'alarme dès 1985, tandis que de nombreuses études aboutissaient à la même conclusion : des soins médiocres dispensés par un parent ou un substitut parental et une séparation prématurée peuvent traumatiser durablement un bébé et nuire aux liens cruciaux entre parents et enfants.

Des années plus tard, nous nous inquiétons du nombre d'enfants dénués de scrupules et sans conscience, qui recourent à la violence pour obtenir un statut, soulager leurs angoisses et leurs frustrations ou se faire accepter par leurs pairs. De nombreux facteurs contribuent à ce phénomène : l'assaut de médias inadaptés à la jeunesse, le laxisme de l'ensemble de notre société vis-à-vis de la violence, la désintégration des liens familiaux, les pressions financières qui génèrent une tension insensée dans chaque famille… Cependant, certains experts avancent que les ruptures dans la formation du processus d'attachement peuvent avoir les plus profondes conséquences psychologiques sur les enfants, engendrant une rage qu'ils finissent par exprimer en infligeant des souffrances à quelqu'un d'autre. La séparation prématurée d'avec les parents peut menacer les liens, détruisant l'harmonie familiale et faisant par la suite des ravages dans la vie des enfants. Ceux qui ont eu des rapports angoissés ou inadéquats ou dont la famille a été incapable d'exercer la moindre autorité et d'imposer des normes comportementales ont souvent, en grandissant, de sérieux problèmes psychologiques, difficiles à appréhender et à résoudre.

La garde des bébés est un problème crucial dans toutes les familles dont le revenu exige que les deux parents travaillent à l'extérieur. Les informations présentées ici n'ont donc pas pour but de les culpabiliser. Ce n'est pas le choix entre faire garder le bébé et rester à la maison qui est décisif, bien qu'il doive être opéré avec discernement. Je pense que l'essentiel est d'une part, la qualité des soins que le bébé reçoit, quelle que soit la personne qui les dispense et d'autre part, la qualité de l'environnement familial quand il rentre à la maison. Cela dit, je persiste à croire que des soins adéquats dispensés par les parents d'un tout-petit sont les plus bénéfiques parce que le premier âge est celui où se créent les attachements dont les conséquences sont les plus déterminantes sur la psychologie et le comportement du bébé et, par conséquent, sur les réactions qu'il provoquera sa vie durant chez ses semblables et dans son milieu culturel.

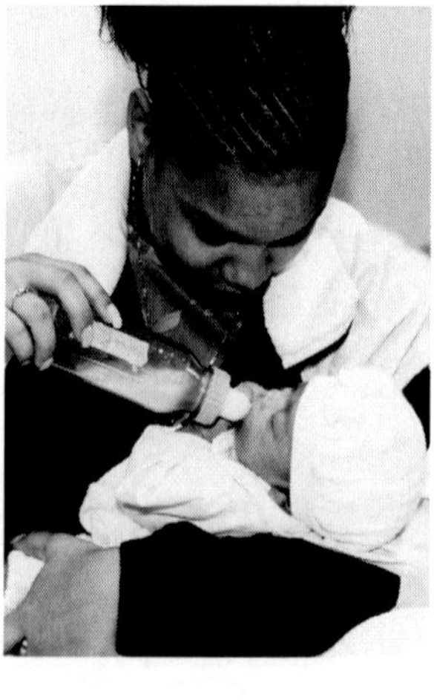

Dans *High Risk*, Magid souligne les dangers qui résident dans le fait de placer prématurément un bébé hors du foyer. « Après avoir examiné toutes les études sur ce sujet, je suis parvenu à la conclusion qu'au cours de sa première année, aucun enfant ne devrait être séparé de sa mère pour des périodes prolongées, dit-il. Les parents des tout-petits devraient être extrêmement circonspects quand ils envisagent de confier leur nouveau-né à quelqu'un, qu'il s'agisse d'un parent ou d'une nourrice. Cette période est la plus déterminante de la vie de leur bébé. »

Un programme de recherche entamé en 1996 par le National Institute on Child Health and Development (Institut national pour la santé et le développement des enfants) a suivi l'évolution des enfants de 1 300 familles de la naissance à l'âge de sept ans. Ils étaient observés chez eux et hors de chez eux pendant la journée, passée avec les substituts parentaux. L'étude a révélé que les enfants confiés à des gardes médiocres ou aux soins de multiples personnes risquaient davantage de développer des liens angoissés ou fragiles si, de plus, leur maman ne répondait pas à leurs besoins de façon satisfaisante. Ce n'est donc pas nécessairement la durée de la séparation mais la qualité de l'interaction au sein de la famille et, d'autre part, la qualité de l'atmosphère du lieu de garde et de l'interaction avec les substituts parentaux (de préférence aussi peu nombreux que possible) qui permettent ou non au bébé de développer des liens solides et harmonieux.

Il a été aussi démontré que des soins de grande qualité à l'extérieur pouvaient prévenir la chute du QI qui intervient entre douze et trente mois chez les bébés gardés par leur propre mère dans un milieu familial défavorable. Il semble acquis que le placement hors du foyer ne soit pas l'élément primordial. Un environnement stressant dans lequel le bébé ne reçoit pas l'amour, la tendresse et l'attention dont il a besoin semble constituer le plus sérieux facteur de risque potentiel de troubles de l'attachement : confié à une ou deux personnes attentives et affectueuses, un bébé qui retrouve le soir des parents heureux de l'accueillir, capables de lui prodiguer leur amour, leur tendresse, de jouer avec lui et de lui consacrer une réelle attention après leur travail sera moins défavorablement affecté qu'un bébé gardé à la maison par un parent stressé à l'excès par la perte de son travail et de sa propre estime.

Notre société ne propose pas suffisamment de solutions aux parents que leur travail empêche de se consacrer à leur nouveau-né. Ils subissent l'angoisse d'en être séparés, la culpabilité qui en résulte et l'inquiétude quant à la pertinence et aux conséquences de leur choix. Ces sentiments mêmes contribuent souvent à créer une distance entre les parents et leur bébé et dégradent encore des liens qui auraient besoin d'être resserrés.

Un massage quotidien peut participer considérablement au maintien et à l'approfondissement des liens affectifs entre les parents et le bébé séparé d'eux pendant la journée. Après le travail, prendre une demi-heure pour rétablir le contact par le massage peut aider le parent à se focaliser sur sa vie familiale et le bébé à se sentir soutenu et en sécurité.

« Notre petit John adore ses massages qui le font sourire et roucouler de façon caractéristique, déclare Barbara, maman d'un bébé de six mois. Mon mari et moi travaillons tous deux à l'extérieur et la séance de massage est pour nous un moyen de "décrocher" d'une journée stressante et de nous reconnecter avec John. Nous sommes convaincus que c'est grâce au temps que nous lui consacrons ainsi qu'il est heureux et détendu. »

Certains parents qui travaillent constatent que leur bébé passe souvent une partie de la séance de massage à s'agiter nerveusement. Une maman m'a un jour déclaré que son bébé lui préférait sa nourrice parce qu'il pleurait toujours très fort pendant environ une heure à la maison, s'agitant au début du massage alors qu'il semblait très heureux avec sa gardienne. Cette maman interrompait souvent le massage et le laissait s'endormir à force de pleurer, se sentant elle-même frustrée et incompétente dans son rôle de mère. Elle a modifié sa perception de la situation quand je lui ai signalé que celle-ci reflétait exactement l'inverse : son bébé lui réservait l'expression de son stress pour évacuer avec elle dans une sécurité maximale la tension accumulée au cours de la journée. En considérant les cris sous cet angle, elle a commencé à l'aider en manifestant son empathie par la voix, le langage corporel, les massages avec des pauses-détente et les moyens de tenue et de portage. En l'espace de quelques semaines, les cris de son bébé ont diminué, des liens étroits se sont créés. Ayant pris confiance dans sa compétence, elle le masse maintenant tendrement après le travail avec la certitude d'être une bonne mère et que son bébé se sent en sécurité avec elle plus qu'avec toute autre personne. Il s'est stabilisé dans la routine du massage, a commencé à y prendre plaisir et à gazouiller en regardant sa maman, se relaxant au rythme des câlins et du son calmant de sa voix.

ÉLÉMENTS LES PLUS IMPORTANTS DU LIEN AFFECTIF ET DE L'ATTACHEMENT

Les principaux éléments qui contribuent à la formation du lien affectif entre parents et bébé sont les suivants :

- Le contact par le regard, le contact « peau à peau ».
- Les tonalités vocales, les réactions du bébé vis-à-vis du parent.
- La stimulation des hormones maternelles et paternelles au contact du bébé, la régulation de la température et le transfert des bactéries et anticorps immunisants de la mère au bébé par les contacts qu'ils entretiennent.

Tous ces facteurs entrent en jeu pendant le massage ; mais les éléments qui renforcent les liens de façon décisive sont le toucher, le contact par le regard et la voix, la communication – les réactions du bébé au parent et leur découverte réciproque.

Le contact par le regard

Le contact visuel est l'un de nos plus puissants systèmes de communication et une connexion vitale entre parents et enfant. Les parents éprouvent un besoin irrésistible de face-à-face avec leur nouveau-né pour scruter son regard. Ils lui murmurent des mots pleins d'affection : « Ouvre tes jolis yeux, mon cœur ! Regarde-moi ! » S'ensuivent des exclamations ravies quand le bébé établit le contact visuel.

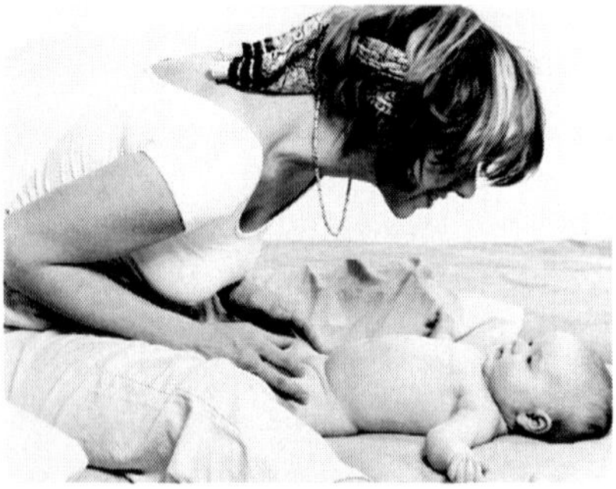

Les parents déclarent souvent que c'est lorsqu'il se crée qu'ils se sentent très proches de leur bébé pour la première fois. La vue du nourrisson est biologiquement programmée pour rechercher le contraste de la cible que forment les yeux et l'aréole des seins. Sous l'influence des hormones maternelles, cette dernière devient plus foncée pendant la grossesse, peut-être pour attirer le regard du nouveau-né.

Les experts avancent que le contact visuel pourrait être un fort indice du développement physiologique du nouveau-né ; le message perçu par le cerveau lui permettrait d'interrompre la production d'hormones du stress déclenchée par l'accouchement. La position du bébé face au parent pendant le massage favorise à travers leurs regards un échange positif qui renforce constamment le message parental : tu es en sécurité, tu peux te détendre maintenant.

Le contact de la peau

Les mamans caressent instinctivement leurs bébés après la naissance, stimulant l'apport de myéline aux nerfs et éveillant leurs sens. Le toucher est un puissant élément de création de l'attachement. Les amoureux, les enfants qui se lient d'amitié et même les personnes qui viennent d'acquérir un animal familier consacrent beaucoup de temps au contact pour assurer la naissance du lien. Les animaux élevés sans caresses deviennent asociaux et agressifs et ont tendance par la suite à maltraiter et négliger leurs propres petits. Le neurologue Richard Restak, auteur de *The Infant Mind* (Le mental du bébé), parle ainsi de l'importance du toucher :

« Le nouveau-né se tourne vers sa mère. Comment va-t-elle réagir ? Va-t-elle le toucher ? Va-t-elle se détourner ? Comme cette situation semble simple ! Comme elle semble dénuée de contenu et d'importance ! Mais nous sommes abusés par l'apparente simplicité de cet échange qui prend place en quelques secondes mais se maintient pendant des décennies. La mère se tourne vers son enfant et le touche. Ni l'un ni l'autre ne parle. Qui pourrait croire que simplement toucher un être humain puisse être si important ? »

La voix

La voix est un troisième élément de l'échange qui construit le lien affectif. Dès l'instant où, vers le septième mois de votre grossesse, il a réagi au son pour la première fois, votre bébé a écouté votre voix, bougé à son rythme et le ton plus aigu sur lequel vous lui parlez est particulièrement doux à ses oreilles. Vous pouvez chanter ou lui raconter une histoire pendant un massage. Peu à peu, il y associera certains sons. Répétez son nom et le mot *relaxe !* pour lui apprendre doucement à se détendre. Nous développerons ce sujet dans le chapitre 5.

Le massage renforce le lien créé dès la naissance. Peu à peu, le bébé découvre la merveilleuse sensation de bien-être et de sécurité que procure le fait d'aimer et être aimé ; son propre corps lui devient familier tandis que sa maman lui apprend à détendre une jambe ou un bras trop contracté, ou l'aide à libérer des gaz trop douloureux. Elle plonge son regard dans le sien, chantonne, le calme par la parole et les caresses sur sa peau. Ainsi reprend chaque jour l'échange qui crée l'attachement.

« Je me sens beaucoup plus proche de mon bébé et plus à l'unisson avec son corps, écrit Debbie, maman d'une petite fille de trois mois. Elle va grandir si vite ! Pouvoir être en contact avec son petit corps, témoin de sa croissance jour après jour, est un trésor. Je crois qu'elle aussi se sent plus proche de moi et que grâce à notre massage quotidien, une réelle confiance s'installe entre nous. Je veux chérir sa petite enfance avec tous ses joujoux et ses problèmes. Ce massage est un merveilleux moyen et les bienfaits physiologiques et psychologiques procurés à mon bébé sont des cadeaux supplémentaires. »

Faire mutuellement connaissance

Le massage régulier du bébé offre un moment privilégié pour faire intimement connaissance avec son langage corporel, avec ses rythmes de communication, son seuil de tolérance de la stimulation et avec l'aspect de son corps et la sensation qu'il éprouve suivant qu'il est contracté ou détendu.

Les recherches menées sur l'attachement soulignent aussi que les parents se sentent plus proches de leur bébé quand ils obtiennent de lui une réaction positive à une série de gestes. Le massage qui conjugue intimité, communication, jeu et soins peut accroître considérablement votre sentiment de compétence. En réservant un moment pour toucher et cajoler votre bébé, vous lui adressez un message précis : « Je t'aime et je veux communiquer avec toi et toi seul. » Toute mon expérience me confirme que la plupart des bébés sont effectivement sensibles à ce message. Mes propres enfants aujourd'hui adultes

engrangent encore les bénéfices des massages quotidiens de leur petite enfance. Ils sont affectueux, compatissants et équilibrés. Notre relation est restée étroite pendant toute leur enfance, leur adolescence et leurs premières années d'adultes où ils durent s'éloigner pour construire leur identité et voler de leurs propres ailes. Nous avons eu notre part de ruptures de communication, mais nous nous retrouvons toujours avec amour pour réparer, renouer et devenir plus proches et plus compréhensifs les uns envers les autres. Nos liens familiaux sont « incassables » et je peux dire sans l'ombre d'un doute que j'attribue cette intimité et notre loyauté réciproque à nos expériences dans la construction d'un attachement solide par le massage aimant et interactif.

Formation tardive du lien affectif

Quand la séparation a entravé la formation du lien affectif, parents et bébé peuvent certes compenser ce retard avec le soutien et les moyens appropriés. Ne désespérez pas si vous n'avez pu établir un rapport intime dès la naissance. La beauté de l'espèce humaine réside dans son incroyable aptitude à surmonter les handicaps et apprendre de nouveaux modes de fonctionnement. Si vous avez conscience de l'importance de l'attachement, vous trouverez les moyens d'assister la nature.

Un enfant qui évite le contact par le regard, qui se raidit quand vous le tenez contre vous a sans doute besoin d'un surcroît d'aide et d'attention pour commencer à faire confiance et former les liens dont il a besoin pour se développer harmonieusement. Des suggestions figurent au chapitre 14. Avec un massage quotidien, recréez peu à peu les éléments de l'attachement qui vous aideront à synchroniser vos rythmes respectifs. Vous devrez sans doute commencer par de courtes séances – cinq minutes peut-être – que vous prolongerez au fur et à mesure que le bébé acceptera votre contact et votre regard. Portez-le plus longtemps, prenez un bain, dormez, jouez avec lui quand il est éveillé et actif. Concentrez-vous sur toutes les activités qui mettent en jeu le toucher, le contact visuel, l'affection, mais procédez graduellement. Certains parents, angoissés d'avoir raté l'étroite « fenêtre » de création du lien, surcompensent par un excès de stimulation et stressent leur bébé en en faisant trop et trop vite. Laissez-le vous guider par sa façon de réagir à votre attention, à votre affection et à votre regard en le choyant, en le portant et en le rassurant par les moyens qu'il est capable d'accepter.

Quand la séparation d'avec le bébé a profondément stressé ou déprimé les parents, ils trouvent parfois très difficile de recréer le lien. Si vous êtes dans ce cas, faites-vous aider : en parler, formuler votre peine est un facteur essentiel de soulagement. Un psychothérapeute peut aussi vous suggérer des moyens de gérer votre stress auxquels vous n'aviez pas pensé. Dans l'intérêt de votre bébé et, à long terme, d'une relation harmonieuse entre vous et lui, un appui extérieur peut être précieux.

Nous parlerons dans des chapitres ultérieurs de situations particulières telles que celles des enfants adoptés ou accueillis et des bébés prématurés. Chaque cas exige une approche adaptée du massage, mais aucun ne l'exclut des pratiques parentales quotidiennes.

4

SPÉCIAL PAPAS

> Notre petit oiseau du Paradis
> Est éveillé, Papa. Son petit cerveau
> Sait déjà, j'en suis sûre, que
> S'il bouillonne assez longtemps,
> Sa petite tête succombera
> À la fruste séduction de ton manteau.
>
> Norman Gale

Papas, engagez-vous sans tarder

Les pères d'aujourd'hui participent de plus en plus aux soins de leurs bébés. L'image du père empoté qui refile le petit dernier à sa maman tant qu'il n'est pas encore en âge de jouer, devient rapidement une exception au lieu de correspondre à la règle.

Mais quelle que soit sa bonne volonté, un nouveau père fait face à quelques problèmes. Il ne dispose que des soirées et des week-ends. À la fatigue du travail s'ajoutent le souci d'entretenir sa famille et la pression financière accrue que cela représente. Si sa femme travaille également au dehors, elle fait face aux mêmes problèmes, auxquels peut s'ajouter celui de l'allaitement, non négligeable si elle désire entretenir son image et ménager son avenir professionnel.

Le soir venu, elle peut donc être lasse et le bébé agité dans les semaines qui suivent la naissance. En dépit du cliché de la jeune mère heureuse d'avoir son bébé près d'elle toute la journée, la nouvelle maman a beaucoup à faire, sans beaucoup de repos ni de contacts avec d'autres adultes. La plupart de ses tâches sont répétitives – lessive, changement des couches, tétées, cris à calmer, ménage, cuisine – sans la contrepartie valorisante d'un salaire ou d'un compliment de son employeur. De sorte que lorsque Papa rentre à la maison, Maman n'est pas forcément d'humeur radieuse. Un père m'a dit un jour : « Avant le décès de ma femme, je croyais m'être beaucoup consacré à mes enfants ; mais j'ignorais à quel point j'en étais loin jusqu'au jour où j'ai dû faire moi-même les mille et une choses qu'il faut faire quand on élève des enfants. »

N'attendez pas d'être sollicité

N'attendez donc pas qu'on vous invite à participer aux soins de votre bébé. Ne laissez ni tantes ni belle-mère bien intentionnées vous pousser dans les coulisses à la maternité ou à la maison. Demandez à l'infirmière, la sage-femme ou la grand-mère de vous montrer comment on change une couche, fait faire son rot au bébé, comment on lui donne un bain. Si votre partenaire est d'accord, apprenez à le nourrir puisque, même allaité au sein, un bébé peut à l'occasion prendre un biberon de lait maternel ; et si elle vous dit que vous vous y prenez mal, ne vous fâchez pas. Demandez-lui comment elle fait et remerciez-la. Comme le disait un jour un jeune père : « Petit à petit, elle se lassera d'être le pro ès bébés et elle vous laissera vous débrouiller. » Des observations ont montré que les soins attentifs du papa créent un solide attachement et que dans une relation maritale tendre et harmonieuse, les pères s'occupent volontiers de leur bébé.

Mais trouver du temps pour soi et pour entretenir la relation du couple tout en étant de bons parents n'est pas simple. Le père peut sembler absent quand les désirs et les besoins de la mère et du bébé exigeraient qu'il soit plus présent. De plus, surtout au début, la responsabilité du nouveau-né vingt-quatre heures sur vingt-quatre prive souvent les parents d'un sommeil suffisant.

Ces facteurs de stress font obstacle à l'apprentissage des pères que nos traditions ne préparent pas à un comportement « maternel ». Avant de devenir adultes, ils n'ont généralement pas acquis les mêmes réactions que les femmes envers les bébés et ont donc besoin d'être aidés et encouragés. Mais un papa peut porter, bercer son bébé, danser avec lui, chanter des comptines ou lui lire des histoires, le masser de même que le nourrir, le changer et lui donner son bain. Il faut le savoir, les pères aussi sécrètent des « hormones parentales » qui sont activées par le contact étroit avec leur enfant.

« Pour les pères, le massage constitue une façon extraordinaire d'apprendre à connaître leurs enfants. Ils se connectent alors avec une partie très profonde du bébé en même temps qu'avec une partie très profonde d'eux-mêmes – leur côté papa-poule. Avant l'âge de neuf ans, la plupart des garçons ont déjà été conditionnés à réprimer cette tendance ; travailler avec les bébés rouvre cette porte close. Les pères découvrent qu'ils font d'excellents « pouponneurs » quand la situation ne remet pas en cause leur statut masculin », déclare le psychologue Tom Daly.

Il remarque que les enfants auxquels le père a accordé beaucoup d'attention ont une meilleure confiance en eux et se montrent plus créatifs. « La conception de la virilité et les hommes évoluent, dit-il. Continuons à leur permettre de s'engager sérieusement dans l'éducation des enfants. Le massage du bébé est un moyen de premier ordre pour promouvoir cette évolution. Notre monde s'améliore chaque fois qu'un bébé bénéficie d'un massage et il est indispensable que les hommes y participent. »

Hommes attentionnés, femmes épanouies : votre contribution

Les enfants tirent d'immenses bénéfices d'une interaction affectueuse avec leurs deux parents. Le docteur Michael Lamb a écrit dans *The Role of the Father in Child Development* (Le rôle du père dans le développement de l'enfant) : « Une relation père-fils chaleureuse renforce l'évolution d'un garçon vers la maturité. Un père attentionné constitue un modèle plus accessible qu'un père distant. Son comportement, associé le plus souvent à l'affection et à une appréciation positive, est plus gratifiant pour l'enfant ; un fils est donc plus enclin à imiter le comportement d'un père attentionné que celui d'un père plus distant. »

Les filles ont elles aussi besoin de nouer des liens sains et solides avec leur père. Une étude effectuée à Berkeley (Berkeley Longitudinal Study) a révélé que les femmes adultes jouissant du meilleur équilibre et de la meilleure santé étaient celles qui avaient grandi entre deux parents aimants et attentifs. Les femmes qui s'étaient réalisées de la façon la plus satisfaisante avaient bénéficié d'un père qui appréciait leur féminité et leurs capacités, qui était à la fois chaleureux et affectueux et soutenait leurs efforts vers l'indépendance.

Le massage est une expérience de qualité aussi bénéfique pour les parents que pour le nouveau-né. Ce dernier apprend qu'il peut être touché par son père avec amour et douceur, qu'il peut compter sur lui aussi pour la satisfaction de ses besoins physiques et affectifs. Un père qui développe ces aptitudes à travers l'expérience du massage affermit sa confiance dans sa compétence de parent.

La formation du lien affectif entre père et nouveau-né est le résultat le plus important de la pratique régulière du massage. De même que grâce au contact de la peau, aux câlins, à la communication à travers le face-à-face, l'allaitement renforce constamment le lien avec la mère, le massage est pour un père le moyen idéal de rester, littéralement, « en contact » avec son bébé. Les pères qui le pratiquent pendant la petite enfance s'en souviennent toujours avec une émotion attendrie.

« Je n'oublierai jamais comment mon fils frétille de joie et sourit en entendant le bruissement de l'huile entre mes mains », déclare Ron, père d'un fils de sept mois. « Ce sera un tel plaisir d'en parler avec lui quand il sera plus grand et de le lui rappeler quand, à son tour, il aura des enfants. Peut-être même qu'un jour, je masserai aussi ses bébés ! »

En tant que père, vous aurez peut-être besoin d'imagination pour caser dans votre emploi du temps les vingt ou trente minutes nécessaires au massage de votre bébé. Le meilleur moment peut être le samedi ou le dimanche matin, quand rien ne vous presse. Après avoir appris les techniques de base avec votre femme, avec ce livre ou au cours d'un stage, procédez seul au massage. Il est préférable que les parents ne l'effectuent pas ensemble, ce qui risquerait de brouiller les messages et de mettre le bébé mal à l'aise.

Débutez tranquillement en vous limitant aux jambes et au dos. Peut-être aurez-vous l'impression d'être trop fort ou maladroit, d'avoir des mains trop grandes ou trop rudes. Mais presque tout le monde se sent d'abord nerveux et malhabile avec un nouveau-né. Pour commencer, posez doucement les mains sur son dos. Au début, vous n'avez même pas besoin de les déplacer ; sentez simplement la communication passer entre vous deux, veillez à rester détendu et laissez votre amour aller vers lui. Quand vous serez tout à fait à l'aise, lancez-vous dans un massage, en l'interrompant de temps à

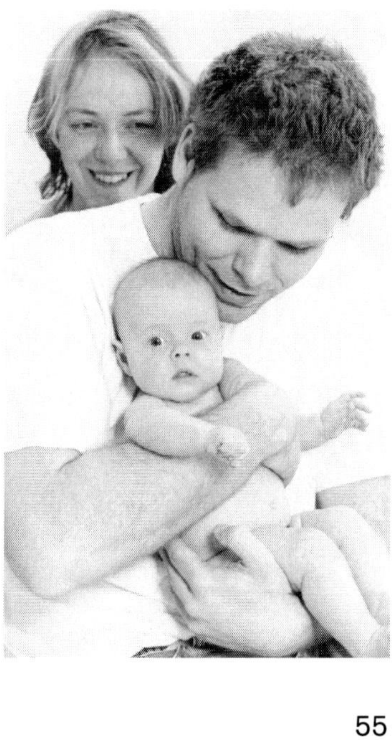

autre pour vous détendre avec votre bébé dans les bras. Pensez à faire tous vos mouvements très doucement, sans hâte, comme au ralenti. Parlez ou chantez tout bas. Quand vous le sentez prêt, entrez en contact avec lui par le regard et de façon générale, conformez-vous au rythme que vous suggèrent ses réactions. Peu à peu, il va se familiariser avec votre contact ; vous voudrez peut-être alors lui consacrer plus de temps et passer au massage du reste du corps en développant votre propre méthode. Vous trouverez des idées et des suggestions utiles dans les chapitres suivants, car ce livre s'adresse aussi à vous.

5

APPRENDRE À BÉBÉ (ET À VOUS-MÊME) À SE DÉTENDRE

> Il y avait cet enfant sur le chemin de la vie.
> Sur le premier objet il posa les yeux,
> Et cet objet il devint.
>
> Walt Whitman

Visualisez un bébé détendu, un parent détendu

Fermez les yeux un instant et visualisez votre bébé. Que voyez-vous ? Pleure-t-il ? Est-il éveillé ou endormi ? Actif ou paisible ? Tendu ou détendu ? Mince ou potelé ? Comparez votre image mentale du bébé avec son état réel en cet instant précis.

Inconsciemment, nous formons de nous-mêmes et des autres, y compris de nos enfants, des images basées sur une expérience limitée. Par exemple, ma petite fille était malade et a été hospitalisée tout de suite après sa naissance. Elle est revenue à la maison en parfaite santé mais dans mon subconscient, je me la suis longtemps représentée comme faible et fragile. Même après avoir compris que je continuais simplement à projeter sur elle mes premières craintes, il me fut difficile de changer cette perception devenue ma façon courante de penser. Ce type d'habitude peut affecter directement nos proches et plus particulièrement nos enfants, qui construisent leur image d'eux-mêmes en fonction de celle que nous entretenons.

Un bébé adopte les idées que ses parents expriment par leurs mots et leurs actes. Les représentations et les affirmations positives nous aident à nous libérer de ces concepts réducteurs, ce qui permet en retour aux tout-petits de développer pleinement leur potentiel. Le massage est une occasion parfaite de pratiquer l'imagerie positive et la rétroaction par la parole. En massant votre bébé, visualisez-le détendu, ouvert, abandonnant toute tension, heureux et en bonne santé. Essayez de vous représenter ses organes, son cœur qui bat, ses poumons aspirant l'air, un système digestif qui fonctionne bien. Imaginez le sang circulant dans ses veines et ses artères et votre massage en facilitant la course vers tous ses membres. Louez sa relaxation, son beau sourire, la douceur de sa peau en des termes qui favorisent chez le bébé une attitude positive vis-à-vis de lui-même :

« Quel joli bedon bien doux !

Oh ! J'entends des gargouillis dans ton petit ventre ! Je vais t'aider à t'en débarrasser.

C'est bien, tu apprends à détendre tes jambes !

Tu es tout détendu, tu vois comme tu es bien maintenant !

Léa aide sa maman à la masser. Quelle grande fille ! »

Êtes-vous détendue ?

Heureux et passionnants, les premiers mois d'un bébé sont aussi source de fatigue et de stress. Passez votre corps en revue. Quelles sont les régions crispées ? Respirez-vous librement et profondément ? Lisez-vous en allaitant, en marchant ou en tenant votre bébé ? Est-il grognon ?

Comment votre corps réagit-il quand il pleure ? Vous vous contractez, vous retenez votre respiration, ou celle-ci se bloque ? Quand votre bébé dort, êtes-vous inquiète ou sereine, ou plutôt aux aguets en cas de cris ?

Les changements extraordinaires qui interviennent pendant la grossesse, l'événement de l'accouchement, les contraintes des soins au bébé, le manque de sommeil et de moments de tranquillité aboutissent à une tension et une anxiété qui peuvent devenir permanentes au cours des premiers mois. Le massage quotidien de Bébé offre une occasion de s'apaiser et se relaxer. En fait, un bon massage exige un état d'esprit détendu.

Toute maman se sent nerveuse à un moment ou un autre et quels que soient ses efforts, Bébé commence alors à s'agiter et à pleurer. Les tout-petits sont extrêmement sensibles aux nuances de vos sentiments. Si vous prononcez *relaxe !* avec les sourcils froncés, votre bébé perçoit les deux messages mais vos sourcils froncés sont pour lui plus signifiants que vos paroles.

Il peut avoir tendance à devenir irritable à un moment précis de la journée. Environ une heure avant, massez-le pour lui permettre de relâcher ses tensions. Un massage d'une quinzaine de minutes constitue un moyen agréable de rompre le cycle Bébé grognon-Maman nerveuse.

Durant la petite enfance de mon fils, j'ai constaté qu'un massage suivi d'un bain chaud partagé nous permettait d'échapper à l'irritabilité de la fin d'après-midi. L'été, un massage au soleil matinal avant une détente dans la mini-piscine (réchauffée à l'eau du robinet) me procurait un moment d'observation tranquille et de méditation et à mon bébé une merveilleuse expérience sensorielle.

La respiration abdominale relaxante

Au fil de ma pratique et de mon enseignement, j'ai mis au point une méthode de respiration abdominale que j'emploie au réveil et avant de m'endormir. Elle permet de se détendre et d'évacuer la tension pour se préparer à une journée de travail ou à une nuit de sommeil réparateur. Elle peut être très utile quand votre bébé est malade, quand vous n'avez pas suffisamment dormi ou comme moyen de traverser le chaos habituel de la vie familiale quotidienne.

Je vous suggère de persévérer pendant un mois avant de juger des changements que cette méthode apporte ou non dans votre vie. La respiration abdominale relaxante est facile à pratiquer et à intégrer à votre emploi du temps; et si vous envisagez un jour de vous livrer régulièrement à la méditation ou à la prière, elle constitue une excellente préparation. Vous pouvez y recourir à tout moment, en voiture, dans l'autobus, en faisant la cuisine, pratiquement n'importe où, n'importe quand et tout particulièrement à l'approche d'une situation, d'une rencontre ou d'une obligation (comme une visite chez le dentiste) potentiellement stressante. De nombreux thérapeutes recommandent d'ailleurs des techniques similaires aux patients souffrant de crises d'angoisse ou de panique. La respiration abdominale est d'un grand secours lorsque le comportement de votre enfant vous met à bout de nerfs ou que la fatigue vous laisse à court de solutions; de même avant la séance de massage pour vous calmer et vous focaliser sur votre amour pour votre bébé. En voici la méthode:

- Asseyez-vous confortablement, le dos relativement droit, les yeux ouverts ou fermés.
- Videz totalement vos poumons.
- Inspirez par le nez en comptant lentement jusqu'à quatre (1 et 2 et 3 et 4).
- Expulsez l'air au même rythme (1 et 2 et 3 et 4).
- Répétez le cycle entier pendant trois minutes complètes.

Vous marquerez une légère pause à la fin de chaque cycle. Maintenez-la. Ne forcez pas mais imaginez plutôt que c'est « l'air qui vous respire ». Inspirez profondément à partir du ventre en le laissant se gonfler au maximum puis s'abaisser quand vous expirez. Pendant ce temps, répétez mentalement *relaxe* ou tout autre mot qui vous aide à détendre votre corps et à libérer votre esprit des soucis, des préoccupations et de la liste des choses à faire. Repérez toute partie de votre corps qui serait encore contractée pour la relâcher consciemment, et peu importe que ce soit en vous disant *Relaxe*, *Calme-toi* ou *Laisse tomber*. Compter simplement comme indiqué ci-dessus peut aussi suffire.

Le *toucher-relaxation*

Une des meilleures choses qu'un parent puisse faire pour son enfant consiste à lui apprendre à s'aider lui-même. L'aptitude à se décontracter totalement est un savoir-faire salutaire à tout âge, et plus l'enfant en acquiert tôt la maîtrise, plus il lui sera une aide naturelle. C'est aux massages quotidiens de leurs premières années que mes enfants doivent aujourd'hui leur maintien détendu habituel. Alors qu'ils étaient encore petits et assez remuants, ils servaient de « modèles de démonstration » idéaux dans mes stages parce qu'ils savaient se relaxer. Les enfants qui ont bénéficié très jeunes du *toucher-relaxation* continuent à en tirer parti à l'âge adulte.

Le *toucher-relaxation* s'est révélé très utile pendant la croissance de mes enfants. Quand ma fille avait six ans, l'orthodontiste a dû lui extraire plusieurs dents, une expérience douloureuse et assez effrayante pour elle. De la salle d'attente, je l'ai entendue crier. Je l'ai rejointe et ai demandé au dentiste de me laisser l'aider. Il était sceptique mais il a accepté. Je me suis assise près du fauteuil de soins où était ma fille et j'ai commencé à lui masser les mains en lui parlant sur le ton plus aigu que j'employais quand elle était bébé. Je lui ai demandé de respirer à fond plusieurs fois en fermant les yeux et en imaginant qu'elle flottait sur un nuage sous un beau soleil qui la réchauffait. Instantanément, elle s'est décontractée des pieds à la tête et le dentiste a pu procéder aux extractions sans problème. J'ai soufflé à ma fille que dès qu'elle éprouverait le besoin de se détendre plus complètement, son chaton Blackie viendrait se frotter contre sa jambe. Quand je la sentais se contracter, je disais calmement : « Tiens, voilà Blackie », en lui massant doucement la main, et ma fille retrouvait immédiatement toute sa souplesse.

Que le stress soit physique – dû à la maladie ou à des blessures – ou émotionnel – dû au premier jour à l'école, à la perte d'un animal familier, à la tension ambiante lors d'un changement de domicile, par exemple – dans toutes ces situations, la méthode du *toucher-relaxation* est une aide précieuse.

Comment procéder

Le *toucher-relaxation* – entre les divers mouvements de massage, entre les enchaînements de gestes et à la fin de la séance – est simple et facile. Il convient parfaitement au massage quotidien mais peut aussi être utilisé à tout moment. Si vous avez suivi des séances de préparation à l'accouchement, vous vous rappelez sûrement y avoir appris à relâcher consciemment les différentes parties de votre corps. Utilisez le même principe avec votre bébé en attirant son attention sur telle ou telle partie de son corps, en lui faisant sentir comment la décontracter et en lui donnant un commentaire positif au fur et à mesure qu'il apprend.

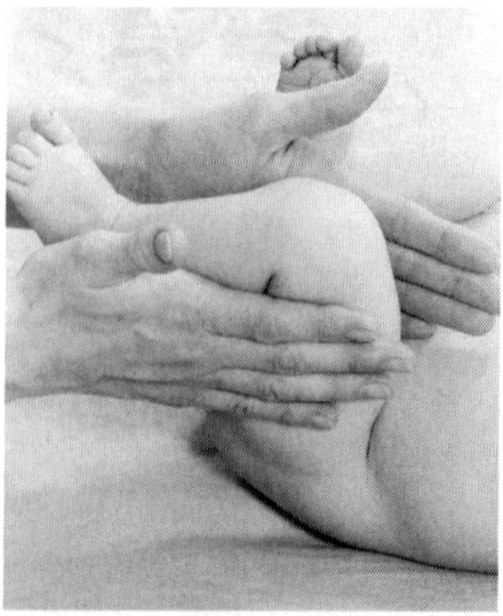

Disons par exemple que vous commencez à masser une jambe de votre bébé qui semble raide et tendue. Prenez-la et tenez-la doucement en moulant vos mains autour d'elle. Sentez-la se détendre profondément et peser dans vos paumes qui l'épousent et collent à sa peau. Faites-la doucement ballotter en répétant à voix basse *relaxe*, dont vous étirez les syllabes : *reeeee-laaaaxe*, toujours sur le même ton. Dès que vous sentez un relâchement des muscles, renvoyez à votre bébé une affirmation positive en lui disant : *C'est très bien ! Ta jambe est toute détendue !* avec un sourire et un baiser. Procédez de la même manière avec les autres parties du corps. Pour libérer une région contractée, utilisez les *roulés*, les *ballottements*, les mouvements enveloppants, toujours accompagnés d'appréciations positives dès que Bébé se détend. Vous l'aidez ainsi à concentrer son attention sur son propre corps afin que, plus tard, il sache comment se détendre lui-même. Vous lui apprenez aussi à associer votre toucher aux bienfaits de la relaxation. Nous verrons dans le chapitre 13 comment tirer parti de ces acquis au cours de la croissance de votre enfant.

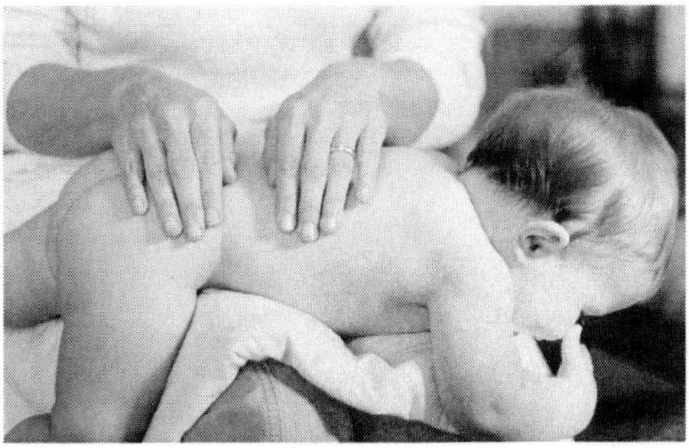

Les *mains posées*

Parfois, en particulier avec un bébé fragile, prématuré, souffrant de coliques, ou simplement à certains moments d'un massage, il est bon de connaître un moyen simple de toucher son bébé. Ma méthode préférée est celle des *mains posées* développée par Helena Moses qui enseigne les techniques de massage du bébé. Réchauffez vos mains et laissez-les simplement reposer sur une partie du corps : vous pouvez les appliquer sur ses jambes ou ses bras, sur son ventre, sa poitrine ou son dos. Laissez-les peser de tout leur poids. Détendez-vous totalement et ralentissez votre respiration. Imaginez la sensation de bien-être et de détente se communiquant à votre bébé à travers vos mains. Voyez si vous parvenez à les réchauffer par le seul pouvoir de votre esprit en opérant en vous une relaxation totale.

Tout massage, me semble-t-il, devrait commencer ainsi pour permettre au parent et au bébé de parvenir au calme et à la détente dans la douceur d'un contact affectueux.

6

MUSIQUE ET MASSAGE

> Sur quel instrument sommes-nous tous deux
> tendus ?
> Et quel artiste entre ses mains nous tient ?
> Ô délicieuse mélodie.
>
> Rainer Maria Rilke

Votre voix peut jouer un rôle important dans le massage de votre bébé. Parler, fredonner doucement crée une atmosphère paisible. Cette communication verbale vous aide aussi à focaliser votre attention sur votre bébé.

Chanter est un merveilleux moyen de détente : chantez avec votre bébé en toutes sortes de circonstances – en le changeant, en le nourrissant, en le berçant, quand vous marchez en le tenant dans vos bras. Vous serez surprise de découvrir que votre bébé ne se lasse pas d'entendre certains airs.

Les comptines de votre enfance, la boîte à musique de votre grand-mère qui dévidait la berceuse de Brahms, *Alouette* que vous chantiez à la maternelle, *Fais dodo, câlin*... que votre maman fredonnait à vos jeunes frères et sœurs, tous ces airs feront merveille.

Pour les besoins d'une étude, on a demandé à des parents de chanter une mélodie dans deux situations différentes : d'abord en l'absence de leur bébé, puis au bébé lui-même.

On les a enregistrés. Puis on a fait écouter les enregistrements à d'autres adultes. Ceux-ci ont pratiquement toujours reconnu les versions qui s'adressaient directement aux bébés : elles avaient tendance à être chantées sur un ton plus aigu, plus lentement, avec plus d'émotion et des syllabes étirées. Il est intéressant de remarquer que face à leur bébé, les pères chantaient plus lentement que les mères.

Cette étude vient conforter mes observations sur les réactions qu'ont les bébés lorsque les parents étirent inconsciemment les syllabes pour faciliter leur compréhension. Les bébés influencent donc effectivement l'élocution de leurs parents. Une interaction synchronisée prend place, qui participe à la formation du lien affectif. Le chant est un excellent moyen de calmer votre bébé et de capter son attention.

Berceuses du monde entier

États-Unis — Hush-a-bye

Hush-a- bye, don't you cry, Go to sleep-y, lit - tle
Mon bébé ne pleure pas Fais dodo bébé

ba - by. When you wak, you shall take
ché - ri. Au ré - veil tu ver - ras

All the pret - ty lit - tle po - nies Black and bays,
Tous les jo - lis pe - tits po - neys, noirs et bais

dapples and grays, all the pret - ty lit - tle po - nies
et gris pommelés, tous les jo - lis pe - tits po - neys.

Russie — Baïouchki-baïou

1. Fais do - do mon bé - bé ché - ri, *ba - îou - chki - ba - ïou.*
2. Je te li - rai beau-coup de contes si tu fermes les yeux.

Vois la lune au - des -sus de toi, *ba - îou - chki - ba - ïou.*
Fais do - do mon bé - bé ché - ri, *ba - îou - chki - ba - ïou.*

Allemagne

Schlaf, Kindlein, schlaf
(Dors, bébé dors)

France

Dors, mon petit enfant

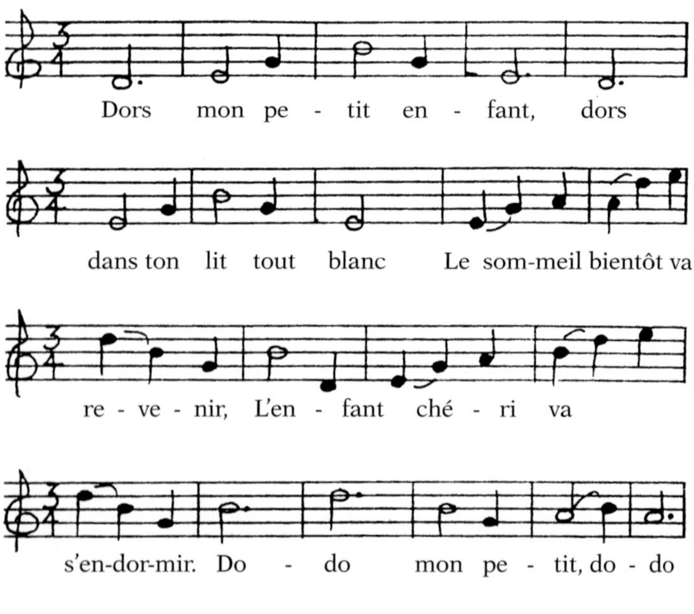

do - do bien vi - te, do - do.

Japon

Berceuse

Shi - ba - no o - ri - do - no. Shizu - ga - ya ni
Dans une jolie petite chaumière. Avec une barrière de piquets

O-ki- na - to o - u -na - ga Su - maï ke - ri
Un vieil homme et son épouse. Vivaient tout simplement

2. *Okina wa yama ni* Dans la montagne, chaque matin,
Shibakari ni Il cherchait du bois
Ouna wa kawa ni Et elle lavait les kimonos

Espagne

Arrulo mi niño

Ar - ru - lo mi ni - ño. Ar - ru - lo mi sol.
Fais do - do mon pe - tit. Fais do-do mon so-leil

Ar - ru - lo pe - da - zo. De mi co - ra - zón
Fais do-do pe-tit mor-ceau De mon cœur.

2. *Este niño lindo* Ce joli petit,
No quiere dormir Ne veut pas dormir
El picaro sueño Le coquin de sommeil
No quiere a venir Ne veut pas venir.

Écrite en bengali, la comptine indienne ci-dessus signifie « Je t'aime mon petit bébé ». Son effet merveilleusement calmant en a fait l'accompagnement favori des massages et, en quelque sorte, « l'hymne » de l'IAIM. Ses paroles se prononcent comme suit : *Ahah-mi tô-ma-ké, bah-lo bahah-chi béeby.*

Mettez un disque, racontez une histoire

Si vous ne chantez pas facilement, racontez simplement une histoire ou parlez doucement pendant les massages. Plus que la qualité des mots ou de la musique, ce sont vos intonations qui sont importantes.

Les pères prennent souvent plaisir à masser leur bébé avec leur musique préférée en fond sonore. La guitare, les mélodies dont le rythme favorise les mouvements lents et sans heurt semblent les mieux adaptées. Vous avez sans doute chez vous des disques appropriés : de la musique symphonique, des chœurs d'enfants ou le son apaisant des vagues de l'océan créent un beau fond sonore en parfait accord avec le contact de vos mains.

7

PRÉPAREZ-VOUS

> Jeune être innocent qui combles les bras
> de ta mère !
> Quel délicat parfum émane de ton petit corps !
>
> Euripide

Quand commencer

Sans même en être vraiment consciente, une maman commence presque toujours à masser son bébé dès la naissance. C'est un élément du processus d'attachement – un besoin biologique de découvrir son bébé à travers tous ses sens.

Vous pouvez pratiquer le massage présenté dans ce livre dès que vous le désirez. Votre bébé en tirera les plus grands bienfaits pendant ses six ou sept premiers mois. Quand il sera plus actif et commencera à ramper, puis à marcher, vous pourrez, si vous le souhaitez, vous limiter à un massage hebdomadaire. Néanmoins, un massage peut rester bénéfique avant le coucher ou après le bain, auquel cas vous devriez certainement continuer à le pratiquer chaque jour. Le chapitre 11 décrit les adaptations à apporter au massage du bébé au fur et à mesure que sa taille et ses besoins évoluent.

Le lieu et le moment

Faites des essais pour trouver le meilleur endroit et l'instant le plus propice. Le matin est souvent un bon choix, quand vous êtes tous deux prêts pour la journée après avoir déjeuné. Mais l'après-midi et la soirée présentent aussi des avantages : un massage avant la sieste peut libérer un reste d'excitation et favoriser le sommeil. Avec certains bébés, au contraire, la moindre stimulation est à proscrire ; ils ont seulement besoin de repos et mieux vaut alors les masser après la sieste. Le soir, si votre bébé est fatigué sans être grognon, un massage peut favoriser son endormissement. Votre propre emploi du temps entre aussi en ligne de compte : si vous travaillez au dehors ou avez d'autres enfants, le soir est sans doute le moment le plus pratique quand votre partenaire rentré du travail peut surveiller votre famille. La séance de massage vous permet alors de partager avec votre bébé un moment privilégié dont vous avez tous deux besoin.

Au cours des premiers mois, vous pouvez instaurer un rituel agréable : massez votre bébé puis glissez-vous dans la baignoire avec lui. Un bain chaud est unc merveilleuse détente – peut-être même votre bébé s'endormira-t-il dans vos bras. Pour lui, cette expérience s'apparente à celle de l'utérus « avec vue » : il y flotte comme dans le liquide amniotique tout en vous voyant le tenir et assurer son confort et sa sécurité. S'il crie au sortir du bain (ce qui peut lui rappeler le choc de la naissance, ce passage de votre ventre à la froideur du monde extérieur), le fait de le câliner ou de l'allaiter suffit en général à le calmer.

Vous vous interrogez sans doute sur le moyen de sortir de la baignoire avec votre bébé sans danger et sans qu'il prenne froid. Veillez d'abord à ce que la salle de bain soit bien chauffée et placez un transat recouvert de serviettes éponge près de la baignoire. Quand votre bain est terminé, placez Bébé dans son transat et enveloppez-le chaudement dans les serviettes. Vous pouvez alors sortir de la baignoire, vous sécher en toute tranquillité et vous glisser avec Bébé sous la couette pour une petite sieste ou continuer votre journée.

À partir d'environ six mois, il est préférable d'effectuer le massage après le bain, car celui-ci devient un jeu pour le bébé et le laisse un peu fatigué et presque prêt au sommeil. Le massage peut alors évacuer les dernières traces de tension et favoriser l'endormissement.

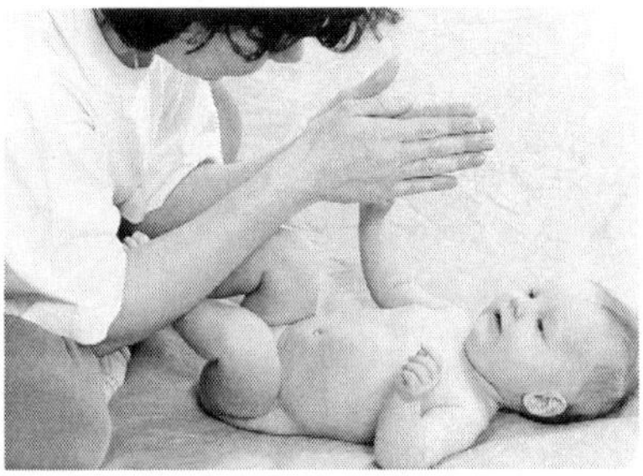

Pratiquez toujours les massages dans une pièce chaude et tranquille. L'été, essayez de profiter du soleil matinal, des chants d'oiseaux, des odeurs et des sensations propres à l'air estival. Allez à la plage avec Bébé pour le masser au son des vagues. Et prenez votre temps: votre bébé ne sera pas toujours un bébé.

La chaleur

Peter Wolff, pédiatre et chercheur réputé ayant effectué un grand nombre d'études sur les nouveau-nés et leur comportement, a observé le rôle non négligeable que jouait la température sur la durée de leur sommeil et de leurs pleurs. Il a constaté que ceux qui étaient au chaud criaient moins et dormaient plus que ceux qui étaient exposés à des températures plus fraîches.

Rudolf Steiner, philosophe, savant, éducateur et promoteur de la pédagogie *Waldorf*, a également souligné la nécessité de garder les bébés au chaud. Il affirmait que les forces à la fois physiques et spirituelles qui contribuent à une bonne croissance du corps et de l'esprit ont besoin de cette chaleur pour agir efficacement.

Dans nos groupes de massage, j'ai remarqué que les bébés, en particulier avant l'âge de trois mois, étaient beaucoup plus à l'aise, sursautaient moins, se détendaient plus facilement quand ils étaient bien au chaud. Si votre pièce est fraîche, placez-y un petit radiateur portable. Vous pouvez aussi envelopper une petite bouillotte d'eau chaude dans une couverture et la placer contre les pieds du bébé pendant le massage. La température de la pièce devrait être suffisante pour que vous y restiez avec plaisir, même en vêtements légers. Rappelez-vous que votre bébé a peu de masse musculaire et que dévêtu, il peut facilement avoir froid et se sentir mal à l'aise.

Installez-vous

Trouvez une position confortable pour la séance de massage. Asseyez-vous le dos souple et droit, le bas des reins devant être le point d'où partent la plupart de vos mouvements. Vous pouvez vous installer par terre ou sur un lit, jambes croisées, le bébé face à vous sur un oreiller ou une couverture. Placez-le aussi près de vous que possible, son fessier bien calé contre vos jambes croisées.

La posture en berceau

La posture que j'appelle « en berceau » est employée en Inde avec les nouveau-nés. Elle est excellente si vous pouvez l'adopter sans inconfort. Asseyez-vous par terre, dos appuyé contre un mur ou un meuble, jambes allongées. Écartez les genoux et rapprochez vos plantes de pied (face à face, elles supporteront la tête du bébé). Garnissez l'espace ménagé entre vos jambes d'une couverture ou d'un oreiller, faites un creux en son milieu et calez-y votre bébé. Face à vous, il se sentira en sécurité dans ce « berceau » qui le garde au chaud. Un bébé conserve pendant quatre à six mois un réflexe qui lui fait tourner la tête sur le côté quand il est sur le dos. La posture en berceau soulève légèrement sa tête et si vous la calez dans l'arche de vos pieds, elle restera face à vous pour un bon contact par le regard.

Vous pouvez choisir une autre position, utiliser la table à langer, en particulier si vous pouvez en ajuster la hauteur et vous asseoir devant elle. Vous pouvez aussi diviser le massage en plusieurs parties. Massez les jambes, les bras ou le dos après avoir changé le bébé ; et renforcez l'effet de cette séance à un autre moment par le *toucher-relaxation* ou les *mains posées*.

Il vous faut…

Rassemblez une huile de massage (dont nous parlerons plus loin), des serviettes éponge, quelques couches et la layette du bébé. Portez des vêtements confortables que vous ne craignez pas de tacher. Avant de commencer, réchauffez la pièce, retirez vos bijoux, lavez-vous les mains et détendez-vous.

Quelle huile et pourquoi

Blesser votre bébé en le massant est la dernière chose que vous souhaitez faire : l'huile supprime l'excès de friction qui pourrait l'irriter.

En général, vous aurez besoin d'une huile fine naturelle. Une peau particulièrement sèche est la seule exception qui rende utile l'emploi d'une « lotion » à base d'huile qui pénètre la peau et l'assouplit. Mais en principe, une huile naturelle est préférable à une lotion qui, rapidement absorbée par l'épiderme, vous oblige à interrompre constamment le massage pour en enduire vos mains à nouveau.

L'avantage principal de l'huile est qu'elle permet aux mains de glisser facilement sur la peau. Je suggère à mes stagiaires d'en verser un tout petit peu dans le creux de leur paume et de la réchauffer en frottant leurs deux mains l'une contre l'autre. Si cela est nécessaire en cours de massage, reprenez-en juste assez pour faciliter les gestes. Ne versez pas l'huile directement sur la peau du bébé.

Pour diverses raisons, ma préférence va aux huiles végétales de fruits pressés à froid plutôt qu'aux huiles « pour bébé » du commerce. Le produit appliqué sur la peau la traverse et pénètre dans la lymphe, ce liquide qui circule dans tout le corps comme le sang, en le purifiant de ses toxines et autres déchets. Nous devons donc préférer un produit qui nourrit nos tout-petits à un dérivé du pétrole non biologique qui peut les priver de nutriments essentiels. La plupart des « huiles pour bébé » sont à base d'huile minérale. Celle-ci est extraite du pétrole brut par une distillation fractionnée qui fournit aussi les gaz domestiques, carburants, solvants, huiles, paraffines, etc. Ces dérivés subissent diverses « conversions » et « épurations » à l'aide d'acide sulfurique, de solvants, d'ammoniaque, etc., qui en éliminent les hydrocarbures et autres substances chimiques.

Non seulement ce type d'huile n'a aucune valeur nutritive mais selon certaines autorités, son utilisation provoque des carences vitaminiques. C'est pourquoi les nutritionnistes en déconseillent l'emploi régulier. En effet, pendant que vous le massez, votre bébé porte souvent ses mains à la bouche et son système digestif délicat n'a pas besoin de produits chimiques. Les bébés, dont le cerveau et le système nerveux n'ont pas terminé leur développement, sont particulièrement sensibles aux substances absorbées par leur peau. De plus, les huiles minérales industrielles la dessèchent et en obstruent les pores. Ne serait-ce que pour cette raison, les pédiatres aujourd'hui en déconseillent aussi l'emploi. Ces huiles n'ont pas été conçues pour le massage régulier qui favorise l'absorption du produit utilisé. Un produit alimentaire qui nourrit la peau est donc préférable.

En Inde, les mamans alternent les huiles en fonction de la saison. En hiver, elles utilisent la robuste huile de moutarde, calorifique. L'été, elles passent à la rafraîchissante huile de noix de coco. Mes préférées sont les huiles d'amande et de noyau d'abricot en raison de leur finesse, de leur légèreté qui les rend facilement assimilables. Elles conservent non seulement leurs vitamines et oligo-éléments, mais aussi leurs acides gras qui entretiennent une peau saine. Sans la dessécher, elles la nourrissent et l'assouplissent plutôt que de l'appauvrir. Testez celle que vous avez choisie sur un petit coin de peau. Si une rougeur ou une réaction apparaissent, c'est qu'elle ne convient pas à votre bébé. Essayez une autre huile – de colza, de carthame ou d'avocat, par exemple. Un bain régulier empêche les pores de s'obstruer et évite les éruptions cutanées.

Il est prouvé que la vitamine E est particulièrement bienfaisante pour la peau et que, de plus, elle préserve la fraîcheur de l'huile. Une huile enrichie en vitamine E est donc un excellent choix. Si vous utilisez une simple huile de table, vous pouvez y ajouter quelques gouttes de vitamine E : ce conservateur et antioxydant naturel inhibe le rancissement. La vitamine E reste intacte dans les huiles pressées à froid alors que le raffinage par la chaleur et autres processus ont tendance à la détruire.

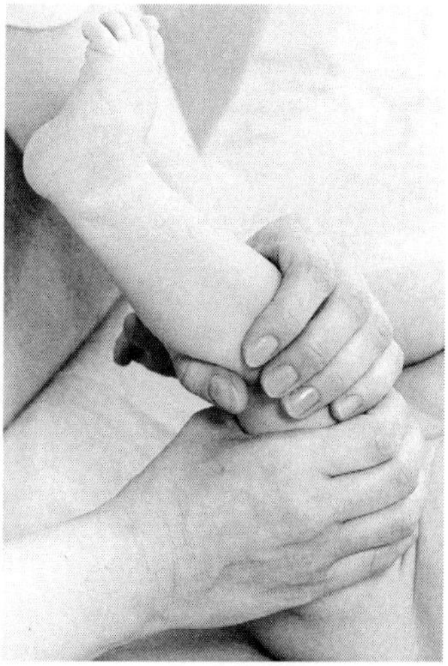

On omet souvent de tenir compte des odeurs dans la formation du lien affectif. Pourtant, l'odorat qui fonctionne dès la dix-septième semaine de la gestation joue un rôle très important chez le nouveau-né.

Hautement développé, il lui permet dès la naissance de reconnaître la « signature chimique » de sa mère. Malheureusement, nous surchargeons souvent son environnement d'odeurs artificielles qui le privent de ce facteur d'attachement. C'est pourquoi je recommande l'emploi d'une huile inodore pour le massage des bébés.

Technique du massage : le degré de pression

Les gestes du massage d'un bébé ne sont pas ceux qu'un thérapeute emploie avec un adulte. Il s'agit d'une communication douce, chaude et ferme. Pas de vigoureux pétrissage : les muscles d'un bébé ne constituent qu'un quart de son poids total alors qu'ils représentent près de la moitié de celui d'un adulte. Ils ne sont pas assez développés pour que la tension y provoque des blocages. Son corps est si petit qu'un massage délicat mais ferme suffit à stimuler sa circulation et tonifier ses fonctions internes.

Il est si menu et vous n'êtes pas encore très expérimentée : soyez donc douce et attentive. Au fur et à mesure qu'il grandit, massez-le plus énergiquement. N'ayez pas peur de le toucher. Vous verrez qu'il adore ce contact qui exprime votre force, votre amour et votre assurance. Faites des mouvements longs, lents, rythmiques, avec juste assez de pression pour qu'ils restent agréables mais stimulants. Évitez les gestes qui papillonnent ou chatouillent. Effectuez le massage avec la main entière, épousant le corps du bébé, en exerçant une pression légère mais suffisante pour favoriser la circulation et communiquer au bébé la sensation qu'il est entre les mains d'un parent fort et compétent.

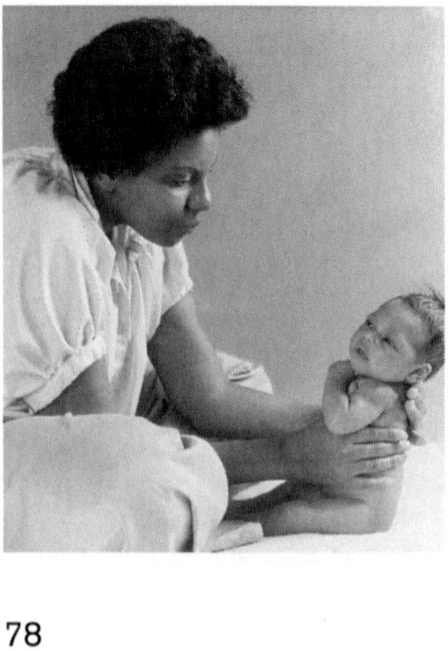

Lisons ce que dit le docteur Tiffany Field du Touch Research Institute à ce sujet : « Bien que les bébés et plus particulièrement les prématurés semblent fragiles, une certaine pression est nécessaire pour que les massages aient une efficacité. En examinant toutes les données disponibles, nous avons constaté que les massages très légers n'entraînent pas de prise de poids, contrairement à ceux effectués avec suffisamment de pression. »

Dans mes travaux avec les bébés et leurs parents, j'ai remarqué pour ma part que loin de devoir leur recommander la douceur, il faut souvent les encourager à masser leur bébé avec des gestes doux, rythmés mais plus fermes. Un massage trop timide, trop léger et qui chatouille a plutôt tendance à agacer les bébés. Ils aiment la sensation des mains sûres, chaudes et affectueuses de leurs parents.

8

COMMENT MASSER VOTRE BÉBÉ

> Quand de cette usante guerre qu'est la vie
> Je cherche à me libérer
> Vers mon bébé je tourne mes regards
> Et sur son visage je trouve la paix.
>
> Martha F. Crow

Après vous être installée confortablement avec votre bébé et tout ce dont vous allez avoir besoin, accordez-vous quelques minutes de calme. En commençant par le sommet du crâne, relâchez au maximum tous vos muscles. Sentez la détente vous envahir, de la pointe des cheveux jusqu'au bout des orteils.

Inclinez maintenant la tête vers l'avant, le menton contre la poitrine. Dans le sens des aiguilles d'une montre puis dans l'autre, étirez le cou par des rotations complètes, amples et lentes. Sentez les muscles du cou et des épaules se délier et se détendre.

Remontez ensuite plusieurs fois les épaules jusqu'aux oreilles et maintenez-les quelques secondes avant de les laisser retomber. Faites-les rouler vers l'avant puis vers l'arrière, enfin secouez-les pour sentir votre torse et vos bras souples et décontractés.

Détendez-vous et respirez à fond

Un esprit serein va de pair avec une respiration lente, ample et régulière. En massant votre bébé, inspirez profondément pour emplir vos poumons jusqu'à l'abdomen avant d'expirer complètement. De temps à autre, respirez et expirez bruyamment par le nez et la bouche en relâchant consciemment tout votre corps. Votre bébé le ressentira et peu à peu, il finira par imiter vos soupirs de détente.

Avant d'entreprendre la séance de massage, adoptez une posture appropriée : debout devant la table à langer, assise sur une chaise ou jambes croisées au sol ou sur un lit, aussi près que possible de votre bébé face à vous. Relaxez-vous au maximum des pieds à la tête. Respirez à fond, en gonflant le ventre pour emmagasiner le plus d'air possible. Expirez doucement en affirmant : *J'abandonne maintenant toute tension. Je suis détendue.* Sentez toute trace de contraction ou d'inquiétude s'effacer. Vous êtes sûre de vous et concentrée.

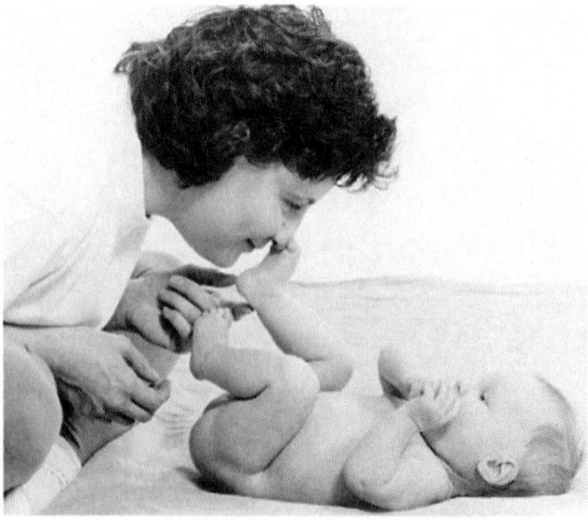

En expirant doucement lors de la respiration suivante, affirmez : *Je me débarrasse de toute autre pensée et je me focalise sur mon bébé.* Laissez s'envoler tous vos soucis et tous vos projets comme des oiseaux dans un ciel bleu. Vous êtes ici et maintenant – uniquement vous et votre bébé. Vous méritez tous deux ce moment privilégié.

Inspirez à nouveau en profondeur et en soufflant doucement, affirmez à vous-même : *Je suis le pouvoir bienveillant de l'amour qui coule de mes mains vers mon bébé.* Visualisez votre amour pour lui comme un soleil brillant au centre de votre cœur. Avec chaque battement, sa chaleur irradie à travers vos bras et vos mains et se communique à votre bébé.

Établissez d'abord le contact par la parole, par le toucher et par votre sourire pour lui indiquer que son massage va commencer.

Demandez la permission de commencer

Quand vous êtes prête, détendue, concentrée, enlevez vos bagues, bracelets et tout collier qui pend et peut détourner l'attention de votre bébé et préparez-le. Si c'est votre première séance, ne dénudez que le bas puisque, aujourd'hui, vous ne ferez que les jambes. Retirez la couche et protégez-vous en cas d'« accident » en utilisant une serviette absorbante.

Vous pourrez ajouter de nouveaux gestes au fil des séances ultérieures. Il en faudra peut-être un certain nombre avant que votre bébé prenne plaisir à un massage complet. Au fur et à mesure qu'il s'habitue et que vous devenez plus experte, vous percevrez mieux ses besoins.

En le déshabillant, donnez à Bébé le signal du début de son massage : versez un peu d'huile dans le creux d'une de vos mains, frottez vos paumes l'une contre l'autre et dites-lui : « C'est l'heure de ton massage ! » Votre bébé entendra le léger bruit de l'huile entre vos mains et ne sera pas long à reconnaître le son du mot *massage*. Montrez-lui vos mains en demandant : « Je peux te masser maintenant ? » La première fois, il ignore évidemment ce qui va suivre mais au fil des séances, il réagira à ce petit rituel.

Comment voir que votre bébé n'est pas d'humeur réceptive ? En général, il « monte sa garde » en levant les bras, détourne la tête, lance les jambes avec agacement, se met parfois à hoqueter, à agiter les bras et à rouler les yeux de tous côtés.

Dans ce cas, assurez-vous qu'il fait assez chaud dans la pièce, couvrez-le, attirez-le plus près de vous et laissez reposer vos mains (chaudes) sur ses jambes pour le détendre – au besoin reportez-vous au paragraphe *mains posées* du chapitre 5. Souvent, Bébé n'a besoin que d'un peu plus de confort, à moins que vous n'ayez vous-même besoin de vous détendre davantage. Ensuite, posez à nouveau votre question. Si cette fois encore, la réaction est clairement négative, attendez un moment avant de faire un autre essai. S'il semble un peu grognon, sans plus, procédez au massage : il calme souvent un bébé nerveux qui y prend progressivement plaisir. Familiarisé avec les gestes du massage, il sera sans doute plus calme lors de la séance suivante.

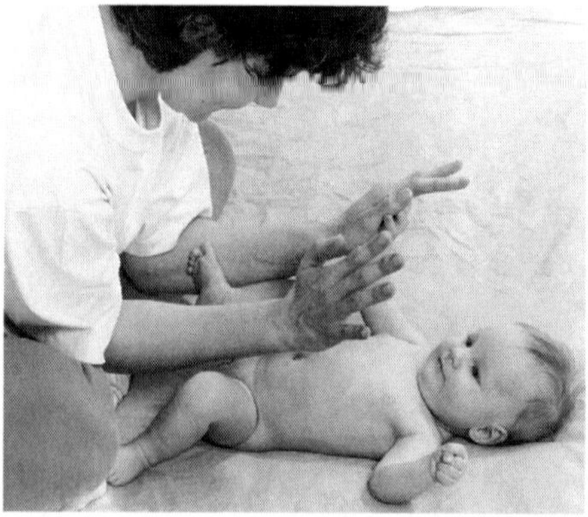

Ce rituel de préparation joue un rôle important. Il informe le bébé d'une nouvelle expérience imminente, ce qui l'aide à se préparer. Il vous permet aussi d'exprimer votre respect par votre voix et votre langage corporel. *Tu mérites d'être respecté. C'est* ton *corps et nous devrions toujours te demander la permission d'entrer en contact ainsi avec toi.* Nous verrons plus loin, au chapitre 13, comment ces expériences précoces peuvent permettre à un enfant plus âgé de distinguer entre les gestes d'une relation affective normale et un contact inapproprié et malsain.

Utiliser ces signaux avant un massage aide à promouvoir la confiance, le respect et les valeurs qui contribueront à une évolution harmonieuse.

Vous et lui

Pendant que vous massez votre bébé, chacun de vos mouvements exprime votre amour. Votre toucher ferme et doux, la façon dont vous vous penchez et vous redressez avec chaque geste, vos yeux, votre sourire et votre voix font tous partie intégrante de l'expérience du massage. Plongez vos yeux dans ceux de votre bébé et ouvrez-vous à l'amour que vous partagez. Détendez-vous et commencez le massage en prenant doucement contact avec sa peau. Sentez le poids de vos mains chaudes et détendues qui le rassurent. À moins d'une indication contraire, répétez chaque mouvement au moins trois ou quatre fois.

« Puis-je masser tes jambes et tes pieds ? »

Nous commençons par les jambes et les pieds pour diverses raisons. C'est avec eux que les bébés se tendent vers le monde. Observez-les quand ils réagissent à une présence nouvelle. Avant d'entrer en contact par le regard, la plupart des tout-petits lancent pieds et jambes. En fait, vous y décèlerez peut-être une sorte de langage des signes qu'ils emploient pour établir la communication et la confiance avec les êtres. Même deux bébés mis en contact agitent les jambes comme s'ils entretenaient une conversation avec leurs pieds !

Les membres sont les parties les moins vulnérables de votre bébé. Masser d'abord le tronc risquerait de le rendre nerveux : il refermera ses membres par réflexe, pour protéger ses organes vitaux. Commencer par les jambes permet aux nourrissons de prendre confiance et d'accepter peu à peu le massage. Pour beaucoup d'entre eux, c'est la partie la plus agréable de la séance, qui les aide à se détendre entièrement.

Si, pour une raison ou une autre, votre bébé a été hospitalisé, on lui aura sans doute fait quelques prises de sang en lui piquant le talon. Celui-ci peut rester sensible même après la disparition des marques. Si Bébé semble réagir avec crainte ou déplaisir à un massage du pied, tenez-le simplement entre vos deux mains (chaudes et détendues). Faites de même plusieurs jours de suite pour lui faire accepter le contact avant de tenter un nouveau massage.

Les massages indiens ou suédois favorisent la circulation du sang vers les pieds et son retour vers le cœur. Pressions, torsions et roulés aident à tonifier et détendre les jambes.

Appliquez d'abord simplement les mains (*mains posées*) sur l'une des jambes pour prendre doucement contact. Puis massez complètement les deux jambes l'une après l'autre.

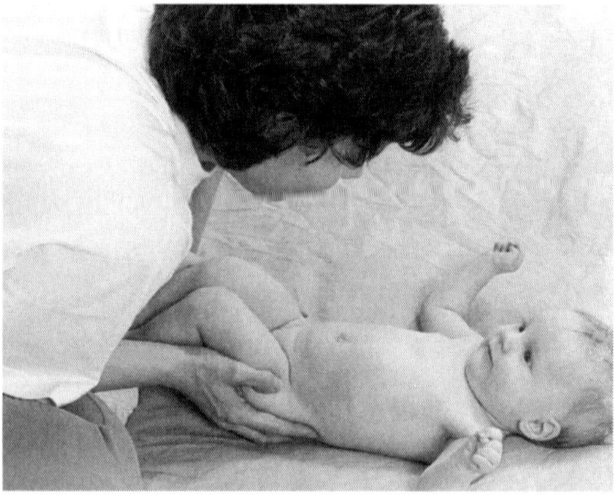

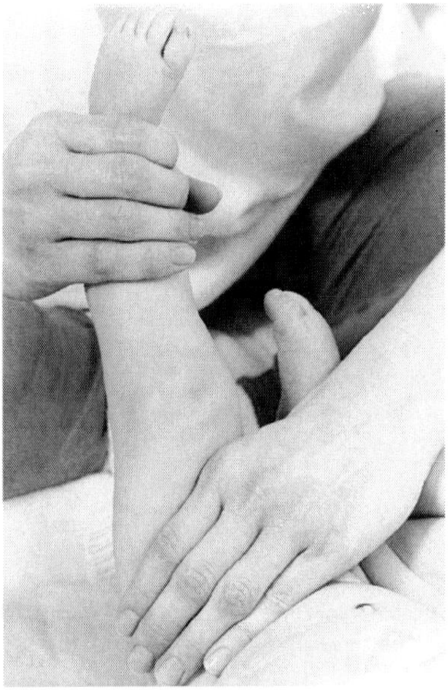

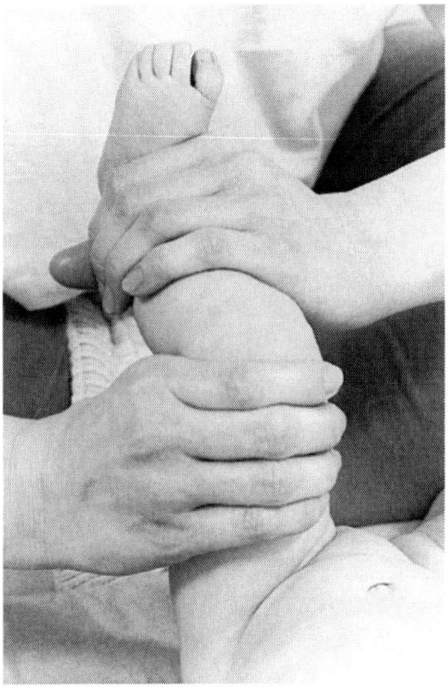

1
MASSAGE INDIEN

Massez chaque jambe avec l'intérieur de la main (entre pouce et index, pouce en bas), en faisant se succéder les deux mains.
Placez une main en bracelet autour de la cheville et l'autre à hauteur de l'aine.
En pressant légèrement, glissez de l'aine à la cheville le long de l'intérieur de la jambe. La main opposée remplace la première à la hanche en enveloppant en partie la fesse.
Glissez-la à son tour le long de l'extérieur de la jambe vers la cheville. Procédez par mouvements lents et continus, conscient de votre centre de gravité, le bas de votre dos.
Faites attention de ne pas soulever le bassin du bébé en exécutant les massages.

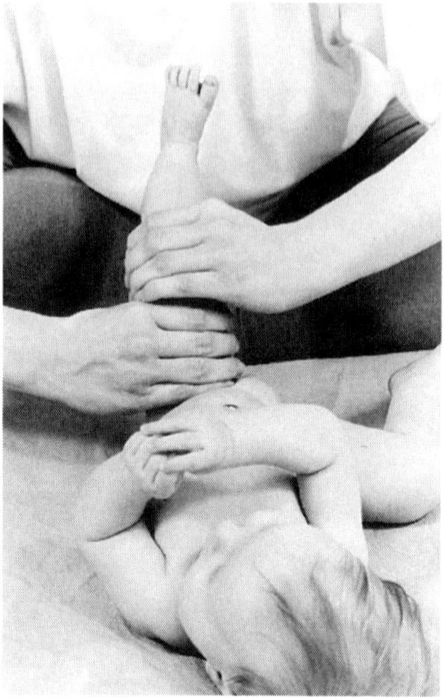

2
CÂLINS GLISSÉS

Levez une jambe vers vous (en veillant à ce que le bassin du bébé soit bien à plat), enserrez-la de vos deux mains placées comme des bracelets (pouces en bas), l'une près de l'autre afin de ne pas tordre le genou. Enveloppez la jambe le plus possible et glissez de la cuisse vers la cheville en pressant doucement, les deux mains effectuant une légère rotation en sens inverse l'une de l'autre (le même mouvement de vissage-dévissage quand vous utilisez une poivrière).
Ce massage agit sur toute l'épaisseur du muscle et le décontracte.

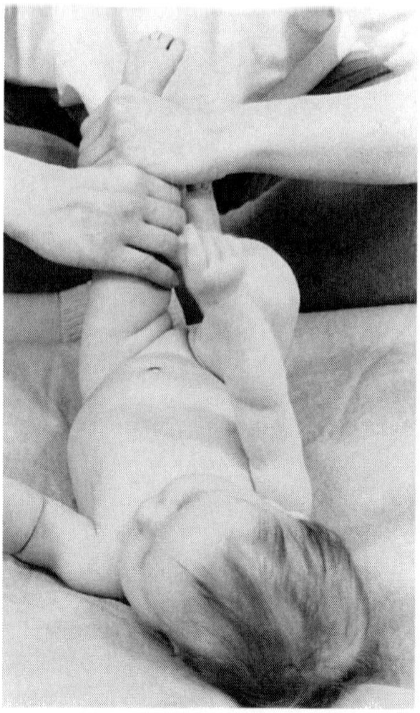

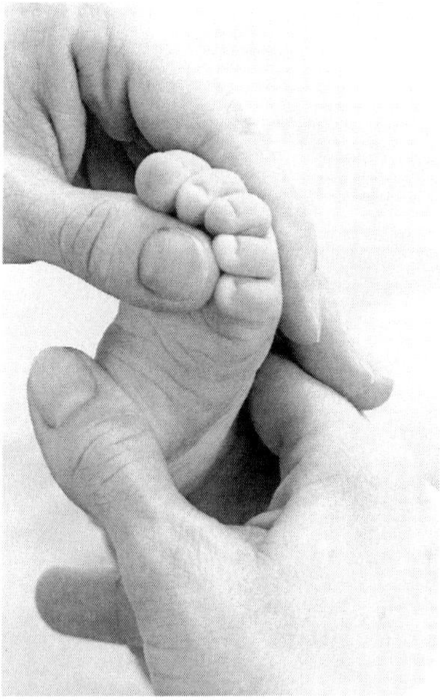

3
SOUS LE PIED
(du talon vers les orteils)

Avec une certaine pression, faites glisser un pouce après l'autre sur la plante du pied, du coussinet du talon jusqu'aux orteils.

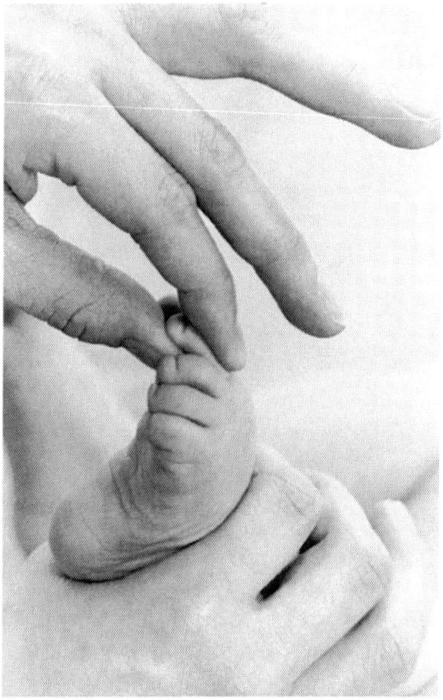

4
CHAQUE ORTEIL

Pressez et faites rouler chaque orteil, entre le pouce et l'index.

Le pied comporte 72 000 terminaisons nerveuses, toutes reliées aux diverses parties du corps comme l'enseigne la réflexologie. Notre environnement stressant provoque en nous des déséquilibres qui se traduisent par des rhumes, grippes, infections, et autres dysfonctionnements. Les réflexologues, qui étudient et travaillent sur ces *points réflexes* du pied, estiment que les cristaux d'acide urique et de calcium produits par ces troubles se localisent autour de terminaisons nerveuses du pied où ils bloquent la circulation de l'énergie. Selon eux, masser le pied permet de déloger ces concrétions qui passent alors dans le sang et la lymphe et sont finalement éliminées par notre organisme.

5
SOUS LES ORTEILS

Le pouce soutenant le talon, pressez doucement avec l'index placé juste sous les orteils.

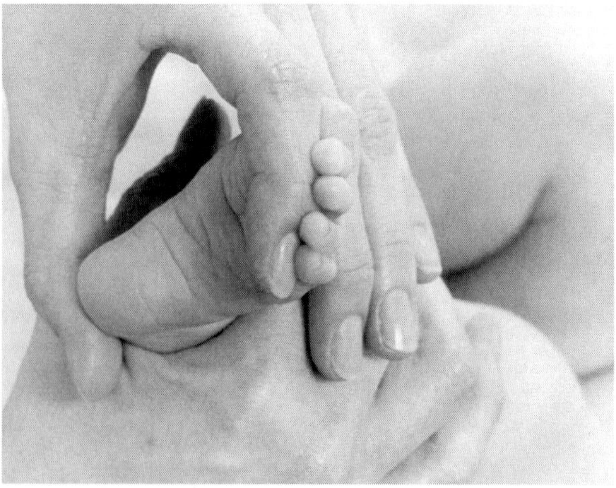

6
LE TALON

Avec l'index, pressez
puis massez doucement
le coussinet du talon à partir
du creux de la voûte plantaire.

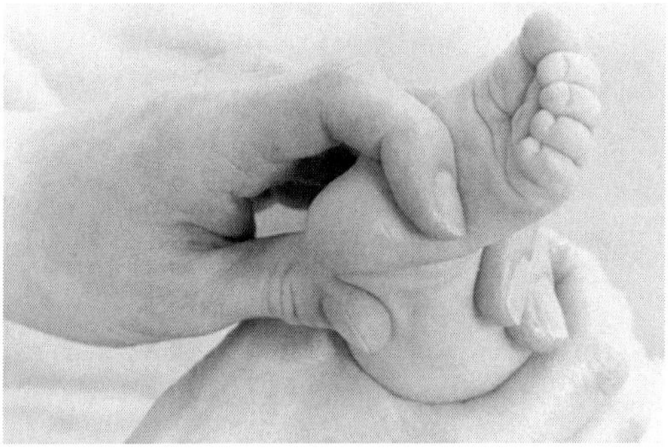

7
PRESSION DES POUCES
(sur la plante)

Massez toute la plante
du pied avec les deux pouces
alternativement.

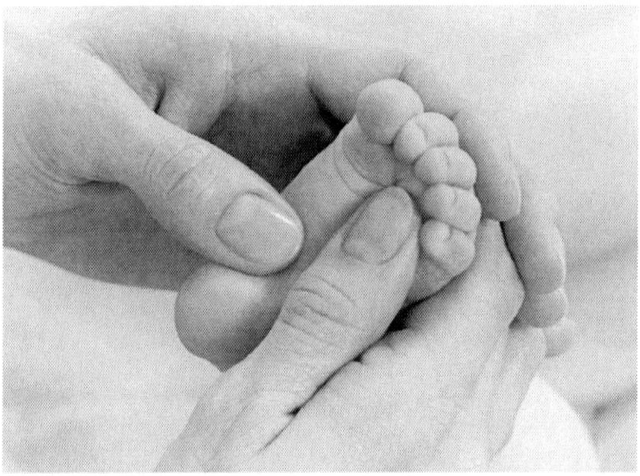

8
DESSUS DU PIED

Des orteils vers la cheville,
glissez un pouce après l'autre
avec une certaine pression sur
tout le dessus du pied.

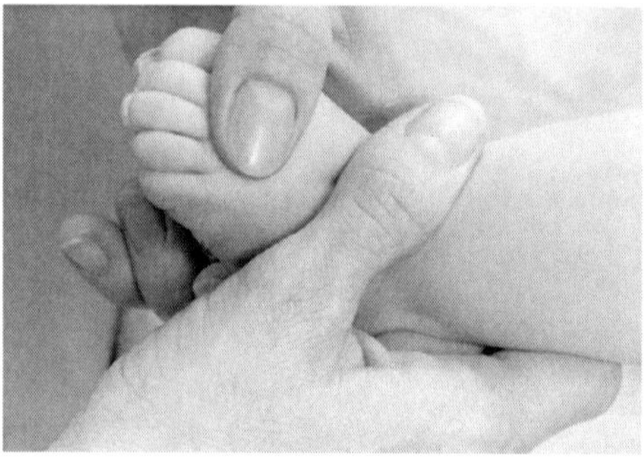

9
CERCLES AUTOUR DE LA CHEVILLE

Massez en petits cercles
autour des chevilles avec
les deux pouces.

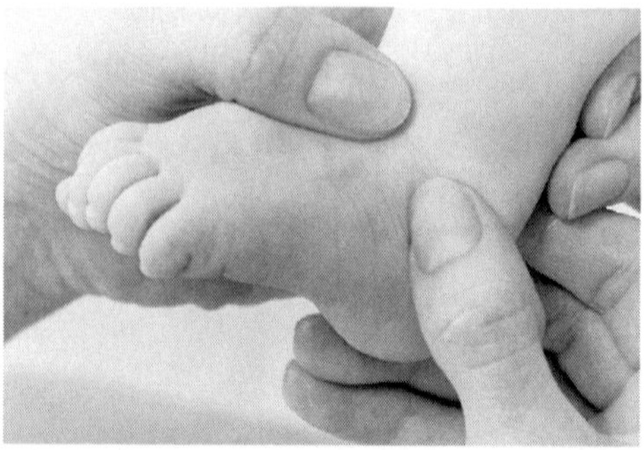

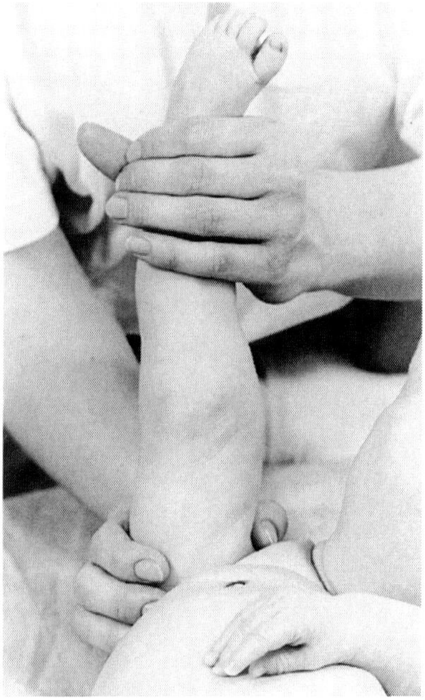

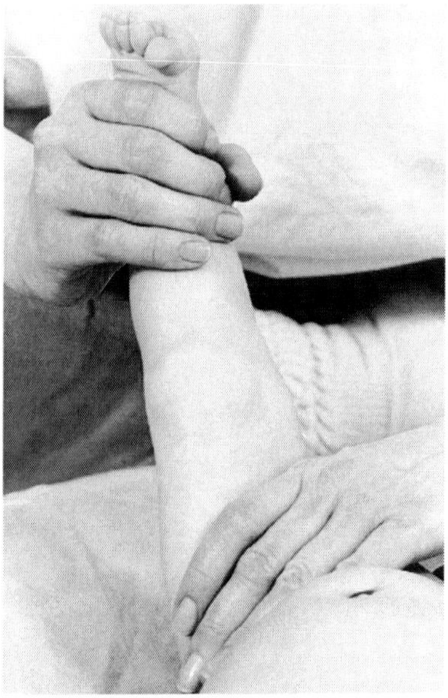

10
MASSAGE SUÉDOIS

Une main tient la cheville pour stabiliser la jambe, l'autre glisse de la cheville à la naissance de la cuisse, puis les mains sont inversées, de manière à masser alternativement l'intérieur et l'extérieur de la jambe. Veillez à ne pas soulever le corps du bébé en effectuant le mouvement.

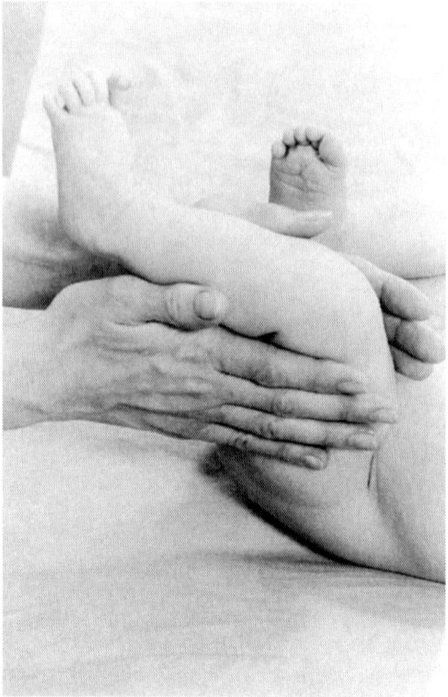

11
ROULER LA JAMBE

Faites rouler la jambe entre vos deux mains, de la cuisse à la cheville. La plupart des bébés adorent !

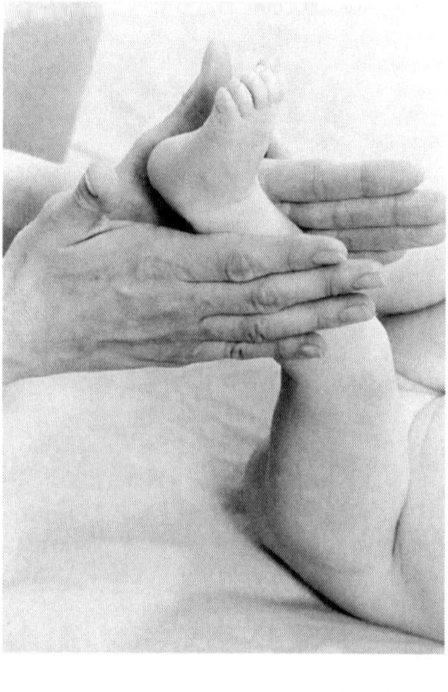

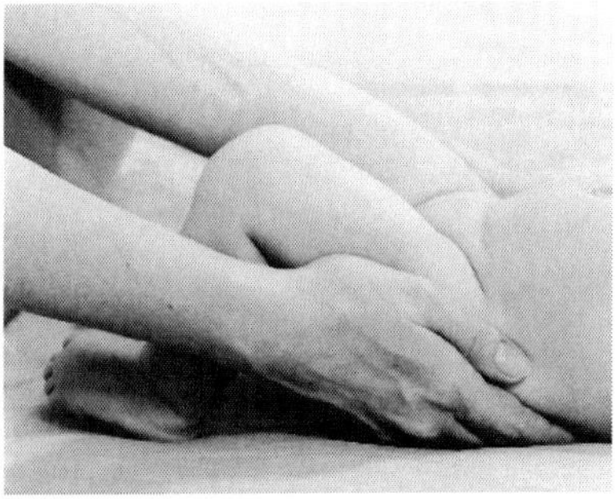

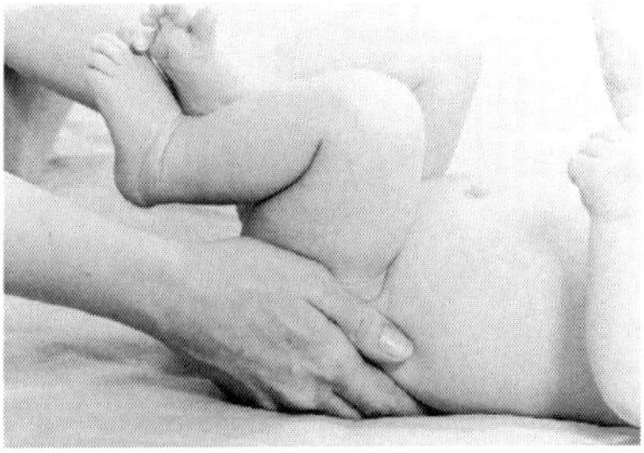

12
DÉTENDRE LE FESSIER

Après avoir massé les deux jambes et les pieds, massez le fessier par de petits mouvements circulaires, puis glissez les mains le long des jambes en les faisant trembloter (petits mouvements de bas en haut) jusqu'aux chevilles.

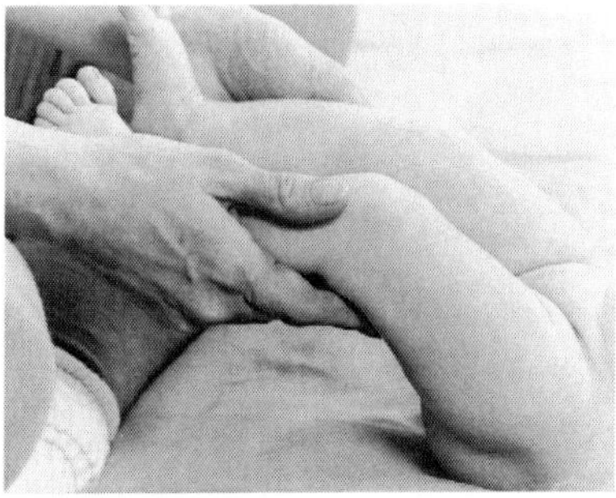

13
INTÉGRATION

Glissez les mains des fesses jusqu'aux pieds en un seul mouvement. Le mouvement associe les jambes au torse et indique au bébé que vous allez aborder une autre partie du corps.

« Puis-je masser ton petit bedon ? »

Le massage du ventre tonifie le système digestif de votre bébé et contribue à le soulager des gaz et de la constipation. Partez toujours en dessous des côtes côté droit (votre gauche), exécutez un mouvement circulaire vers le bas dans le sens des aiguilles d'une montre. Le but est de pousser les gaz et les déchets vers le côlon. La plupart des gestes se terminent sur le côté inférieur gauche de l'abdomen (votre droite). Si votre bébé a des coliques, reportez-vous aux conseils du chapitre 10.

1
MAINS POSÉES

Prenez d'abord contact en posant simplement et en laissant peser vos mains chaudes, détendues sur le ventre de Bébé pour indiquer que vous allez le masser.

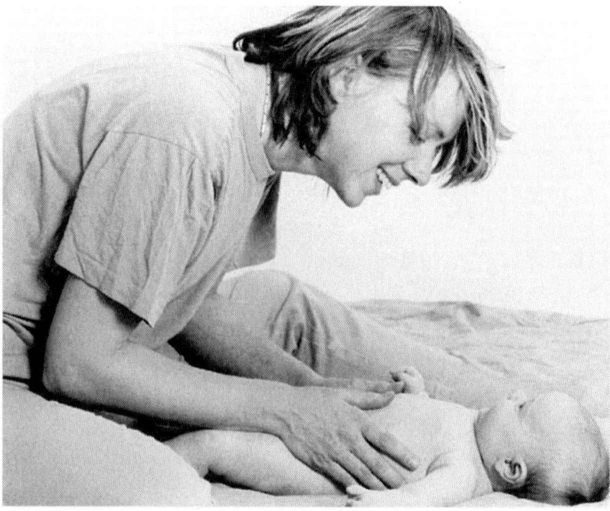

2
LE MOULIN À EAU - A

Massez le ventre en ramenant vers vous une main après l'autre (comme si vous creusiez un trou dans le sable). N'utilisez pas le tranchant mais le plat de la paume bien moulée à son ventre. Répétez environ six fois.

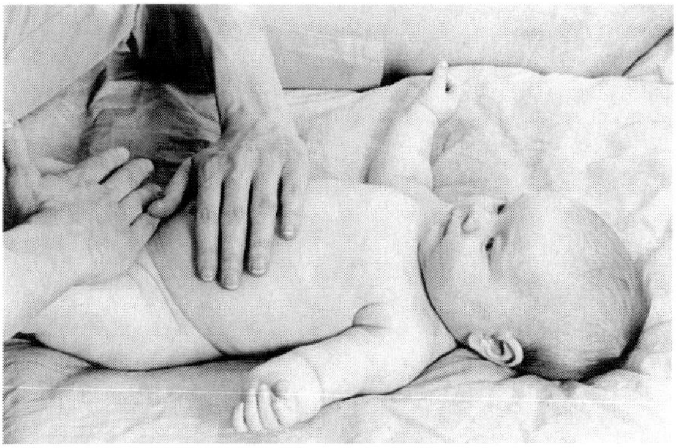

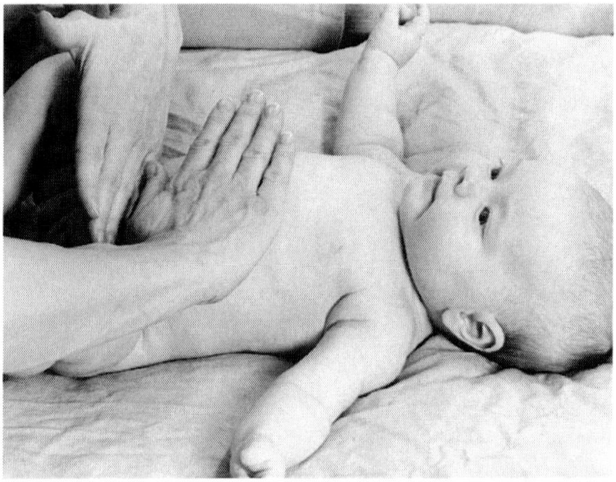

3
LE MOULIN À EAU - B

D'une main, tenez par les chevilles les jambes relevées de votre bébé, rapprochez son corps tout près de vous, son bassin bien à plat.
Sans le soulever, répétez le massage précédent avec une seule main. Ce massage décontracte la région abdominale un peu plus en profondeur.

Pour ce mouvement, vous pouvez également tenir Bébé en passant la main (droite par exemple) sous sa jambe gauche pour saisir sa jambe droite.
Pratiquez alors le massage avec la main gauche. Inversez si vous êtes droitière.

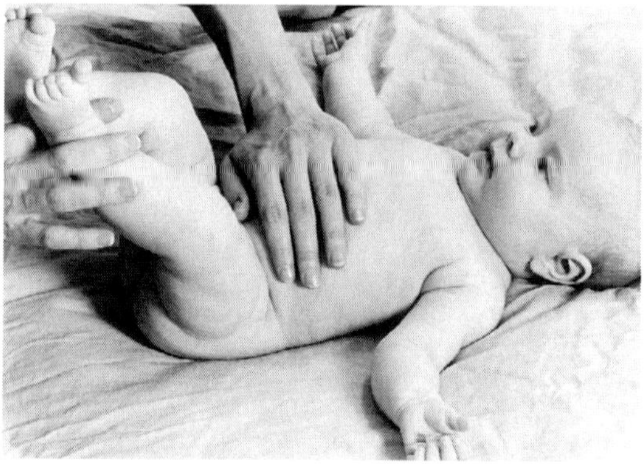

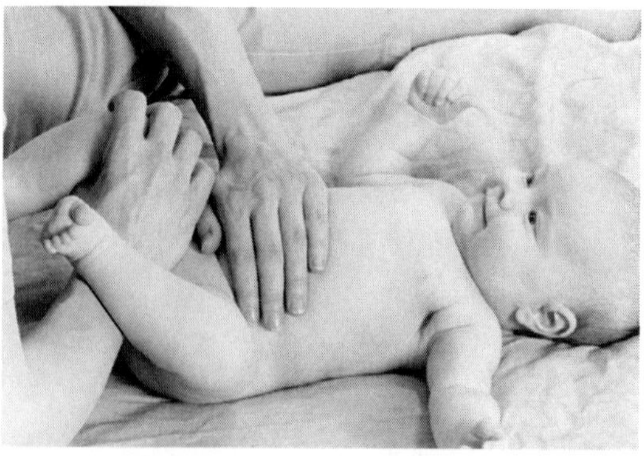

4
POUCES VERS LES CÔTÉS

Les pouces à plat sur le nombril du bébé, glissez-les vers les côtés sans les enfoncer, en veillant à les garder bien à plat.

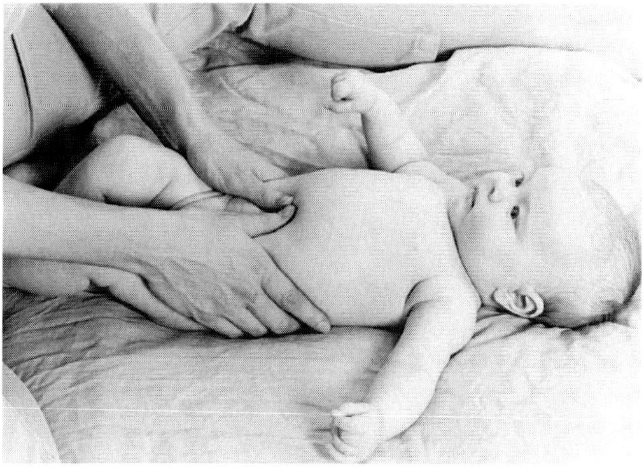

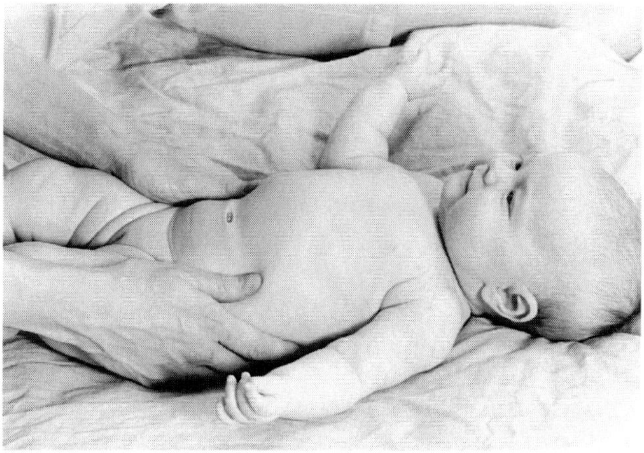

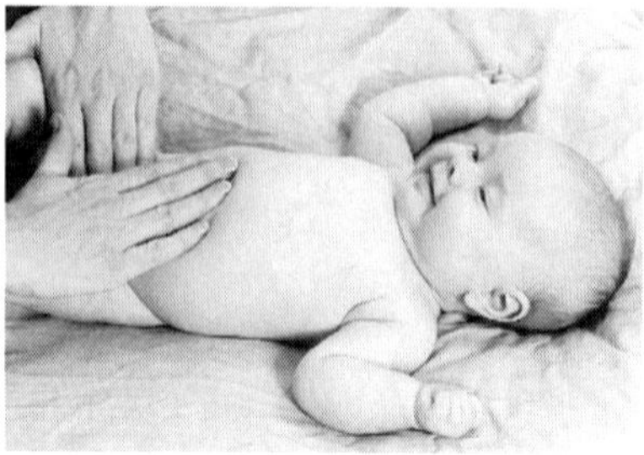

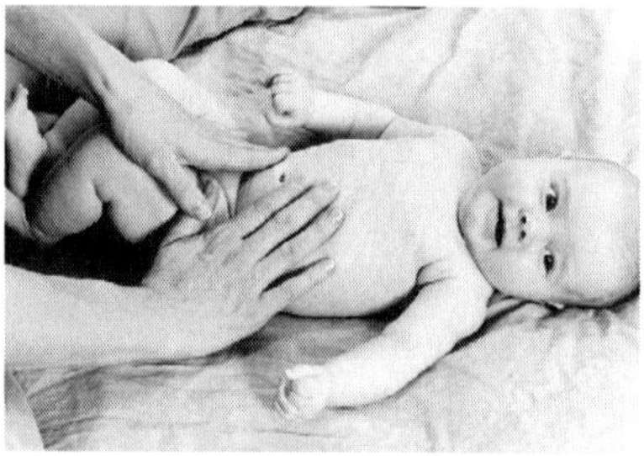

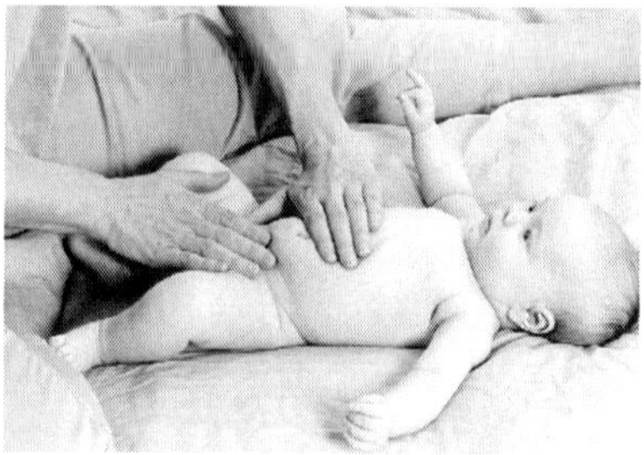

5
LE SOLEIL ET LA LUNE

Votre main gauche effectue un cercle complet dans le sens des aiguilles d'une montre, en commençant à votre gauche (à « 7 heures »).
Quand elle atteint la partie inférieure du cercle, votre main droite dessine au-dessus d'elle, juste sous la cage thoracique, une demi-lune de votre gauche vers votre droite, comme un U renversé.
La main gauche enchaîne comme si les mains se poursuivaient.

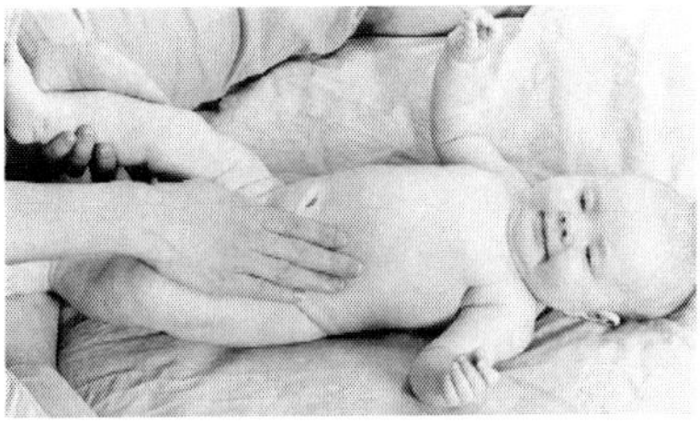

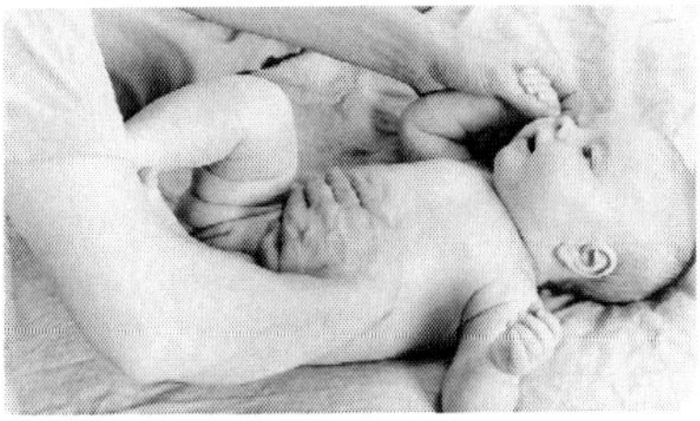

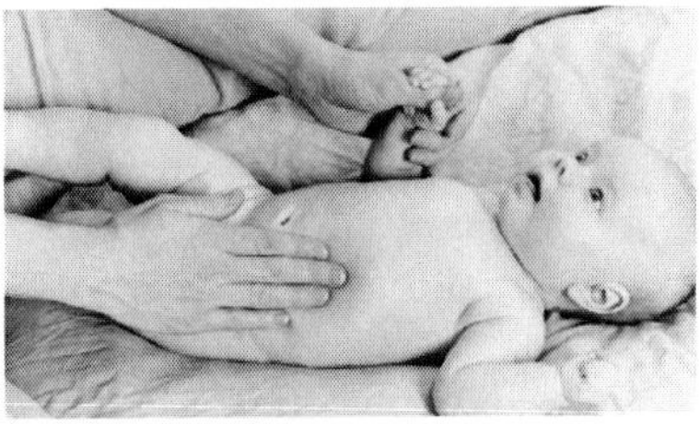

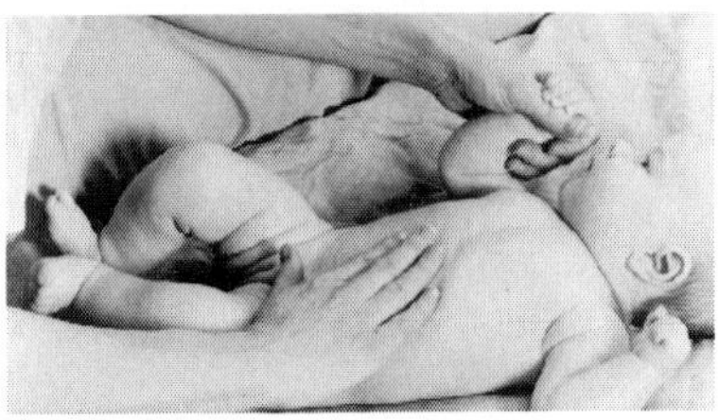

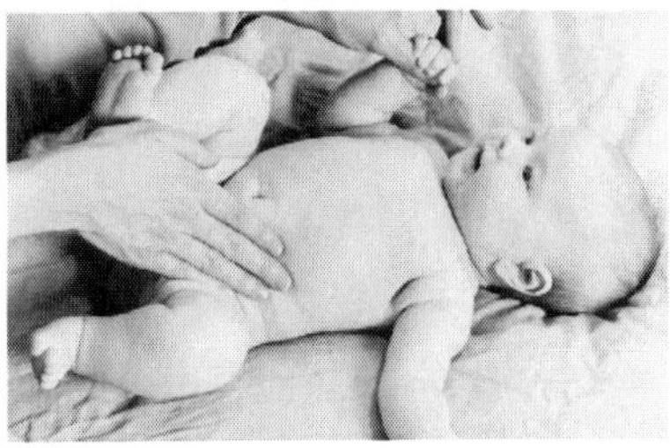

6
I LOVE YOU (JE T'AIME)

Exécutez ce mouvement en accompagnant chacune de ses trois parties d'une syllabe de I-love-you (prononcez Aïe-loooove-yooouu ou Je–t'ai–me) en accentuant dans les aigus la dernière syllabe. Cela lui plaira beaucoup !

Commencez sur le côté gauche du ventre de Bébé, juste sous les côtes, à tracer avec votre main droite un I majuscule, en glissant l'extrémité de vos doigts vers le bas. Répétez plusieurs fois, et prononcez Aïe ou Je.

Ensuite vous allez dessiner un L majuscule inversé et horizontal sur son ventre de votre gauche vers la droite, puis en descendant en prononçant Loooove (ou t'aiiiiii...)

Faites ensuite un U majuscule à l'envers en partant de votre gauche en remontant sous la cage thoracique, glissant transversalement vers la droite et en redescendant vers l'aine, soit du côté droit du ventre de Bébé vers sa gauche en prononçant Yooouuuu (ou mmmeeee).

7
LA MARCHE DES DOIGTS

Avec le plat des doigts, « marchez » de gauche à droite sur le ventre de votre bébé à hauteur du nombril. Vous sentirez peut-être sous vos doigts le gargouillis des gaz. Après le ventre, nous passons au massage de la poitrine.

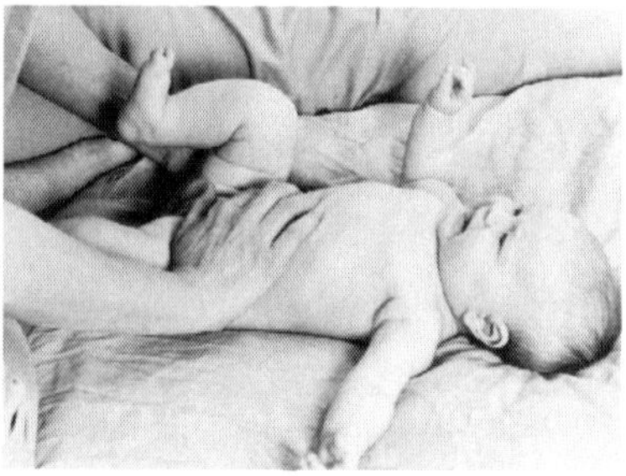

« Puis-je masser ta poitrine ? »

Masser le thorax aide à tonifier les poumons et le cœur. Imaginez que vous libérez la respiration de votre bébé et emplissez son cœur d'amour. Posez d'abord un moment les deux mains sur sa poitrine.

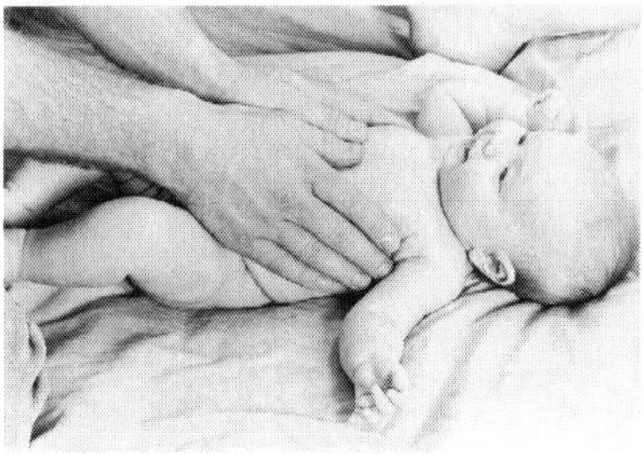

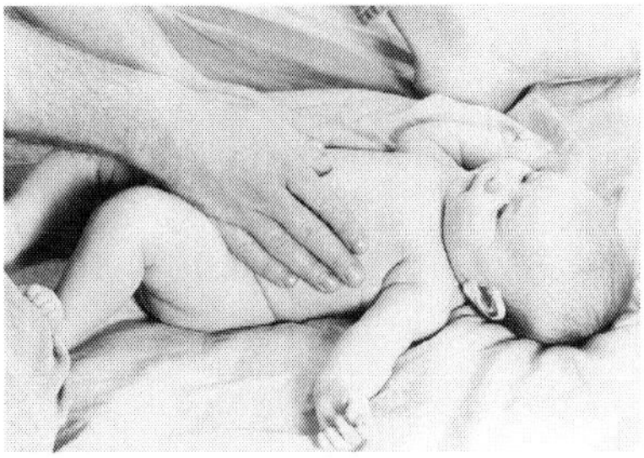

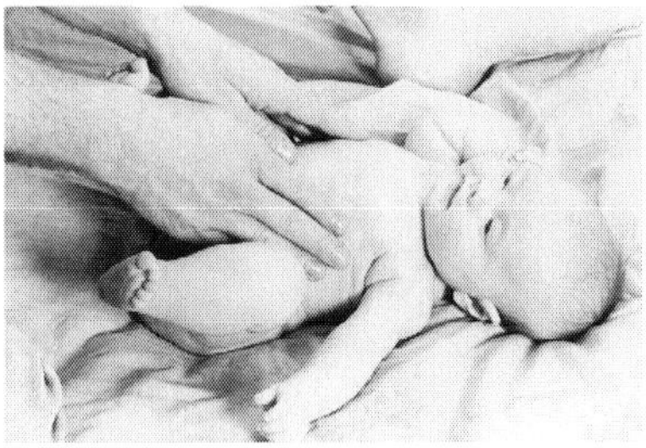

1
LE LIVRE OUVERT

Les deux mains posées à plat au milieu de la poitrine, descendez vers les côtés du thorax comme pour aplatir les pages d'un livre ouvert. Rassemblez vos mains en remontant au point de départ, vos deux mains dessinant ainsi un cœur. La pression s'applique du centre de la poitrine vers les côtés et s'allège pour le reste du mouvement qui entretient seulement le contact.

2
LE PAPILLON

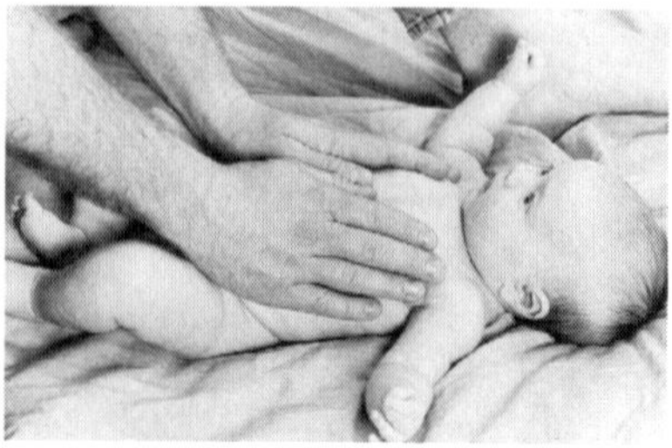

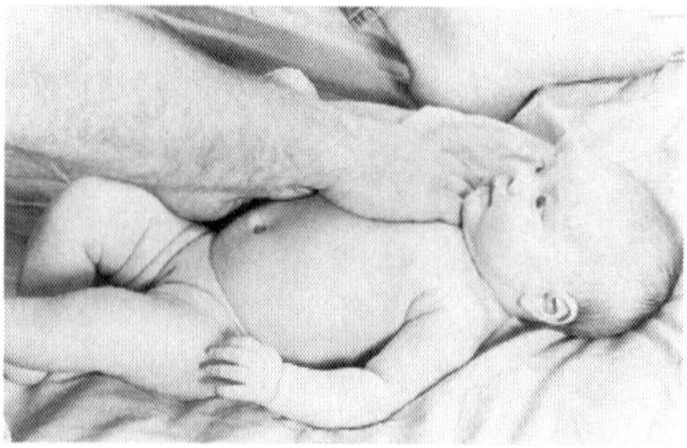

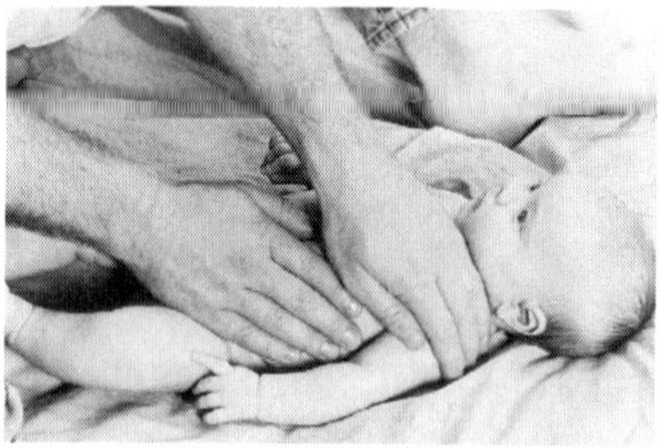

Moulez d'abord vos deux mains sur le thorax.

Votre main droite traverse en diagonale le thorax jusqu'à l'épaule droite. Puis, la main retourne à son point de départ sans perdre le contact (en diagonale). Attention de ne pas égratigner le bébé avec vos ongles.

Répétez le même geste en diagonale avec votre main gauche. Alternez une main, puis l'autre, à un rythme régulier. La pression de vos mains doit être plus accentuée en montant qu'en redescendant. N'oubliez pas d'effectuer les mouvements à partir de vos reins – votre centre de gravité – afin de rester détendue.

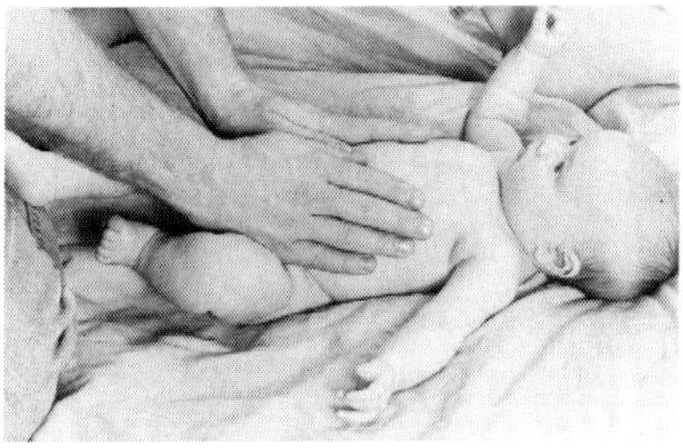

3
INTÉGRATION

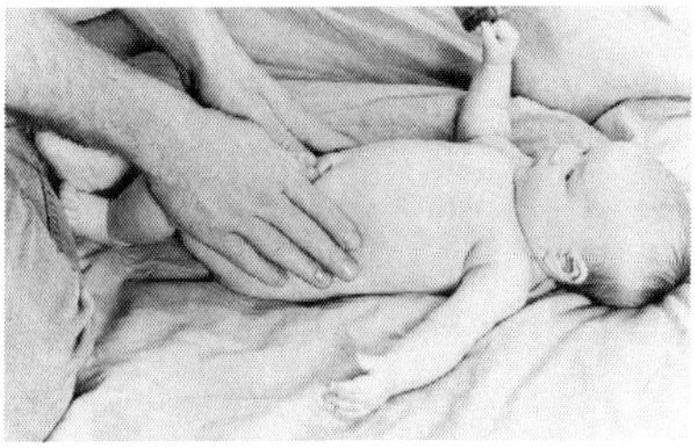

Partant de la poitrine, glissez les deux mains jusqu'au ventre puis aux pieds afin d'intégrer en un seul mouvement toutes les parties du corps que vous venez de masser.

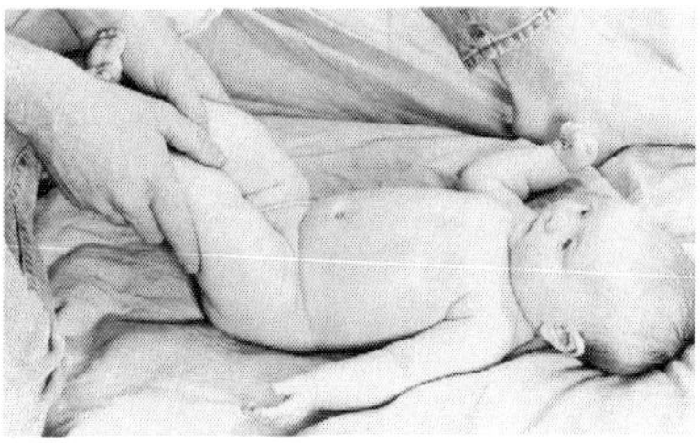

« Puis-je masser tes bras et tes mains ? »

Le massage des bras met en évidence les différences existant entre les massages indien et suédois, et leur complémentarité.

Le massage indien traditionnel consiste à masser le bras de l'épaule au poignet en visualisant l'évacuation de la tension par le bout des doigts, contrairement au massage suédois, qui masse du poignet à l'épaule en direction du cœur. Nous utilisons les deux, en combinant le concept indien d'équilibrage et de libération de l'énergie avec celui du massage suédois qui vise à tonifier les muscles pour favoriser la circulation sanguine.

1
MAINS POSÉES

Prenez doucement contact avec les bras de votre bébé en y posant simplement vos mains chaudes pour lui demander la permission de commencer.

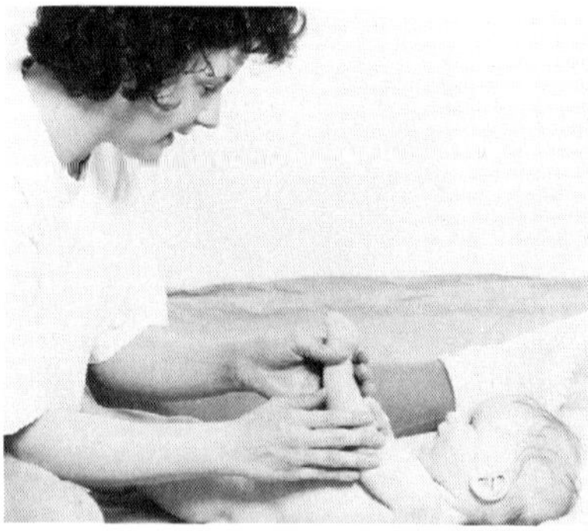

2
MASSAGE DES AISSELLES

Massez doucement les aisselles, une région importante, riche en ganglions lymphatiques.

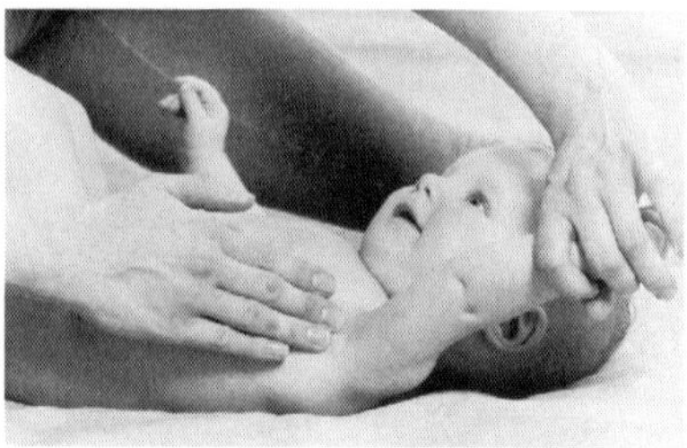

Certains bébés résistent au massage des bras et se protègent en les refermant près du corps.
Ne contrariez pas ce réflexe. Allez dans le même sens en massant le bébé dans cette position protectrice plutôt que d'écarter le bras de force. Quand il se sentira suffisamment décontracté et rassuré, il se détendra et peu à peu, il vous « donnera » ses bras à masser.
La photo ci-dessous illustre le massage indien (décrit page suivante) effectué avec un bébé refermant ses bras. Le parent coopère en lui permettant de conserver cette position. En général, le bébé ouvre les bras petit à petit.

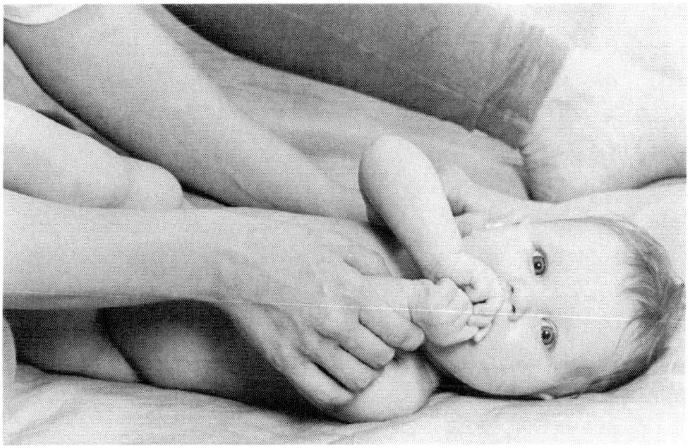

3
MASSAGE INDIEN

Tenez le poignet avec une main et, avec l'autre, massez le bras de l'épaule au poignet. Répétez le geste sans interruption en alternant vos deux mains.

Massez toujours avec le plat de la paume en la moulant au plus près du bras, l'intérieur des mains (côtés pouce et index) face à vous.

Si votre bébé est tout petit, peut-être devrez-vous d'abord masser avec trois ou quatre doigts avant d'en venir progressivement à utiliser la main entière dans un geste chaudement enveloppant.

Stabilisez l'épaule afin de ne pas soulever le bébé en effectuant les mouvements.

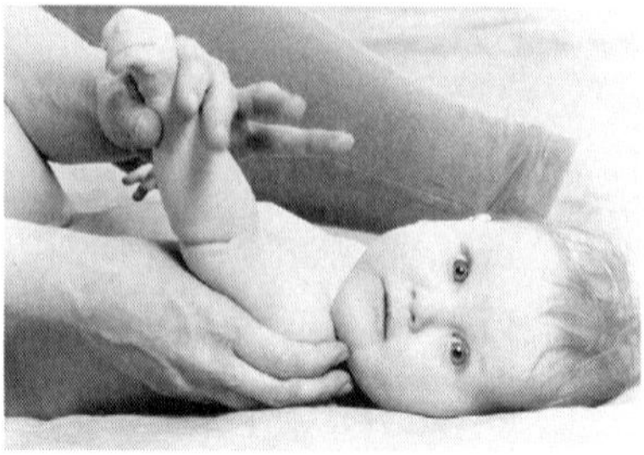

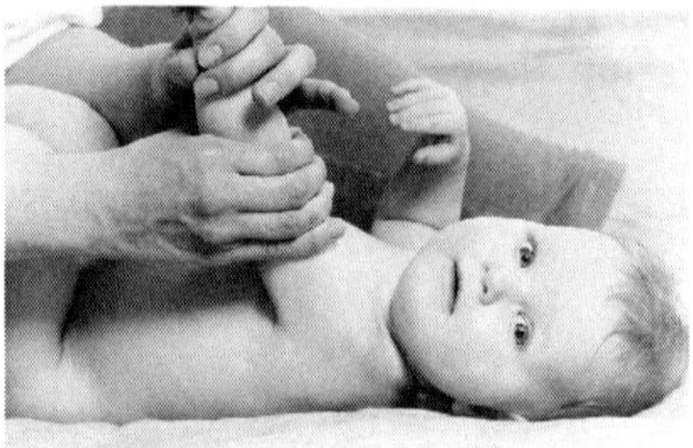

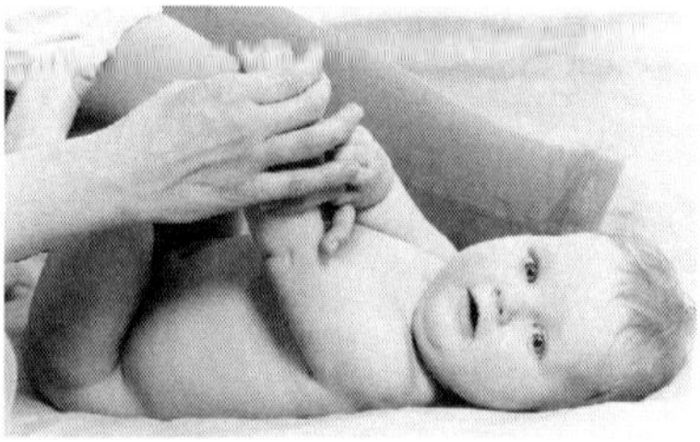

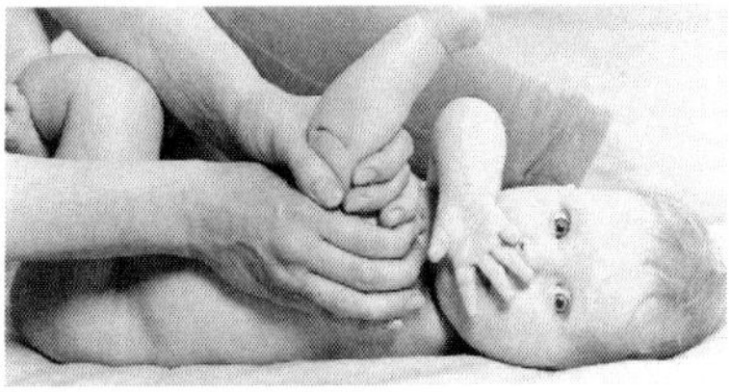

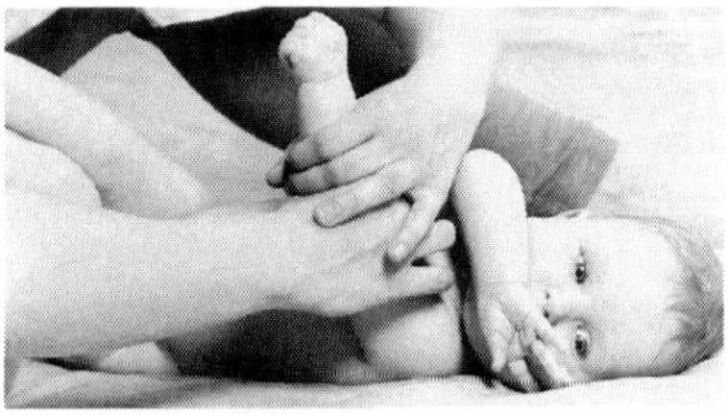

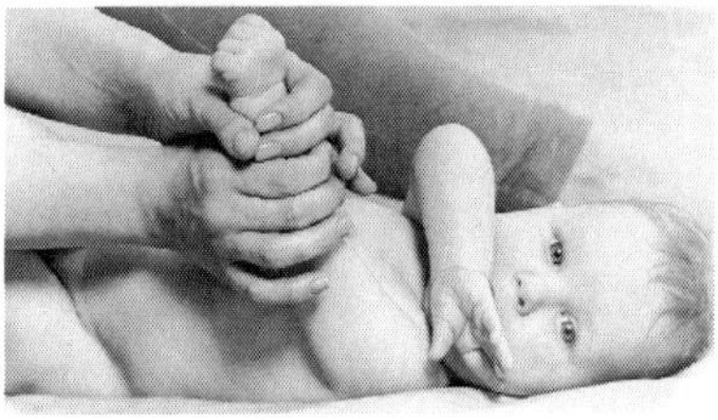

4
CÂLINS GLISSÉS

Placez vos deux mains en bracelets autour du bras et « vissez-dévissez » en sens opposés, les deux mains toujours rapprochées afin de ne pas tordre le coude.
Ce mouvement mobilise tout le muscle et facilite ainsi sa décontraction.

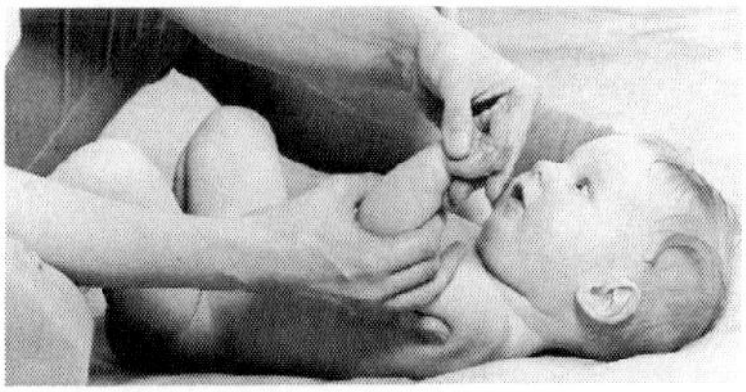

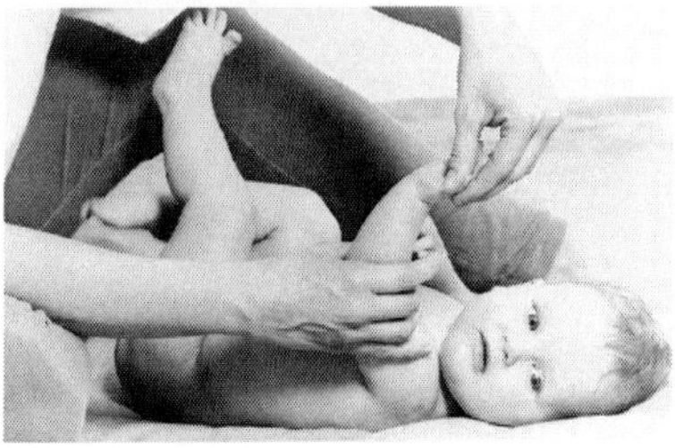

5
ROULER LES DOIGTS

Ouvrez la main du bébé avec votre pouce puis roulez chaque petit doigt entre l'index et le pouce.

6
DESSUS DE LA MAIN

Massez en glissant sur le dessus de la main.

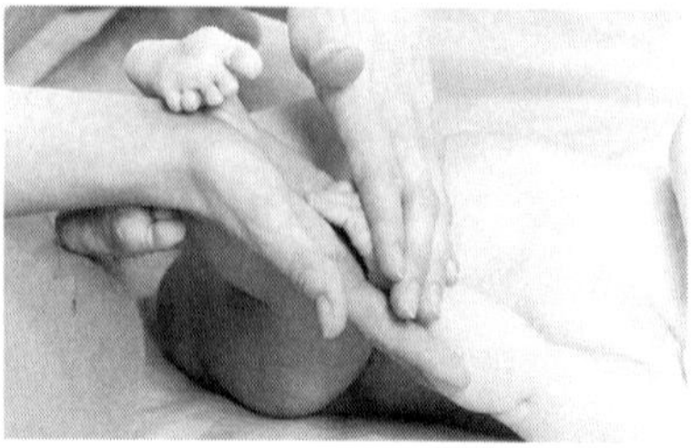

7
CERCLES AUTOUR DU POIGNET

Massez en effectuant de petits cercles tout autour du poignet.

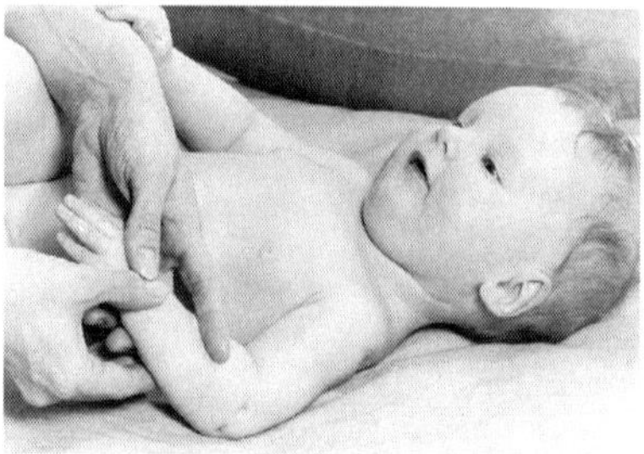

8
MASSAGE SUÉDOIS

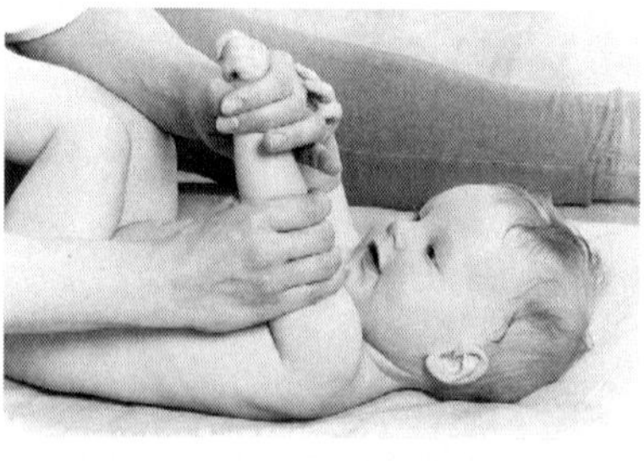

Massez un bras du poignet à l'épaule, les deux mains se relayant.
Essayez de mouler vos mains (placées comme pour le massage indien) au bras du bébé. Immobilisez son épaule afin de ne pas le soulever avec chaque mouvement. Là encore, avec un tout-petit, vous devrez peut-être commencer avec trois ou quatre doigts seulement.

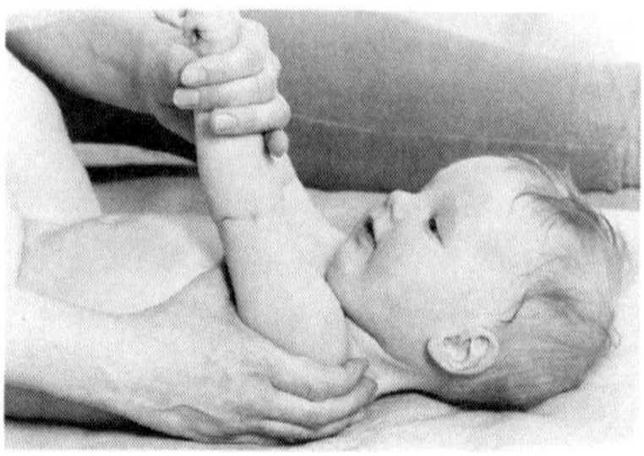

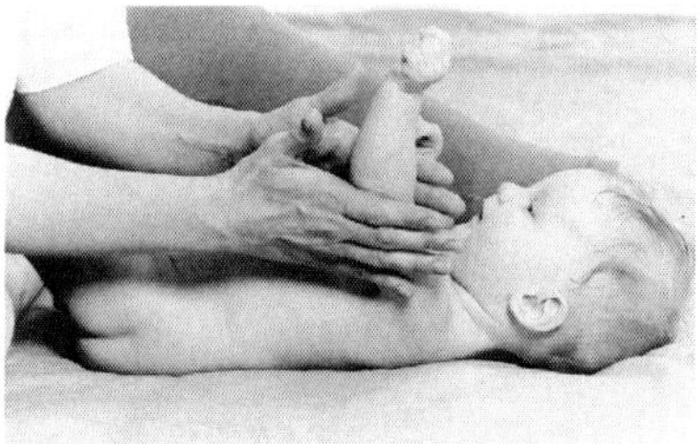

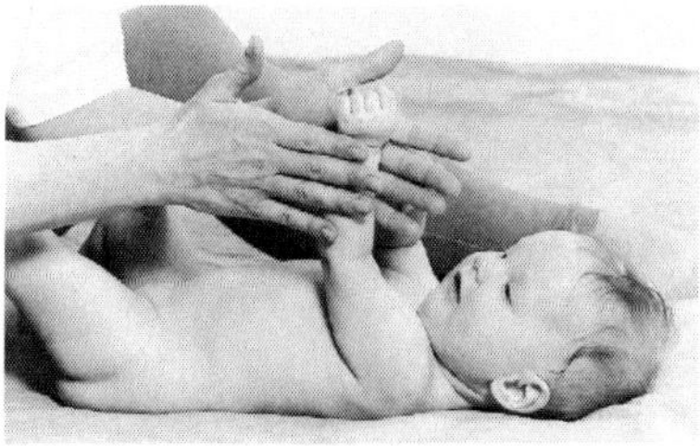

9
ROULER LES BRAS
(de l'épaule vers le poignet)

Faites rouler plusieurs fois le bras du bébé entre vos deux mains, de l'épaule au poignet. Ce massage plaît aux bébés, quel que soit leur âge.

10
TOUCHER-RELAXATION

Recourez au *toucher-relaxation* pour aider votre bébé à se détendre et à libérer son bras. Moulez doucement vos mains à son bras et sentez-le peser et se relaxer. Utilisez la voix en répétant doucement « Relaxe ! » ou « Détends-toi ! » tandis que vous tapotez, roulez et faites ballotter le bras dans votre main. Quand vous sentez ses muscles se décontracter, récompensez votre bébé par la parole : « C'est bien, mon bébé, ton bras est tout détendu ! »

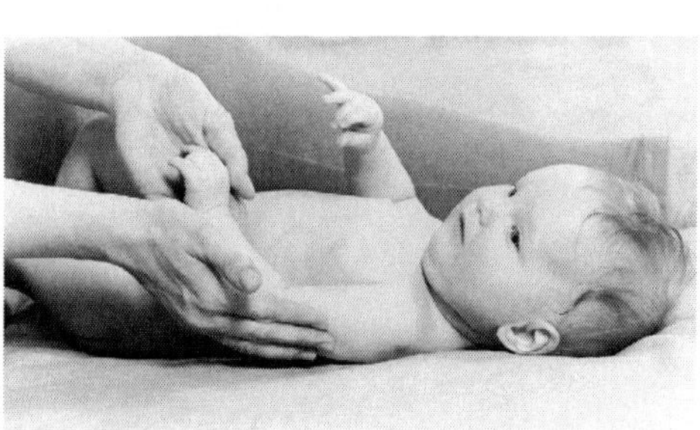

11
INTÉGRATION

À partir des épaules de votre bébé, glissez les mains le long de sa poitrine, de son ventre, de ses jambes jusqu'aux pieds en un seul mouvement intégrant le corps tout entier.

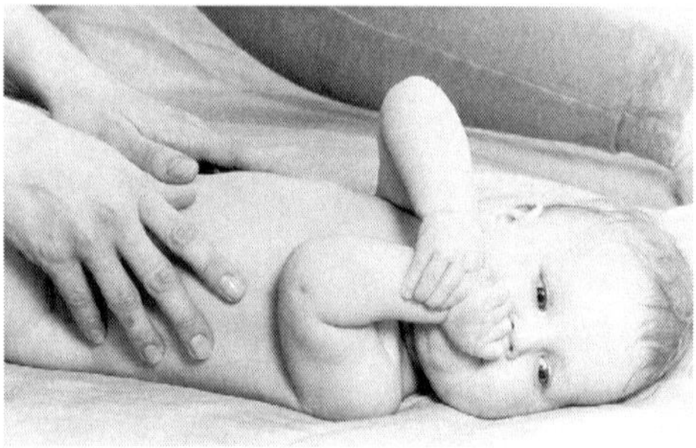

« Puis-je masser ton visage ? »

La succion, la poussée des dents, les cris et toutes les réactions à l'environnement créent de nombreuses tensions dans le visage d'un bébé. On me demande souvent pourquoi je me concentre ici sur le visage sans inclure la tête. Tout d'abord, la tête d'un nourrisson est sensible, ses os ne sont pas encore soudés et la fontanelle n'est pas refermée ; un massage pourrait raviver le souvenir du difficile passage du canal utérin et susciter des cris semblables à ceux qu'il a poussés au moment de la naissance. Enfin, à ce stade, la tête d'un tout-petit ne comporte pas de véritable musculature susceptible d'être détendue. Quand votre bébé aura quatre à six mois et que vous serez devenue experte, vous pourrez essayer un massage en petits cercles en calant sa tête dans la coupe de vos mains. S'il y prend plaisir, vous pourrez alors l'inclure dans vos séances.

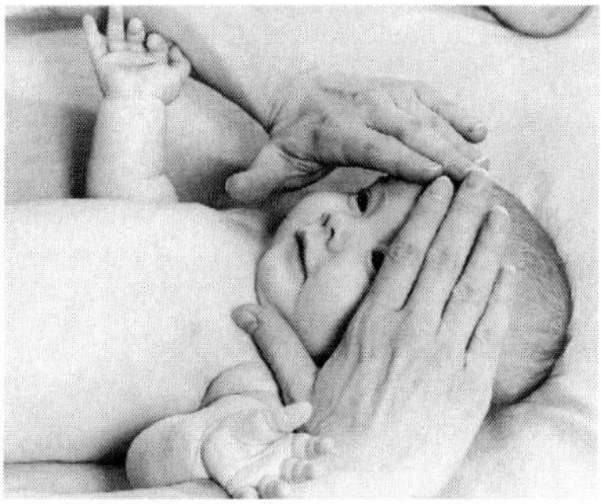

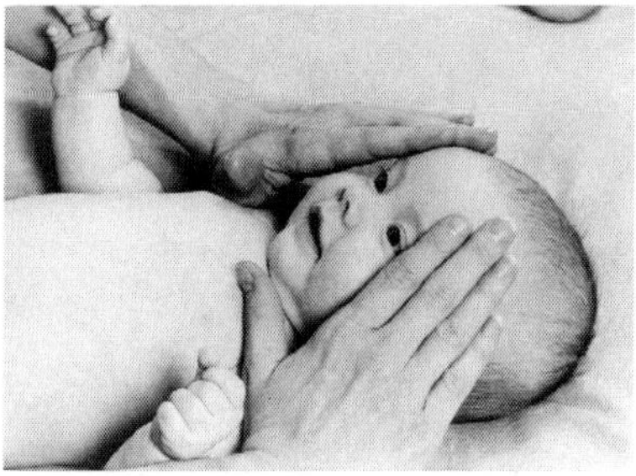

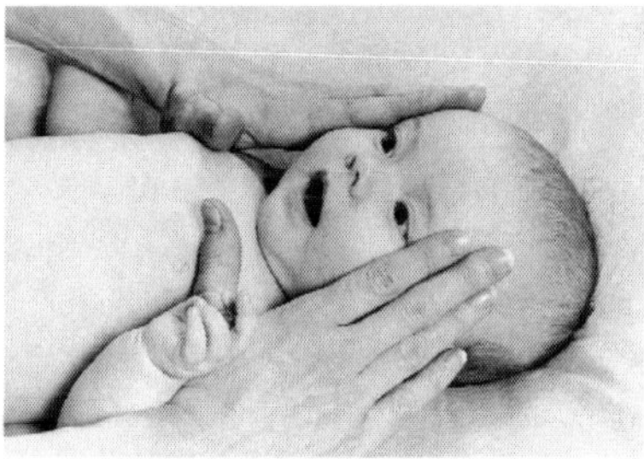

1

LE LIVRE OUVERT SUR LE FRONT

Avec le plat des doigts, lissez le front de son milieu vers les tempes comme pour aplatir un livre ouvert. Essayez de ne pas couvrir ses yeux ni son nez.

2
MASSAGE DES SOURCILS
(détente des yeux)

Avec les pouces, pressez doucement
l'arcade sourcilière en allant
vers les tempes.

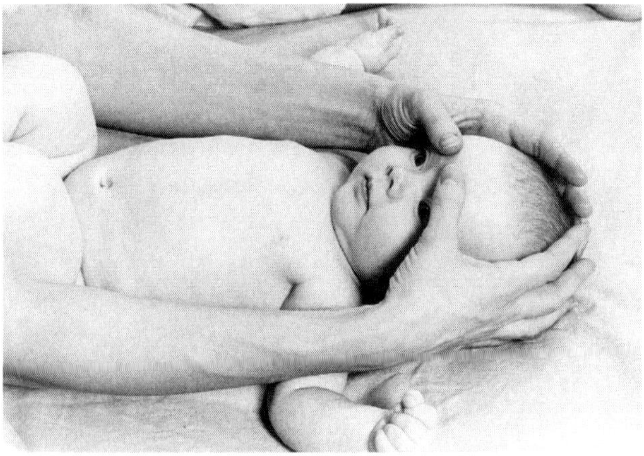

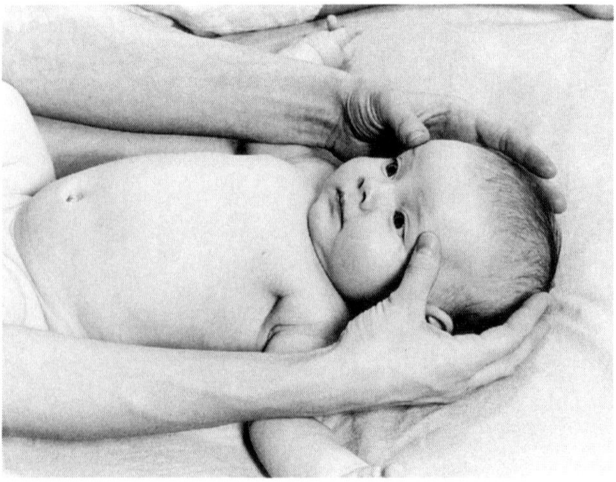

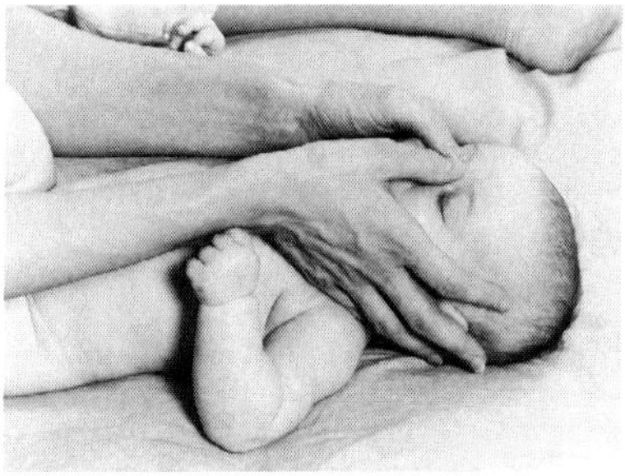

3
PAROIS DU NEZ ET LES JOUES

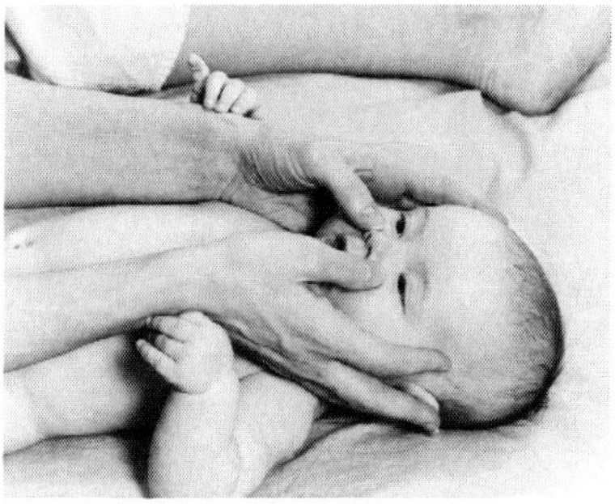

Avec les pouces, montez de part et d'autre de la racine du nez puis descendez en diagonale jusqu'aux joues. Ce geste aide à désencombrer le nez et relaxe les muscles des joues.

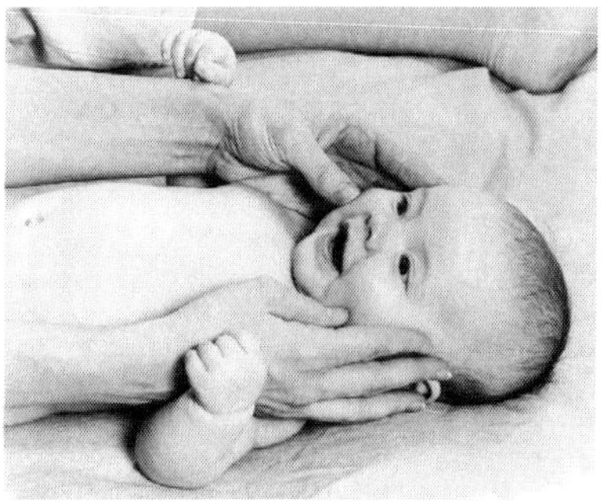

4
SOURIRE

Avec le bout des pouces, étirez doucement en un sourire la lèvre supérieure, puis la lèvre inférieure.

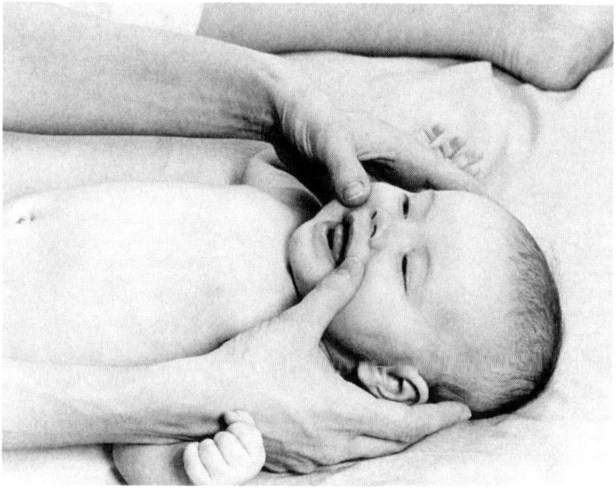

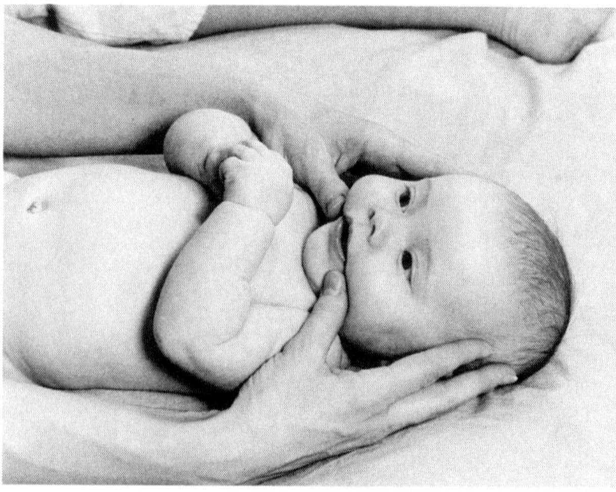

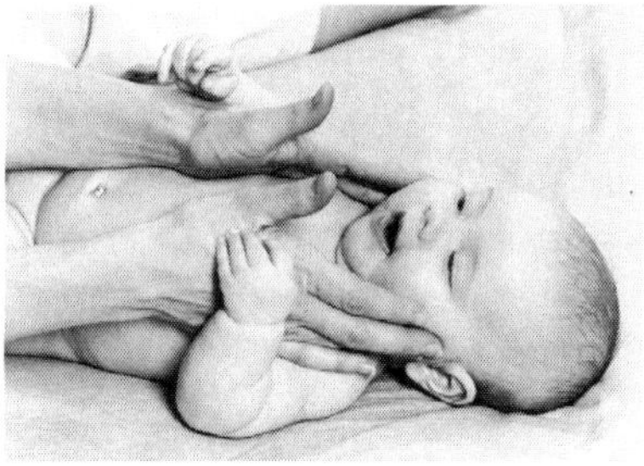

5
DÉTENTE DE LA MÂCHOIRE

Du bout des doigts, dessinez de petits cercles autour des mâchoires.

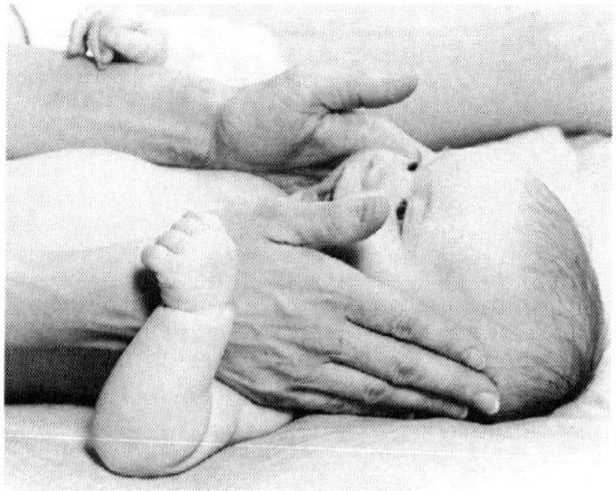

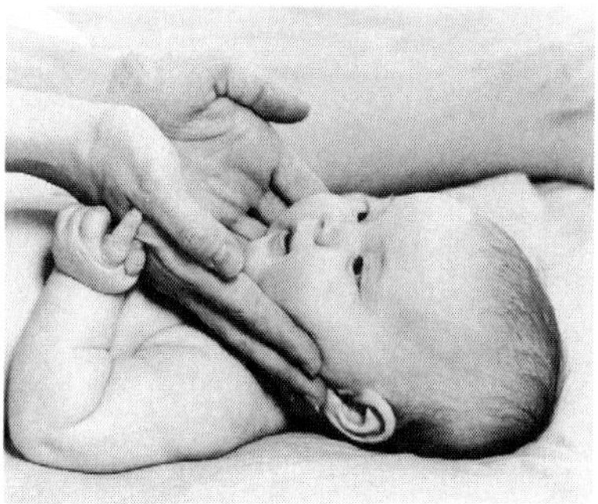

6
OREILLES, MÂCHOIRE, MENTON

Du bout des doigts des deux mains simultanément, passez derrière les oreilles et rejoignez le menton en glissant le long de la mâchoire inférieure. Ce geste contribue à la décontraction de celle-ci et masse les ganglions lymphatiques de cette région. Après le massage du visage, placez votre bébé sur le ventre pour un massage du dos.

« Puis-je masser ton dos ? »

Le massage du dos est souvent le préféré des bébés et petits enfants et la partie la plus relaxante de la séance. Il sert aussi d'échauffement pour les petits exercices qui suivront. Asseyez-vous jambes tendues et allongez le bébé à plat ventre sur vos cuisses (ou sur une table). Les bébés plus âgés peuvent jouer pendant le massage.

1
MAINS POSÉES

Installez le bébé sur vos cuisses, détendez-vous et informez-le que le massage de son dos va commencer.

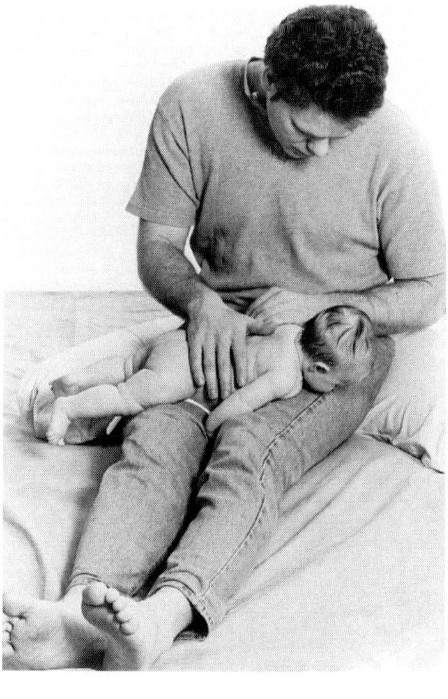

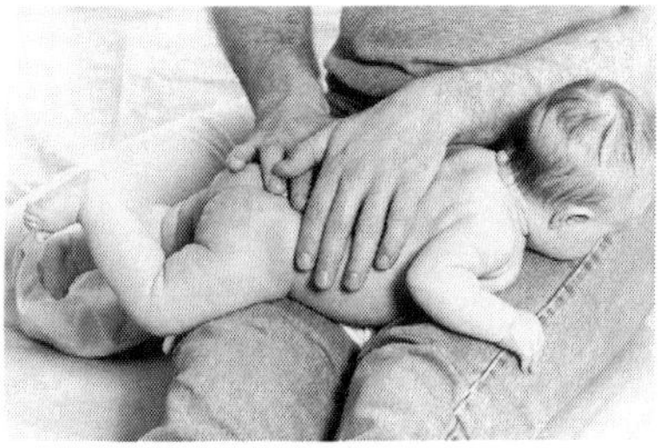

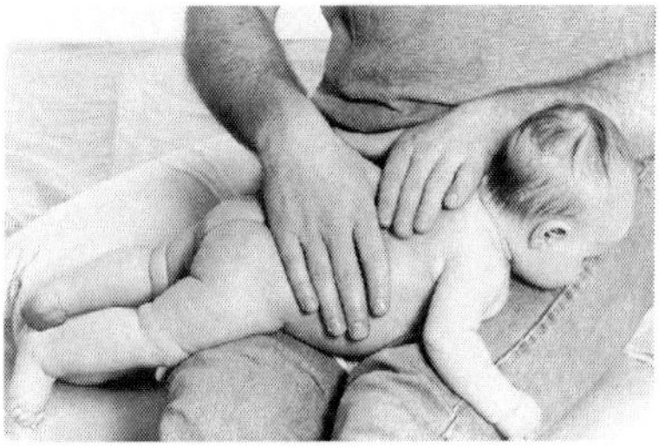

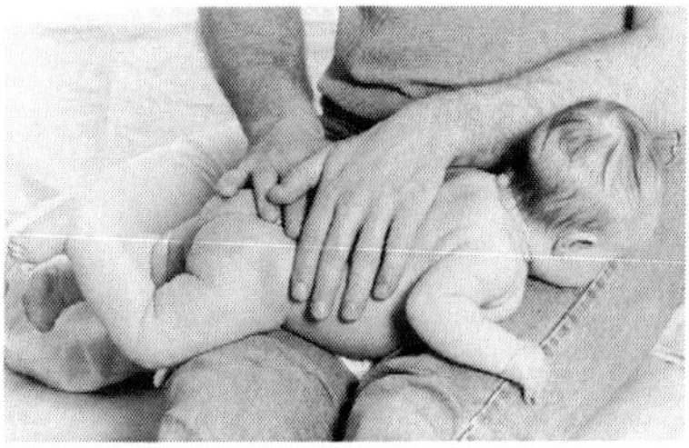

2
VA-ET-VIENT
(des deux mains)

Posez les deux mains en travers du haut du dos. Allez et venez perpendiculairement à l'épine dorsale, une main après l'autre moulée au dos du bébé. Progressez vers les fesses puis remontez vers les épaules et répétez une fois l'ensemble du mouvement.

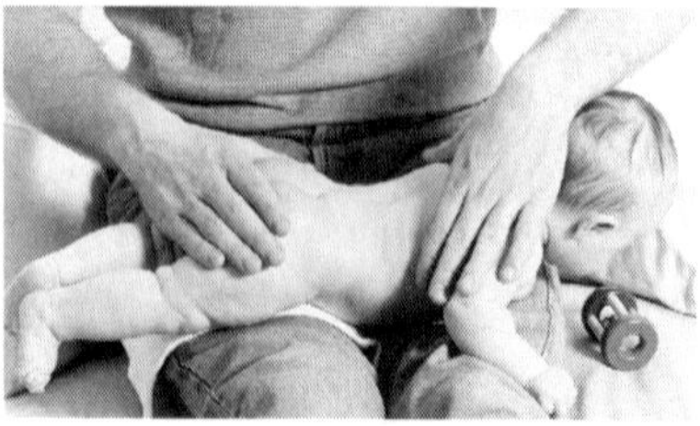

3
GLISSADE – A

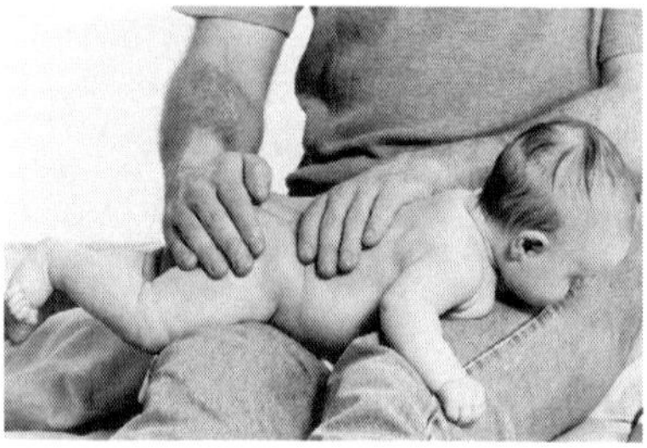

Maintenez les fesses de votre bébé puis faites glisser l'autre main, bien moulée à son dos, comme pour « ramasser » la peau des épaules au fessier. Répétez plusieurs fois.

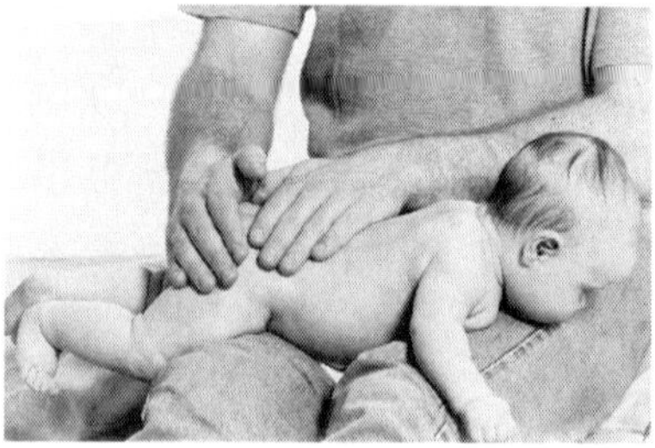

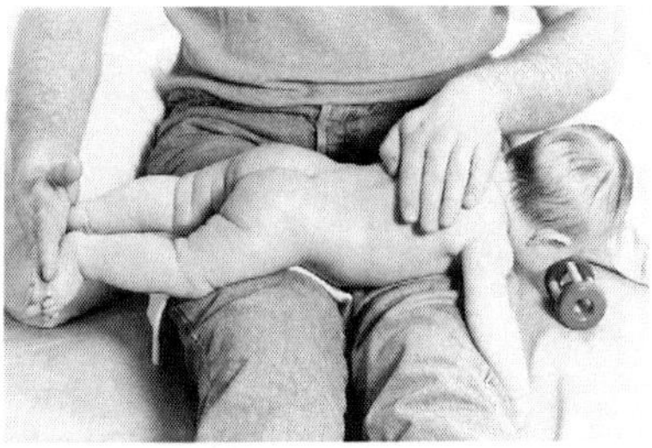

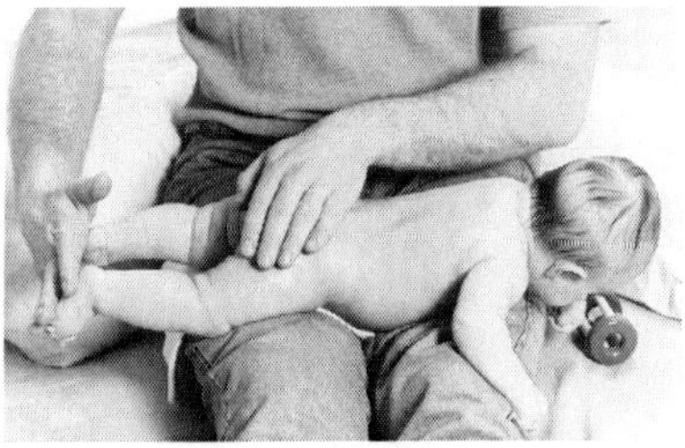

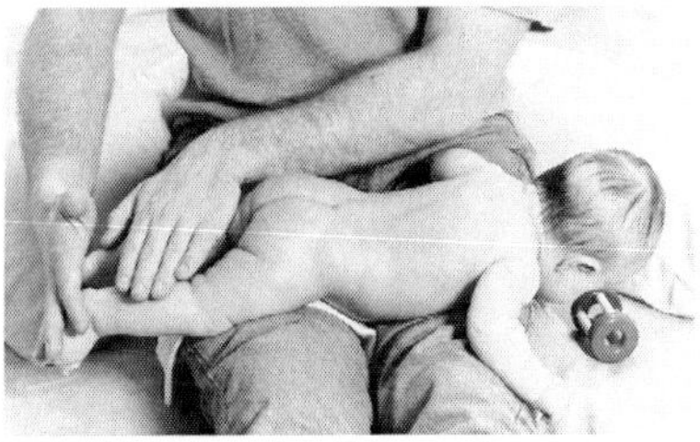

4

GLISSADE – B

Maintenez votre bébé en lui tenant doucement les pieds d'une main et faites glisser l'autre le long du dos et des jambes jusqu'aux chevilles. Répétez plusieurs fois.

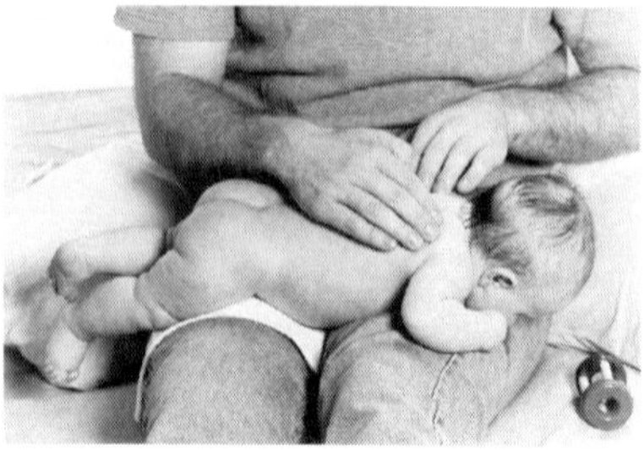

5
PETITS CERCLES
(sur le dos)

Décrivez de petits cercles avec le bout des doigts sur toute la surface du dos. Au fur et à mesure de la croissance de Bébé, vous sentirez le développement de ses muscles sous vos doigts !

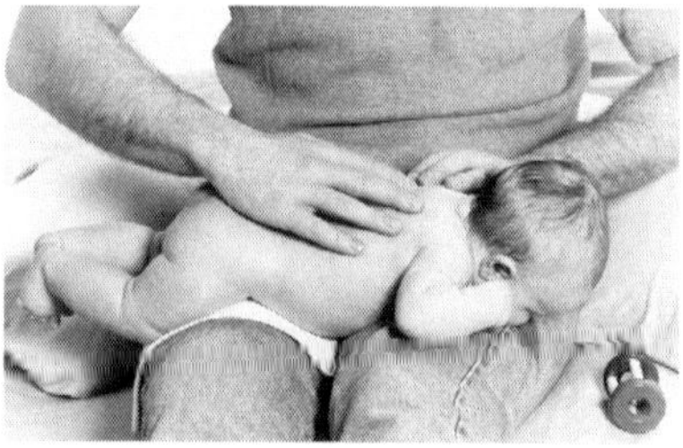

6
PEIGNER
(le dos)

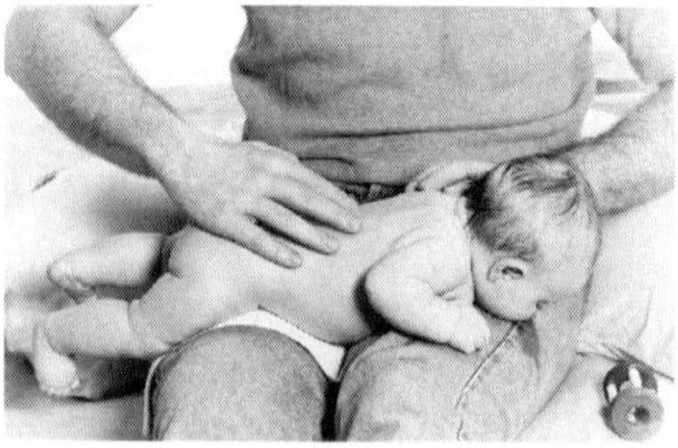

Dernier mouvement : avec les doigts légèrement écartés, « peignez » le dos des épaules aux fesses. Progressivement, diminuez la pression pour terminer avec un toucher léger comme une plume qui signale à votre bébé la fin du massage de son dos.

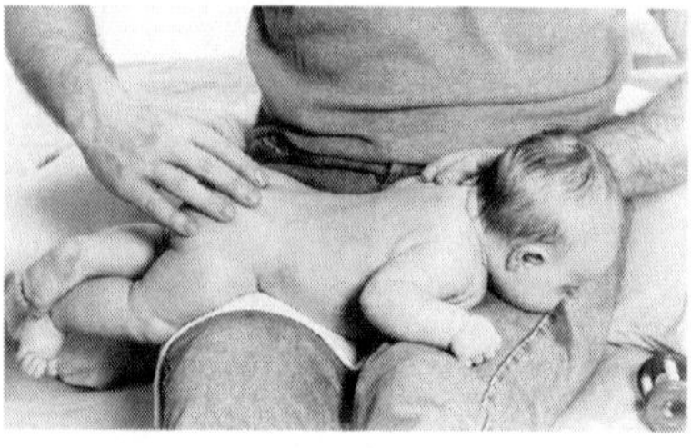

Exercices en douceur

Ces mouvements sont de simples exercices qui étirent doucement les jambes et les bras du bébé, lui massent l'estomac et le bassin et alignent sa colonne vertébrale. Ils s'apparentent à des poses du yoga adaptées pour un bébé. Procédez avec tact tout en vous amusant à y incorporer des comptines et des jeux (cf. chapitre 13). Vous pourrez effectuer ces exercices jusqu'à ce que votre bébé commence à marcher. À ce moment, son activité étirera suffisamment ses muscles au cours de la journée.

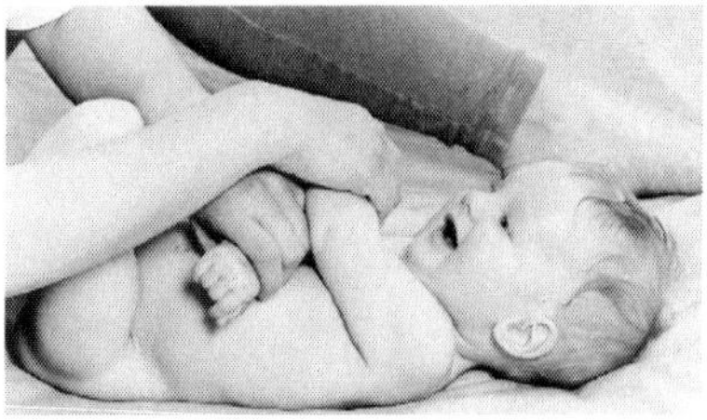

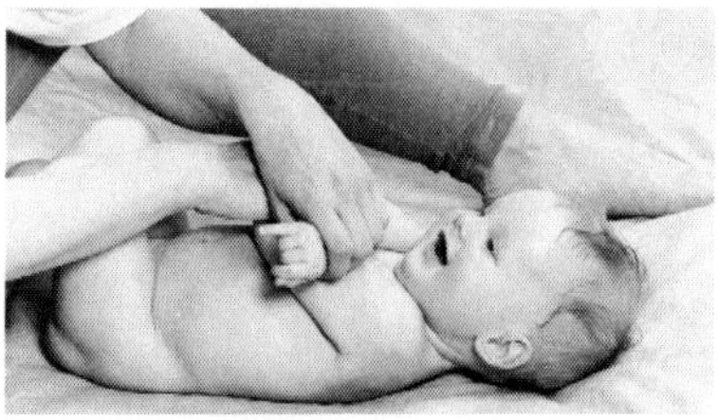

1
BRAS CROISÉS

Croisez les bras du bébé sur sa poitrine, en alternant le bras qui se trouve dessus et celui qui se trouve dessous.
Puis étirez-les latéralement en douceur : croisez – croisez – croisez – ouvrez.
Répétez.

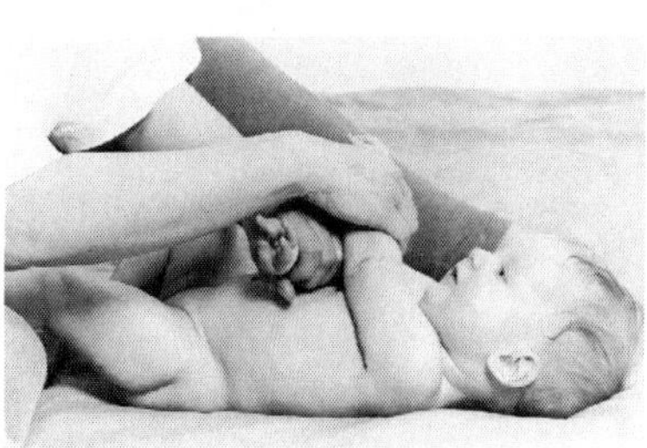

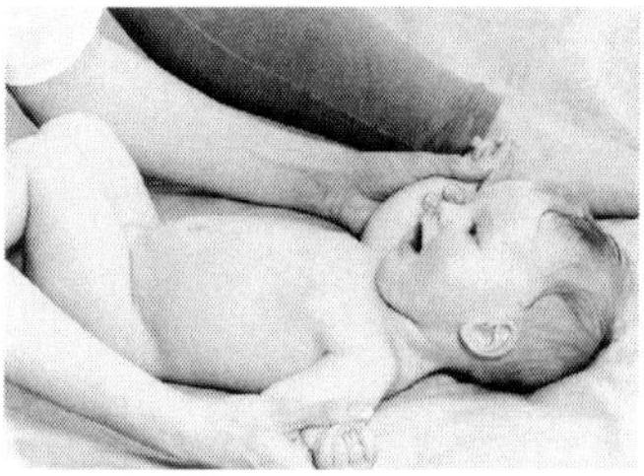

2
BRAS ET JAMBES CROISÉS

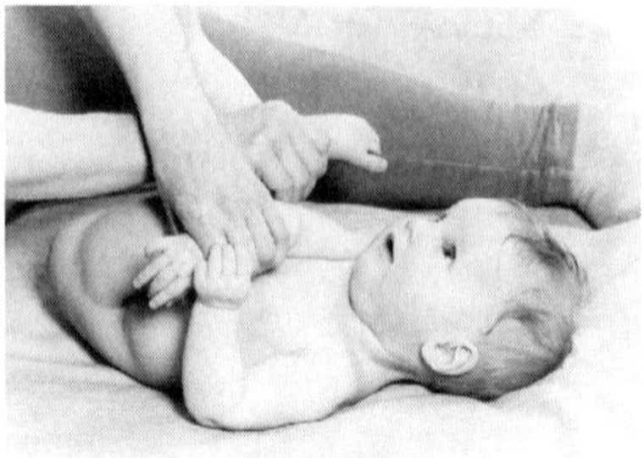

Tenez un bras par le poignet et la jambe opposée par la cheville. Repliez doucement le bras sur la cage thoracique et montez le pied vers l'épaule (en fléchissant le genou).

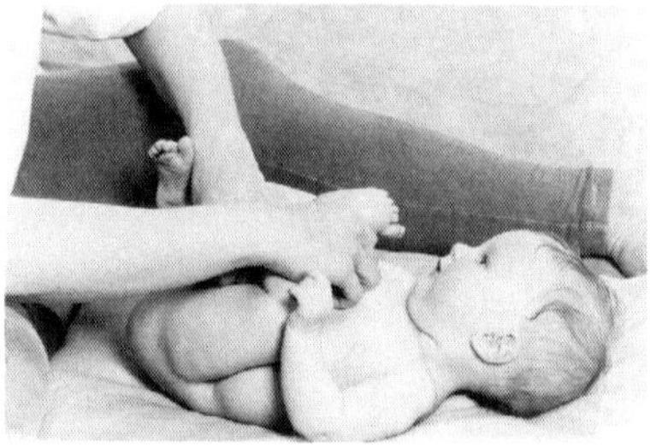

Croisez le bras par-dessus de la jambe, puis croisez le bras sous la jambe et une fois encore, croisez le bras par-dessus la jambe.

Étirez ensuite les membres en sens opposés : croisez – croisez – croisez – ouvrez. Répétez avec la jambe et le bras opposés.

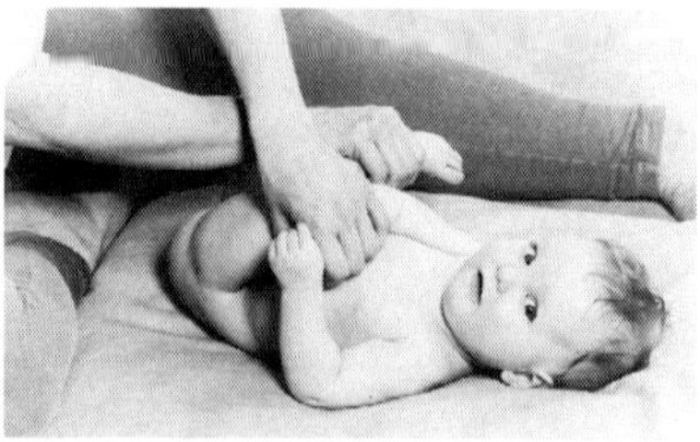

N.B. : Avec un bébé plus âgé, montez le genou plutôt que le pied pour croiser avec le bras opposé.

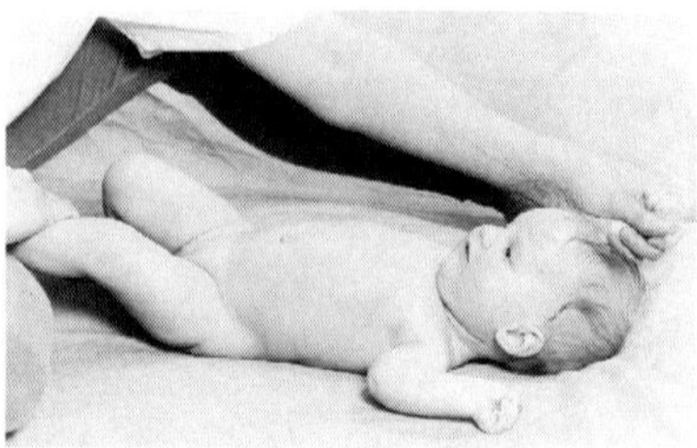

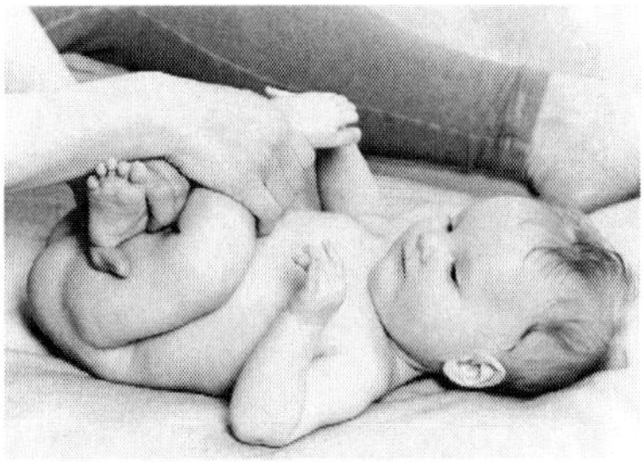

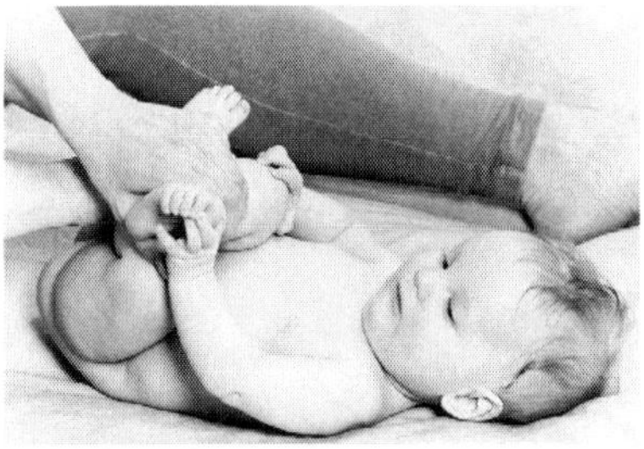

3
JAMBES CROISÉES

Croisez les jambes du bébé sur son ventre, l'une et l'autre alternativement dessus puis dessous.
Puis étirez-les doucement vers vous : croisez – croisez – croisez – étirez.
Répétez cet exercice, excellent pour tonifier le système digestif.

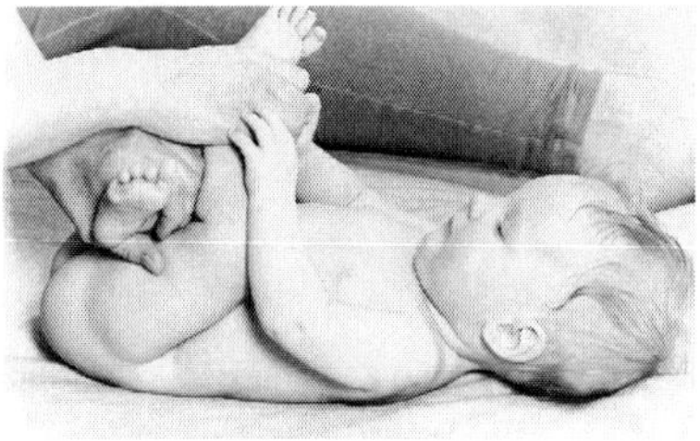

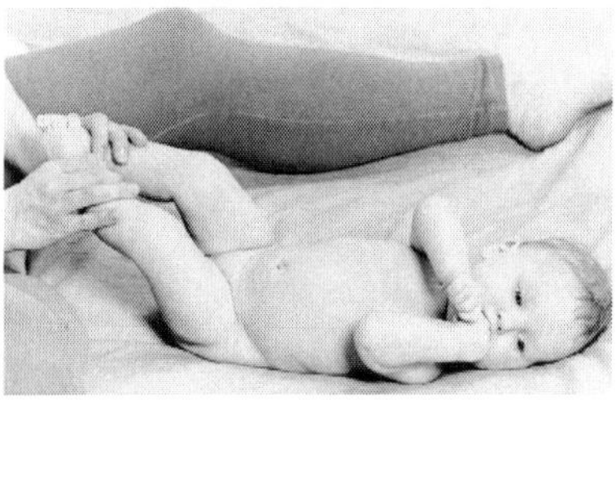

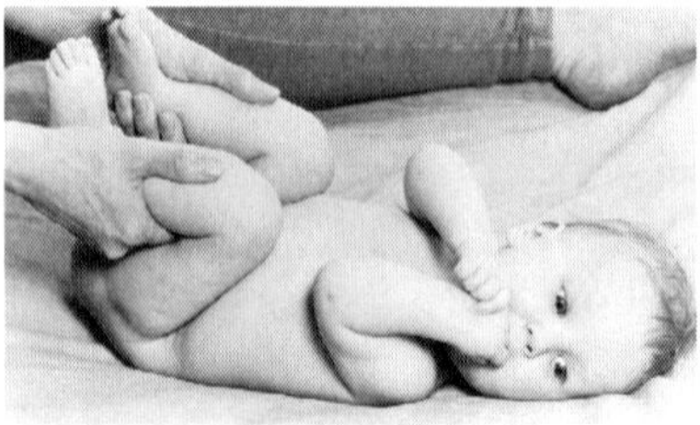

4
GENOUX SUR LE VENTRE

Poussez les deux genoux contre le ventre puis étirez les jambes vers vous. Si le bébé résiste, ballottez doucement ses jambes pour l'amener à se détendre. Répétez plusieurs fois.

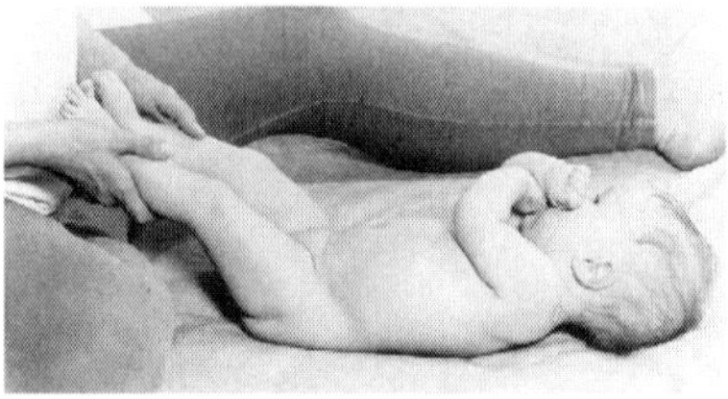

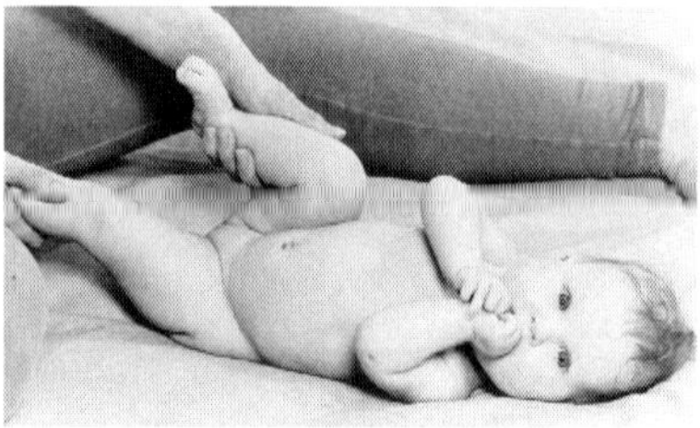

5
LA BICYCLETTE

Poussez un genou après l'autre contre le ventre puis étirez les deux jambes : genou droit, genou gauche, genou droit, étirez pour détendre.
Répétez en alternant chaque fois le genou par lequel vous commencez.

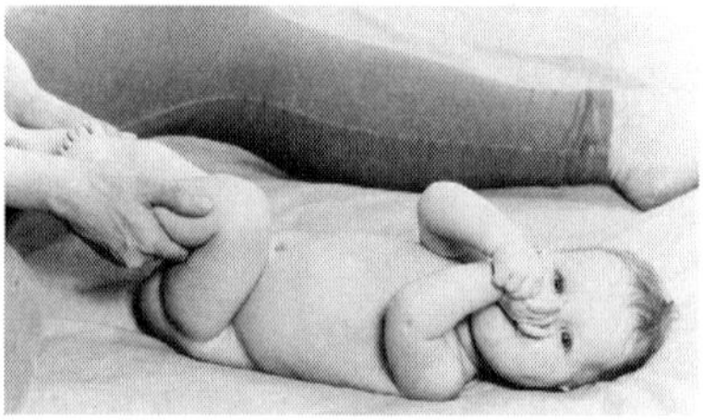

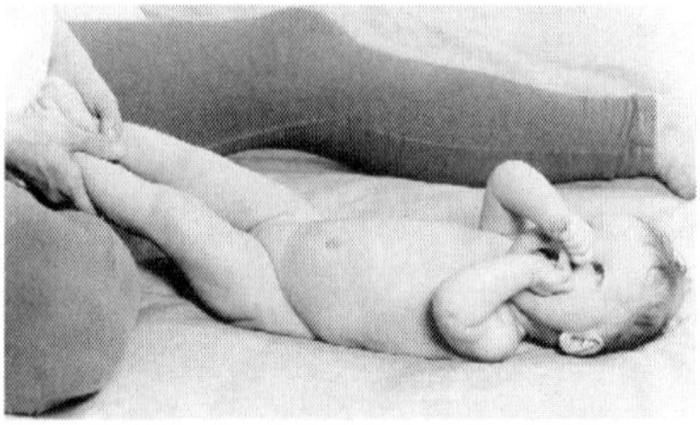

MASSAGE VERSION COURTE

Il vous arrivera de vouloir faire un massage rapide en changeant votre bébé ou juste avant de le coucher. Voici une formule abrégée qui ne demande que quelques minutes tout en satisfaisant ses besoins de communication et de détente. Ce massage peut être exécuté sans huile ni lotion.

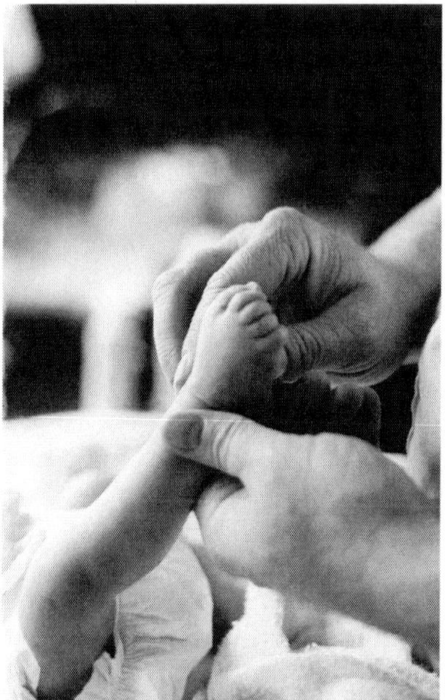

Soutenez la tête du bébé dans la coupe de vos mains.
S'il aime cela, massez la tête en petits cercles.
Livre ouvert, sur le front.
Détente de la mâchoire.
Livre ouvert sur la poitrine.
Rouler les bras ; ouvrir les mains.
Soleil et lune ou *I Love You* (Je-t'ai-me), sur le ventre.
Rouler les jambes.
Pression des pouces sur la plante des pieds.
Va-et-vient, sur le dos.
Peigner, sur le dos.

RÉCAPITULATION D'UNE SÉANCE

1. Détendez-vous et respirez en profondeur, enlevez vos bijoux, retirez les vêtements de votre bébé sauf sa couche.

2. Huilez vos mains et frottez-les l'une contre l'autre pour réchauffer l'huile.

3. Montrez vos paumes au bébé et demandez la permission de commencer le massage.

4. Jambes et pieds
   Mains posées
   Massage indien
   Câlins glissés
   Sous le pied
   Chaque orteil
   Sous les orteils
   Coussinet du talon
   Pression des pouces (sur la plante)
   Dessus du pied
   Cercles autour de la cheville
   Massage suédois
   Rouler la jambe
   Détendre le fessier
   Intégration

5. Ventre
   Mains posées
   Moulin à eau, A et B
   Pouces vers les côtés
   Le soleil et la lune
   I Love You (Je-t'ai-me)
   Marche des doigts

6. Poitrine
   Mains posées
   Livre ouvert
   Papillon
   Intégration

7. Bras et mains
   Mains posées
   Massage des aisselles
   Massage indien
   Câlins glissés
   Rouler les doigts
   Dessus de la main
   Cercles autour du poignet
   Massage suédois
   Rouler les bras
   Toucher-relaxation
   Intégration

8. Visage
   Livre ouvert sur le front
   Massage des sourcils (détente des yeux)
   Parois du nez et joues
   Sourire
   Détente de la mâchoire (petits cercles)
   Oreilles, mâchoire, menton

9. Dos
   Mains posées
   Va-et-vient (des deux mains)
   Glissade, A et B
   Petits cercles (sur le dos)
   Peigner

10. En douceur
    Bras croisés
    Bras et jambe opposée croisés
    Jambes croisées
    Genoux sur le ventre
    Bicyclette

11. Et un baiser pour grandir !

CHAPITRE 9

CRIS, NERVOSITÉ ET LANGAGE DU BÉBÉ

> Ce moment de la journée,
> C'est mon creux de la vague...
>
> Arnold Lobel

À ce stade, vous vous visualisez peut-être massant tendrement un bébé heureux d'écouter votre voix, de vous regarder dans les yeux, et peut-être même de s'endormir. Cela arrivera sans doute assez souvent et ce sera merveilleux. Mais à un moment ou à un autre d'une séance de massage, la plupart des bébés pleurent ou s'agitent. Vous serez beaucoup plus à l'aise et en mesure d'aider votre enfant si vous comprenez les causes de sa nervosité.

Parce qu'il grandit rapidement, le petit corps des bébés subit beaucoup de tensions. Les tout-petits travaillent tant à développer leur coordination musculaire que, de temps à autre, ils se sentent mal en point.

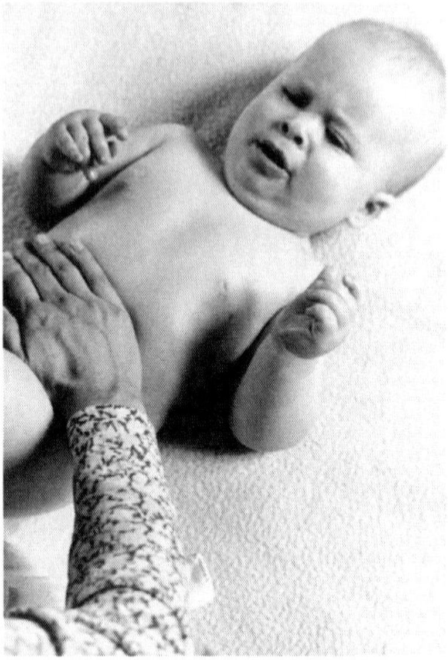

En cas de douleur, un massage peut être source à la fois de bien-être et d'inconfort. Quand on est courbaturé, le moindre contact peut être pénible ; et cependant, celui des mains est si relaxant et l'activation de la circulation dans les muscles endoloris procure un tel soulagement que les soupirs et les mimiques peuvent aussi bien témoigner d'une gêne que d'un plaisir. Un massage révèle souvent des douleurs dont on n'avait pas conscience, mais il est suivi d'un apaisement qui vaut bien de les avoir réveillées.

Le massage est une expérience nouvelle pour un tout-petit. Au début, en apprenant à exécuter les mouvements correctement, vous-même vous sentirez sans doute maladroite et tendue. Votre bébé le ressentira et ses premières réactions risquent d'être celles du mécontentement. Mais en s'habituant à votre toucher, il y prendra bientôt plaisir. Commencez donc doucement et laissez-le se familiariser peu à peu avec ces sensations nouvelles.

Les bébés dont la naissance a été difficile ou traumatisante, ceux qui ont dû subir une intervention médicale postnatale, les enfants sortant d'un orphelinat ou d'une famille d'accueil ont tendance à réagir négativement aux premiers massages ; les nouveau-nés auxquels on a prélevé du sang en leur piquant le talon crient souvent quand on leur masse les pieds, même après plusieurs mois. Si votre bébé réagit mal au massage de certaines parties du corps, recourez aux *mains posées* et au *toucher-relaxation* avant d'introduire progressivement d'autres mouvements au fur et à mesure qu'ils sont acceptés.

Le portage

Certains bébés ont besoin de passer beaucoup de temps dans les bras de leurs parents qui, aujourd'hui, peuvent satisfaire facilement ce besoin de proximité grâce à la grande variété de porte-bébés disponible. Pour les besoins d'une étude, des mères de nouveau-nés ont été réparties en deux groupes : à chaque maman du premier groupe, on a remis un transat en plastique (rigide) et à celles du deuxième groupe, un porte-bébé ventral (souple). À trois mois, les bébés du deuxième groupe regardaient plus souvent leur maman et pleuraient moins que ceux qui avaient passé la majeure partie de leur temps d'éveil dans un transat rigide. À seize mois, les bébés portés semblaient plus profondément attachés à leur mère que ceux du groupe transat. Dans les maternités, ces soins méthode « kangourou » sont devenus courants pour les bébés fragiles ou prématurés. Mais être beaucoup porté est également source d'énormes bienfaits pour les bébés nés à terme et en bonne santé. Il semble donc que les mamans de ces sociétés dites primitives qui portent leurs enfants en écharpe sachent des choses que nous ignorons ou avons oubliées.

Le porte-bébé ventral a aussi l'avantage de stimuler le système gastro-intestinal du bébé, de ralentir son rythme cardiaque, de favoriser l'efficacité du système respiratoire et de réduire la congestion. De plus, le bercement et les mouvements familiers des parents vaquant à leurs occupations quotidiennes ont un effet apaisant. Acredolo, Levy et Orlans le mentionnent dans *Attachment, Trauma and Healing* (Attachement, traumatisme et guérison) : « Les bébés tenus cœur contre cœur par un parent ou substitut parental synchronisent leur rythme cardiaque avec le sien. »

Les porte-bébés rassurent les petits en leur permettant de rester au chaud, de sentir et d'écouter les battements du cœur de leur parent. Il est prouvé qu'ils stimulent leur appétit et par conséquent leur prise de poids, régulent leur sommeil et leur respiration et réduisent de moitié la durée de leurs cris.

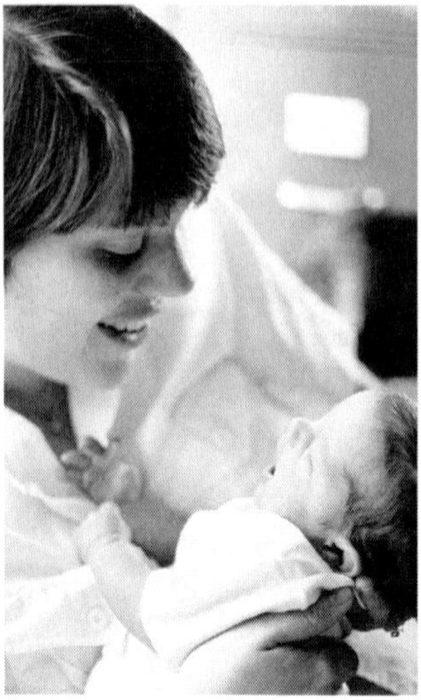

Les signaux du bébé

Votre bébé n'a pas encore appris à parler et déjà il a beaucoup à dire. Il recourt donc à un langage corporel, aux pleurs, aux roucoulades et autres sons pour communiquer avec vous. Soyez attentive à ces signaux. Votre bébé vous enseigne sa façon d'exprimer ce qu'il veut vous faire entendre. Dans leur excellent livre *Baby Signs : How to Talk with Your Baby Before Your Baby Can Talk* (Le langage des signes pour bébés : comment parler avec votre bébé avant qu'il ne parle), les docteurs Linda Acredolo et Susan Goodwyn soulignent cette tendance des bébés à « signifier » avant de savoir parler. Elles expliquent qu'ils inventent des signes pour désigner les objets et exprimer leurs sensations et les enseignent à leurs parents. Si ces derniers les repèrent, ils peuvent les utiliser en associant à chacun un terme précis, de sorte que lorsque Bébé est « mûr » pour la parole, le mot lui vient facilement. Petit à petit, les parents peuvent aussi lui apprendre d'autres signes en lui montrant un objet qu'ils nomment, l'aidant ainsi à développer son langage avant qu'il ne maîtrise la parole. Un bébé d'un an, par exemple, peut ouvrir et fermer ses deux mains pour signifier *livre*.

Cette façon de « parler » a son importance dans le rituel du massage. Le léger bruit glissant de l'huile quand vous vous frottez les mains prend peu à peu la signification de *massage* ; et demander la permission à votre bébé l'informe que vous le lui proposez. Stressé par un excès de stimulation, il vous l'indiquera par un signe, par exemple en levant une main devant son visage pour faire comprendre qu'il a besoin d'une pause. Le hoquet peut être signe de stress ; le fait qu'il promène son regard à la ronde avec nervosité peut signaler qu'il a besoin d'être tenu, réconforté ou bercé pour rassembler ses énergies et se calmer (voir plus loin le paragraphe « Nervosité »).

Je vous suggère, pour commencer, d'apprendre à votre bébé des signes indiquant *massage*, *non*, *relaxe* (secouez doucement sa petite main en répétant *reee-laaa-xeee*) ; des signes pour les différentes parties du corps ; des signes pour *heureux*, *triste*, *fâché* ; et un signe pour *C'est fini*. Acredolo et Goodwyn observent qu'en général, ces messages ne fonctionnent que lorsque le bébé a au minimum neuf mois. Mais d'autres spécialistes ont constaté que même les prématurés donnaient des « signaux d'alarme » sur leur état et leurs besoins. Au fil des massages quotidiens, vous découvrirez les signaux personnels de votre bébé : tous les petits n'expriment pas la même chose en levant les mains, en détournant leur regard ou en ayant le hoquet. Laissez votre bébé vous apprendre ce qu'il signifie par tel ou tel geste de son propre langage corporel. Au cours d'un massage, il traversera souvent une brève période d'agitation pendant laquelle il se libérera de son stress pour prendre ensuite plaisir au reste de la séance. Le principe consiste simplement à découvrir ses modes personnels d'expression et à associer des termes précis à ses gestes : quand il sera prêt à parler, il saura exactement quels mots employer.

Les stades de la croissance

Les divers mouvements de massage suscitent des réactions différentes chez les bébés en fonction de leur âge et de leur degré de développement. Chaque enfant est unique, mais connaître les réactions les plus fréquentes peut vous permettre d'adapter vos gestes à celles de votre bébé. Rappelez-vous que sa croissance rapide peut le rendre nerveux, irritable et provoquer des tensions qui seront apaisées par un massage tendre et attentif.

Au cours de ses trois premiers mois, le nourrisson manifeste encore des réflexes néonataux : allongé sur le dos, il tourne la tête de côté ; quand elle n'est pas soutenue, le réflexe de Moro le fait sursauter. Installez-le dans un « cocon » (au creux d'un oreiller, entre vos jambes à demi repliées) pour le garder au chaud et maintenir sa tête dans l'alignement du rachis, favorisant ainsi le contact visuel avec vous. Beaucoup de bébés deviennent nerveux quand on leur masse les bras, qu'ils gardent repliés avec les poings fermés. Si votre bébé pousse ce réflexe à l'extrême, pratiquez le *toucher-relaxation* pour l'aider à se détendre avant de commencer le massage. Observez-le bien et vous verrez à quel point il s'efforce de coordonner ses bras. Dans votre ventre, ils ont été ramenés sur sa poitrine pendant des mois et les sentir écartés est sans doute très inquiétant pour lui. D'autant plus que les bras pourraient être biologiquement programmés pour protéger les organes vitaux situés dans la poitrine. Montrez-lui que les ouvrir ne lui fait courir aucun risque. Au début, Bébé exerce ses bras lorsqu'il est sur le ventre et tente de lever les yeux vers le haut. Touchez ses bras et caressez-les doucement dans le sens où il les tient naturellement repliés. Pendant ces trois premiers mois, il prendra sans doute plaisir au massage des jambes et du dos et cette sensation l'aidera à détendre progressivement ses bras.

Au cours des trois mois suivants, la plupart des bébés commencent à explorer leur environnement par le regard et à s'intéresser à leur rapport aux autres. Ils apprennent à se retourner. Si votre bébé change de position pendant le massage, laissez-le faire et adaptez simplement votre routine en lui massant le dos ou les jambes selon la posture qu'il a adoptée. Son dos aussi peut être contracté parce qu'il mobilise les muscles qui lui serviront à ramper puis à marcher. Le visage peut également être le siège de tensions dues à la succion, aux pleurs, à la poussée des dents et à l'intense interaction avec leur entourage. À ce stade, beaucoup de bébés apprécient les massages de l'estomac, de la poitrine et des bras.

De sept à douze mois, les bébés sont tellement axés sur l'apprentissage de la motricité que le massage s'apparente parfois à un défi : il est alors moins une expérience relaxante qu'une activité d'éveil ou un rituel sécurisant avant le coucher. Si votre bébé bouge beaucoup, inventez des mouvements propres à transformer en jeu la séance de massage. À cet âge, les comptines, les chansons, les jeux de mains et les contes peuvent vous aider à retenir son attention.

Vers la fin de la première année, la tension peut se porter sur les jambes du bébé qui apprend à se tenir debout et à marcher. Cette étape est particulièrement fatigante et certains bébés refusent purement et simplement d'être massés. La poussée des dents et l'apprentissage de la marche accaparent toute leur attention. Ils se montrent parfois très agités et coléreux tant qu'ils n'ont pas maîtrisé l'art de marcher et que leurs premières dents ne sont pas sorties. Puis ils se calment un peu après avoir réalisé ces gigantesques accomplissements. Nous examinerons en détail dans le chapitre 13 les aménagements à apporter aux massages au fur et à mesure que les bébés grandissent.

La nervosité

Certains bébés ont besoin de temps pour s'accoutumer aux massages, qui les rendent nerveux en l'espace de quelques minutes. Dans ce cas, respirez à fond, décontractez-vous et laissez Bébé s'agiter un peu. Souvent, la pression se dissipe au fil de la séance qui le détend, améliore son humeur et le prépare à un sommeil plus profond. En se libérant de ses tensions, le bébé élève son seuil de tolérance à la stimulation et sa nervosité s'atténue.

S'il montre régulièrement de la nervosité à un moment particulier du massage, c'est sans doute qu'il a besoin d'une pause ou, pour un certain temps, d'une séance plus courte. Interrompez-vous pour l'allaiter ou le cajoler avant de recommencer. Si sa nervosité persiste, envisagez de le masser moins longtemps, de commencer par une autre partie du corps, ou de choisir un autre moment de la journée. Assurez-vous qu'il a bien chaud et que vous-même êtes suffisamment à l'aise et détendue. Écoutez attentivement ce qu'il essaie d'exprimer par son agitation : peut-être veut-il vous parler de sa journée ! Vérifiez s'il a des gaz ou des coliques (cf. chapitre 10) et écoutez, écoutez, écoutez : votre bébé a beaucoup à dire et il a besoin d'être entendu.

Quand Bébé est « désorganisé »

Un bébé peut être nerveux par excès de stimulation, parce qu'il est stressé, fatigué, incapable de rassembler ses énergies, de se reposer ou de s'endormir. Les mamans du monde entier ont inventé des moyens pour ces phases de « désorganisation » : le tenir dans sa position préférée en le berçant, en marchant, lui donner un bain chaud. Certains parents lui font même faire un tour en voiture !

La méthode que j'ai vu employer le plus souvent en Inde est celle que j'ai trouvée la plus efficace avec mes enfants et ceux de mes classes. Je l'appelle le « trot indien ». Elle est très simple.

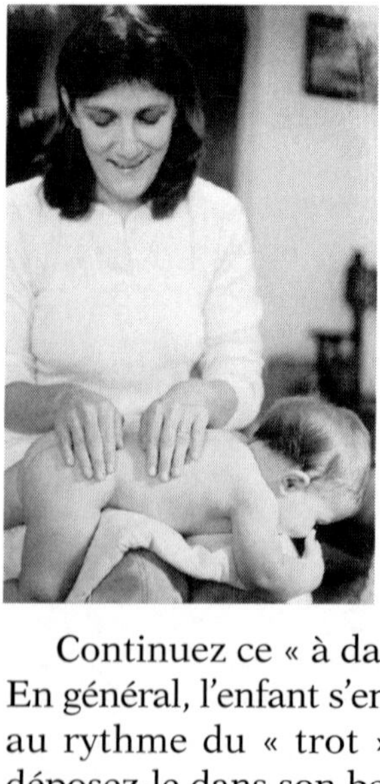

TROT INDIEN. Asseyez-vous, les jambes légèrement écartées, le bébé allongé sur le ventre en travers de vos cuisses. Son cou étant fragile, assurez-vous que sa tête est soutenue, une joue reposant sur la couverture pliée sur vos genoux. Appliquez d'abord vos mains chaudes et détendues sur son dos. Puis, sur un rythme très régulier, faites-le *lentement* tressauter sur vos genoux en tapotant doucement son dos de vos mains incurvées.

Continuez ce « à dada » pendant environ cinq minutes. En général, l'enfant s'endort ou cesse de s'agiter et se détend au rythme du « trot ». Quand il a retrouvé son calme, déposez-le dans son berceau. En voyageant par le train en Inde, j'ai souvent observé des groupes de mamans tapotant et faisant ainsi « trotter » leur bébé sur leurs genoux en conversant entre elles. Tout le monde semblait satisfait ! À l'hôpital où j'ai travaillé, de même qu'à l'hôpital pour enfants de Mère Teresa, on employait aussi cette méthode ainsi que l'emmaillotement pour apaiser les bébés dont les énergies semblaient dispersées et incontrôlables.

Les pleurs

On m'a un jour demandé de faire une démonstration de massage des bébés pour un spot télévisé. Alors que nous nous hâtions vers le plateau, l'hôtesse m'a déclaré : « J'ai entendu dire que vous étiez capable de faire cesser les pleurs d'un bébé en dix secondes avec un massage. J'espère que vous pourrez nous montrer cela aujourd'hui. »

L'adorable bébé avec qui je venais d'entretenir toute une conversation jeta un œil sur l'hôtesse et se mit à hurler. Je n'ai pas fait de démonstration, estimant que recourir à un « truc » pour le calmer serait trahir son corps et ses émotions. L'hôtesse en conclut que le « truc » ne marchait pas. Elle avait raison. En tant que « truc », le massage ne marche pas. Malheureusement, comme elle, beaucoup de gens pensent que les bébés devraient être vus et non entendus.

Pourtant, en dehors des pleurs, ils disposent de peu de moyens pour exprimer leur déplaisir, leur mal-être et se libérer du stress qu'ils accumulent. En grandissant, nous apprenons diverses façons de gérer la colère, la peur, la douleur et l'excès d'énergie. Nos expressions de visage, notre langage corporel et nos paroles nous aident à communiquer nos sentiments. Quand les tensions s'accumulent, nous pouvons en parler à un parent, un ami, aller faire un tour ou prendre des vacances. Il nous arrive parfois de pleurer, même quand nous sommes en bonne santé, mais nous le faisons rarement en public. Nous avons tendance à penser que « cela ne se fait pas » et que c'est un signe de faiblesse : c'est une de nos premières leçons.

Les bébés manipulent-ils leurs parents ?

La mode du « Ne pas gâter Bébé » date du début du vingtième siècle. L'opinion qui a prévalu à cette époque préconisait de le laisser crier seul dans son coin jusqu'à épuisement, sous prétexte que les bébés pleurent pour manipuler leurs parents et les amener à satisfaire leurs caprices – ce qui est signe de mauvais caractère. Réagir promptement ne pouvait qu'aboutir à rendre les enfants exigeants et mal élevés, à en faire de futurs tyrans. Pour prévenir ce fléau et les rendre autonomes au plus tôt, il suffisait de les laisser hurler jusqu'à ce qu'ils s'endorment. Cette attitude a été contestée à maintes reprises. Les besoins des tout-petits sont réels et quand ils crient, ils ont une raison de le faire. Ils ne disposent pas d'une sophistication intellectuelle suffisante pour « manipuler » leurs parents.

Dans les années 1970, un mouvement contraire s'est développé. Les femmes ont recommencé à allaiter; les porte-bébés dorsaux et ventraux et les poussettes pliantes se sont répandus et les pédiatres ont encouragé les parents à interagir davantage avec leurs bébés et à répondre plus vite à leurs besoins. Les recherches conduites dans ce domaine nous ont appris qu'ils pleuraient d'autant moins et par la suite, tendaient à être d'autant plus indépendants que l'on avait réagi plus rapidement à leurs cris et non l'inverse. Avec le développement des communications, les Occidentaux se sont intéressés davantage aux cultures non encore atteintes par la pensée moderne.

Malheureusement pour les Occidentaux, leur bon sens a été bien entamé ! Les mamans qui auraient laissé naguère hurler leur bébé tandis qu'elles s'inquiétaient et se culpabilisaient dans la pièce d'à côté se précipitent maintenant au moindre murmure, mais une chose demeure : l'obsession de faire cesser les cris du bébé ou de lui ôter toute occasion d'en faire entendre.

Aujourd'hui, le pendule est reparti dans l'autre sens et beaucoup de gens pensent à nouveau qu'en les dorlotant trop on gâte les bébés, qui doivent être élevés de manière à ne pas déranger leurs parents. Où que nous en soyons de ces fluctuations, les raisons pour lesquelles les bébés crient continuent de nous échapper.

À un moment ou un autre, nous avons tous besoin de crier ou de pleurer. C'est une libération, et le fait de s'épancher dans les bras de quelqu'un d'autre l'est plus encore. Je crois que les sentiments des bébés sont aussi profonds que les nôtres, que leurs peurs, leurs chagrins et leurs frustrations ne le sont pas moins. Pour avoir observé des centaines de bébés dans mes classes et dans le monde entier, je sais que crier est pour eux un soulagement et une libération.

Ayant grandi sous le diktat de « ne pas gâter les bébés », nous sommes nombreux à avoir des sentiments partagés à l'égard des cris et des larmes. Nous nous angoissons, nous nous raidissons et voulons qu'ils cessent immédiatement. Les cris déclenchent en nous des craintes qui évoquent sans doute l'angoisse, la peur et la colère que nous avons pu ressentir en hurlant seuls dans notre berceau sans recevoir aucune attention. Ils peuvent aussi engendrer de la culpabilité : si mon bébé pleure, est-ce parce que je suis une mauvaise mère ?

Notre culture renforce souvent ces sentiments négatifs. Nombreux sont ceux qui deviennent très nerveux dès qu'un bébé produit le moindre son et fusillent ses parents de regards accusateurs. Gênés, ceux-ci réagissent souvent en donnant au bébé des baisers bruyants, présentent leurs excuses et fuient vers la sécurité de leur domicile. Le manque de soutien, les exigences de l'économie, les critères sociaux qui ne favorisent pas la formation des liens affectifs familiaux engendrent chez la plupart des nouveaux parents des niveaux élevés de stress, quelle que soit leur conception de la bonne façon d'élever un bébé. Quelle mère n'a jamais été excédée par les cris de son bébé ou n'a jamais redouté de perdre le contrôle d'elle-même, de le secouer, de hurler quand il criait ? Lorsque ces sentiments vous submergent, demandez si possible à votre partenaire de prendre en charge le nourrisson et accordez-vous cinq ou dix minutes de respiration abdominale relaxante dans un endroit tranquille pour relâcher la pression. Si vous luttez contre les larmes, ne luttez plus, pleurez. Quand mes enfants étaient petits, nous avons parfois arpenté le séjour, mère et bébé pleurant ensemble, pour nous libérer de notre souffrance et de notre frustration. Nous devrions tous commencer par accepter les cris et les larmes comme un des moyens dont nous autres humains disposons pour laver notre cœur du stress et des émotions négatives. Il est parfois bon de pleurer ou crier pour finalement lâcher prise et laisser venir le soulagement, en particulier quand famille et amis nous permettent d'exprimer nos sentiments et nous aiment et nous respectent davantage de l'avoir fait.

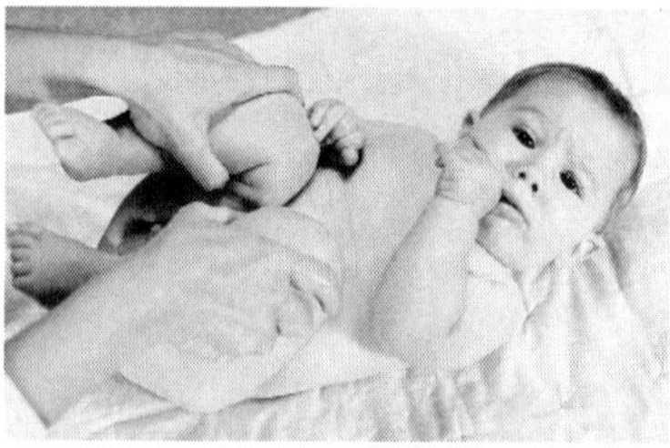

Comme nous tous, les bébés ont diverses raisons de crier. Malheureusement, nous avons perdu la capacité de comprendre intuitivement leurs pensées et leurs sentiments. En général, nous sommes capables d'identifier un cri de douleur, mais notre interprétation de tous les autres types de pleurs ou de plaintes passe par le filtre de nos propres insécurités et de nos projections. Il est certes plus facile d'adhérer à une théorie mécaniste selon laquelle tous les cris sont identiques et méritent la même réaction : on les ignore ou on les réduit au silence. Mais les bébés ne s'intéressent pas aux théories et ne sont pas censés assurer le confort de leurs parents. Pour faire leur chemin dans ce monde inconnu, ils ont besoin d'adultes équilibrés, au comportement cohérent. Un massage quotidien peut vous aider à comprendre intuitivement les sons émis par votre bébé parce qu'il vous permet de rester – littéralement – en contact avec son langage corporel, avec ses signaux non verbaux et ses différentes sortes de cris.

L'écoute active et compréhensive d'un bébé ne diffère guère de celle qu'on accorde à un enfant plus âgé ou un adulte : elle exige un amour réel, de l'empathie et le respect de ses sentiments. Ce qui nous la rend si difficile est que dans notre petite enfance, nos propres frustrations et nos sentiments n'ont pas toujours été entendus. Au lieu d'écouter réellement ce que notre bébé nous dit par ses cris, nous l'entendons à travers l'écran de notre propre enfant intérieur. Notre pulsion irrésistible est de faire taire *ce bébé-là*. Nous réduisons nos enfants au silence comme nous l'avons été nous-mêmes.

Des recherches ont régulièrement démontré qu'en grandissant, les bébés auxquels on réagissait rapidement – non en les faisant taire mais en leur manifestant écoute et attention – pleuraient moins souvent et moins longtemps. Les cris libèrent des hormones qui réduisent les tensions et l'excitation. Ils n'expriment pas seulement la douleur ou le mal-être, mais semblent constituer un mécanisme inné de gestion du stress et de guérison. Les cris et les pleurs qui sont acceptés et traités avec amour par une écoute paisible peuvent permettre aux bébés de réguler leurs niveaux de stress et de devenir des enfants et des adultes plus sereins et détendus.

Comment écouter un bébé

Quand votre bébé commence à émettre des sons, à s'impatienter ou à crier pendant un massage, réagissez en trois étapes. Tout d'abord, respirez à fond, lentement, amplement et détendez-vous entièrement. Vous éviterez ainsi la réaction automatique de contraction qui nous coupe le souffle.

Puis, mettez un instant de côté votre *enfant intérieur*. Vous devez en faire abstraction pour entendre réellement *ce bébé-là* et réaliser qu'il a *ses* propres raisons de crier. Enfin, nouez si possible un contact visuel avec lui. S'il le fuit, établissez un contact tactile en appliquant doucement mais fermement les mains sur son corps. À travers elles et par votre voix, votre regard, exprimez votre amour et votre désir d'entendre ce qu'il a à vous dire.

Restez *avec* lui, détendue et réceptive. Écoutez-le et répondez-lui en observant son langage corporel, l'expression de sa bouche et de ses yeux. Quand vous êtes sûre qu'il s'est senti entendu et qu'il a dit à peu près tout ce qu'il avait besoin d'exprimer, offrez-lui le réconfort de vos bras en le berçant, en marchant, en le câlinant pour l'aider à se recentrer. Invariablement, un bébé ainsi entendu aura ensuite un sommeil plus profond et fera plus facilement confiance la fois suivante.

En écoutant réellement nos bébés, nous satisfaisons tous leurs besoins psychologiques. Le message sous-jacent est : *Tu mérites le respect et je t'aime tel que tu es*. Ce message est intériorisé et le bébé se relaxe tout entier. Son cœur en est comblé et en grandissant, il éprouvera le besoin de partager cet amour avec autrui. Comment ? En imitant le modèle que vous lui avez transmis. Il sera présent pour les autres comme vous l'avez été pour lui. Un cycle magnifique !

10

MALADIES BÉNIGNES ET COLIQUES

> Une maman peut-elle sans broncher entendre
> Un bébé qui pleure, un bébé effrayé ?
> Non, non ! jamais ce ne sera !
> Jamais, jamais cela ne pourrait être !
>
> William Blake

Un massage peut réconforter un bébé malade mais il peut aussi soulager la douleur, atténuer la fièvre et améliorer une respiration laborieuse. Comme toujours lorsque la santé de votre enfant semble altérée, consultez le pédiatre avant de recourir aux massages.

La fièvre

Pour faire baisser la fièvre, pratiquez des mouvements de base. Utilisez de l'eau à peine tiède et en dehors de la partie que vous massez, gardez votre bébé bien couvert. Travaillez de la poitrine vers les extrémités. Trempez les mains dans l'eau chaude et massez-le par des petits mouvements légers et rapides. Le principe consiste à faire monter la fièvre à la surface de la peau que l'eau rafraîchit en s'évaporant. Et consultez votre médecin : la méthode ci-dessus m'avait été conseillée par le pédiatre pour les otites de mon fils.

Congestion thoracique

Employez une autre méthode pour soulager la congestion des poumons ou des bronches. Massez d'abord la poitrine avec une huile naturelle additionnée d'une goutte d'extrait d'eucalyptus ou de menthol. Allongez le bébé la tête légèrement plus bas que les pieds. Avec le bouchon en plastique souple et propre d'une bouteille de sirop (à bords arrondis), pressez et relâchez doucement sur toute la poitrine. La légère succion exercée par le bouchon attire hors des poumons le mucus qui peut être expectoré. Un humidificateur dans la chambre de Bébé peut également être utile, à condition qu'il soit rigoureusement aseptisé et n'introduise pas de bactéries nuisibles dans la pièce. Cette méthode convient pour le rhume, la bronchite, mais là encore, consultez votre pédiatre.

Congestion nasale

Préparez un mouche-bébé (disponible en pharmacie), un compte-gouttes, un flacon de sérum physiologique et des mouchoirs. Massez le visage, en particulier les sinus pour détendre toute cette région, y activer la circulation sanguine et détacher le mucus. Avec le compte-gouttes, mettez quelques gouttes de sérum physiologique (à température ambiante) dans chaque narine. Il existe plusieurs types de mouche-bébé comportant soit un embout, soit une poire à comprimer et relâcher pour aspirer le mucus. Quel que soit le modèle, maniez-le avec délicatesse après avoir bien lu le mode d'emploi. L'utilisation de l'embout présente moins de risques que celui de la poire : relâchée d'un coup, celle-ci provoque une aspiration brutale et douloureuse qui ne manquera pas de faire hurler votre bébé. De toute manière, il n'appréciera guère cette opération ; mais elle est nécessaire si l'obstruction nasale l'empêche de téter et préférable aux médicaments : les anticorps du bébé lutteront contre le rhume ou la bronchite et s'opposeront plus efficacement aux éventuelles attaques virales ultérieures. Quand vous aurez terminé, réconfortez votre bébé et donnez-lui sa tétée. Après usage, nettoyez et stérilisez le mouche-bébé dans de l'eau bouillante.

Gaz intestinaux et coliques

Les bébés crient souvent parce qu'ils sont incommodés par des gaz, fatigués ou perturbés. Les véritables douleurs dues aux gaz intestinaux sont fréquentes. Le système gastro-intestinal des bébés est immature à la naissance. Le type de stimulation qu'apportent les massages améliore son fonctionnement.

On s'interroge depuis des années sur les *coliques* et sur leurs causes. On emploie souvent ce terme quand un bébé pleure beaucoup. Je préfère le réserver aux périodes de cris régulières, fréquentes, prolongées et témoignant d'évidentes douleurs abdominales : le bébé se tord et se raidit, son ventre est tendu et il tolère difficilement quelque stimulation que ce soit. Lorsqu'il s'agit de gaz intestinaux, il est moins gravement perturbé : il crie souvent, replie ses jambes, semble avoir mal au ventre et de temps à autre, libère de brèves salves de gaz. Il se calme souvent quand on le porte en marchant ou quand on le berce. Ces pratiques n'apaisent pas nécessairement un bébé qui souffre de véritables coliques.

J'ai travaillé avec des pédiatres spécialisés dans ce type de problème. Accablés par les cris, le manque de sommeil, un sentiment d'impuissance et d'incompétence, les parents déclaraient souvent : « Mon bébé ne m'aime pas ! » ou « Je ne suis tout simplement pas un bon parent, je suis incapable de le calmer. » Ils étaient comme étrangers à leur bébé, au lieu de communiquer avec lui. Mais dès que je leur expliquais le fonctionnement de son système digestif et comment les massages pouvaient détendre la région abdominale et libérer les gaz, ils cessaient de se sentir coupables. Je leur apprenais d'abord à se détendre eux-mêmes et pratiquement toutes les familles que j'ai aidées ont obtenu des résultats remarquables en l'espace de deux semaines.

En maîtrisant la routine quotidienne du massage et en constatant ses effets bénéfiques – leur bébé évacuait ses gaz pendant la séance ou peu après, commençait à crier moins et à dormir plus longtemps – les parents se sentaient plus compétents, ils percevaient leur bébé sous un angle plus positif et un lien étroit naissait entre eux.

Qu'il ait simplement des gaz ou de véritables coliques, n'importe quel bébé peut être soulagé par un massage qui stimule son système digestif et l'aide à éliminer un stress accumulé. De plus, le *toucher-relaxation* et les *mains posées* lui apprennent à se détendre.

Le massage « anti-coliques »

Essayez d'abord de vous décontracter. Un bébé en coliques ou gêné par des gaz constitue un défi pour un parent et un surcroît de stress. Rappelez-vous que vous n'êtes pas coupable de sa souffrance mais que vous pouvez la soulager. En écoutant ses cris, respectez ses sentiments et aidez-le à traverser ces épisodes douloureux.

Plutôt que de suivre la séance décrite dans le chapitre 8, massez votre bébé deux fois par jour pendant deux semaines comme suggéré ci-après. Autrement dit, s'il a besoin de ce type de massage biquotidien pendant deux semaines parce qu'il souffre de véritables coliques, ne procédez au massage standard qu'*après* la fin de cette période. Ainsi il n'associera pas les séances régulières à la gêne éprouvée pendant la période des massages « anti-coliques ».

En effectuant ces derniers, n'oubliez pas de compter les mouvements et de maintenir les genoux du bébé contre son ventre. Favorisez la détente du bébé à l'aide du *toucher-relaxation*, de votre voix, de vos mains et de légers tapotements, en le berçant de façon cadencée et en le faisant sauter doucement sur vos genoux jusqu'à ce qu'il se décontracte. Avec la posture genoux relevés, soyez ferme sans trop comprimer le ventre afin de ne pas couper sa respiration.

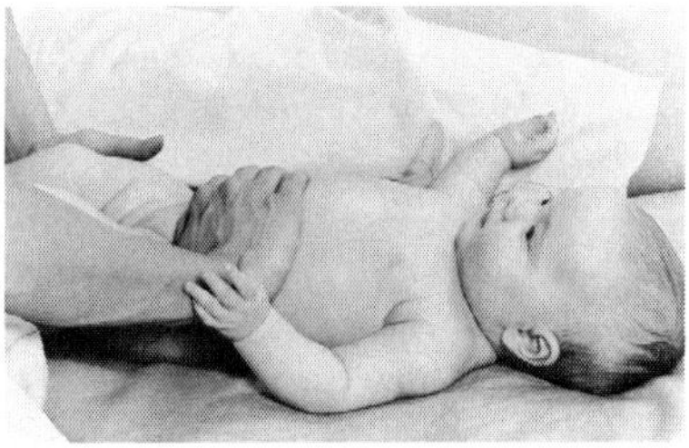

1

MAINS POSÉES

Détendez-vous totalement et posez vos mains (chaudes) sur le ventre de votre bébé, même s'il crie et s'agite.

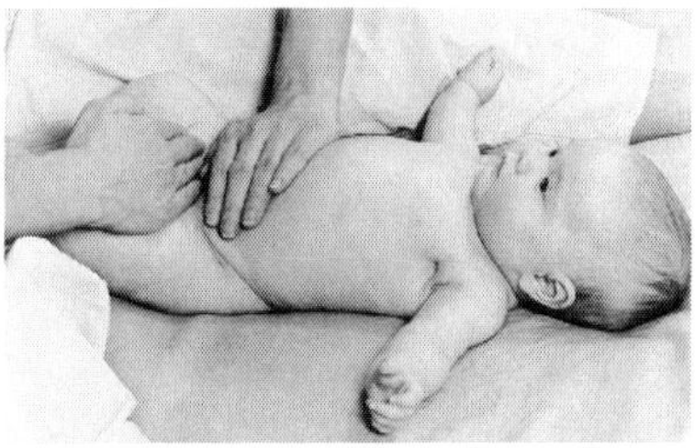

2

LE MOULIN À EAU - A

(jambes allongées)

Faites ce mouvement six fois en ramenant vers vous une main après l'autre (cf. p. 97).

3
GENOUX SUR LE VENTRE

Poussez les deux genoux joints puis maintenez-les contre le ventre en comptant jusqu'à 6 (cf. p. 126).

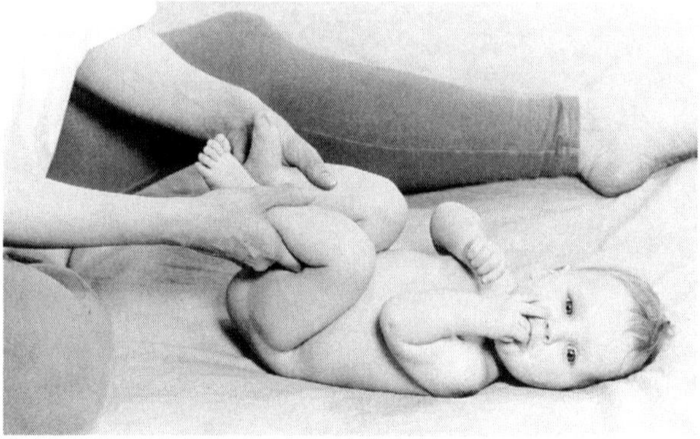

4
TOUCHER-RELAXATION

Relâchez doucement la pression sur le ventre, allongez les jambes du bébé en glissant vos mains jusqu'aux chevilles et recourez au *toucher-relaxation* (cf. p. 111) pour l'encourager à se détendre.

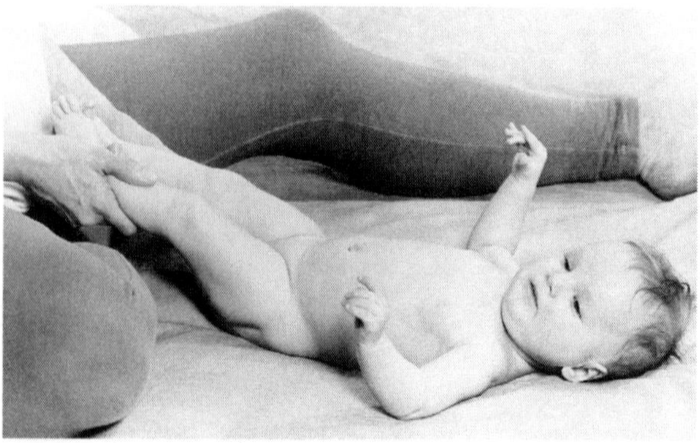

5
LE SOLEIL ET LA LUNE

Effectuez ce massage six fois
une main après l'autre (cf. p. 100).

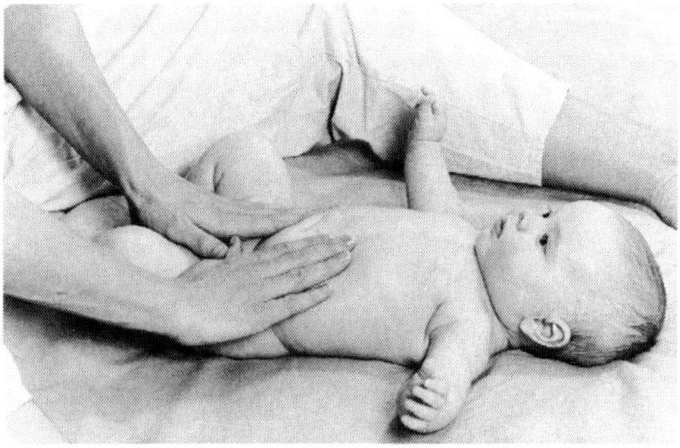

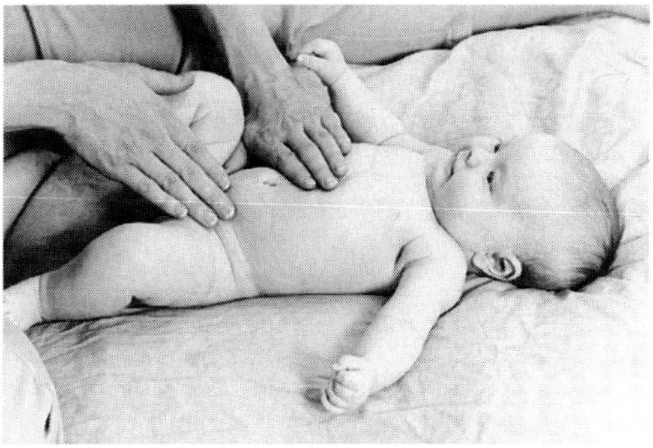

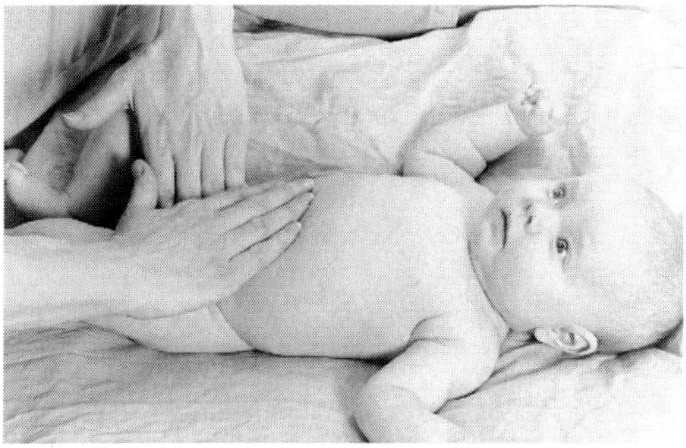

6
GENOUX SUR LE VENTRE

Poussez les deux genoux joints
puis maintenez-les contre l'estomac
en comptant jusqu'à 6.

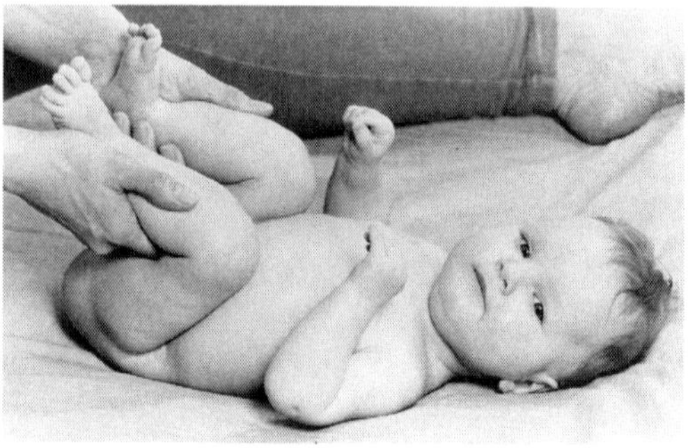

7
TOUCHER-RELAXATION

Relâchez doucement la pression sur l'estomac,
allongez les jambes du bébé en glissant vos mains
jusqu'aux chevilles et recourez au *toucher-relaxation*
pour l'encourager à se détendre.

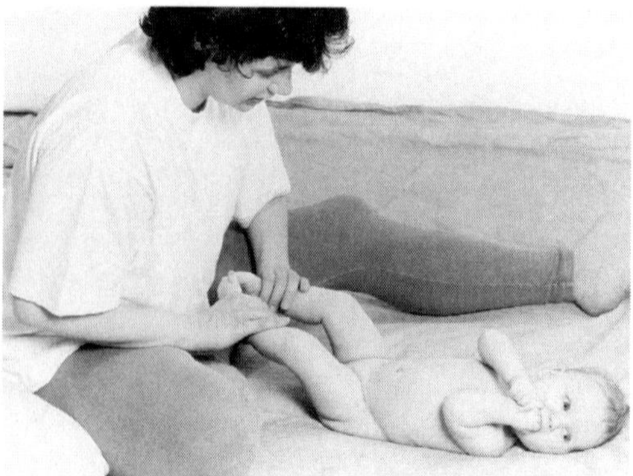

Répétez trois fois ce cycle (de 1 à 7). Que votre bébé évacue ses gaz au premier essai ou qu'il vous faille persévérer plusieurs jours de suite, peu à peu, son système gastro-intestinal fonctionnera mieux, les gaz seront libérés plus vite et un bref massage suffira à le soulager. Tous les bébés ne réagissent pas de la même manière, d'autres facteurs limitant parfois l'efficacité du massage. Quoi qu'il en soit, beaucoup de pédiatres invitent aujourd'hui les parents à remédier sans médicaments aux coliques graves ou légères en consultant un spécialiste du massage des bébés.

Penny, maman du petit Matthieu, était à bout de forces quand le pédiatre lui a recommandé d'essayer les massages. C'est alors qu'elle m'a consultée. Lors de notre première rencontre, la maman et son bébé de trois mois étaient tellement stressés que la communication entre eux était inexistante. Elle me relata par la suite comment la situation avait évolué : « Les coliques ont continué pendant quinze jours. Puis elles ont disparu totalement en quelques semaines. J'ai maintenant un bébé agréable ; il me fait confiance et nous sommes beaucoup plus détendus. » En effet, ils se regardent dans les yeux, jouent ensemble et Matthieu commence à prendre un réel plaisir au massage. Même quand il arrive à Penny de recourir au cycle anti-coliques, il semble savoir comment coopérer, évacue des gaz avec chaque mouvement et réagit très bien au *toucher-relaxation*.

Les bains chauds, les suppositoires glycérinés et des modifications apportées à l'alimentation du bébé peuvent aussi être utiles. Si vous allaitez, supprimez tous les excitants (comme le chocolat, la caféine), les tomates, les féculents et les légumes provoquant des flatulences. Les coliques sont parfois causées par des allergies – au lait, au soja, au blé. Essayez d'éliminer de votre alimentation les produits qui en comportent, un par un ou tous à la fois, pour découvrir si leur suppression entraîne un changement.

Voir souffrir un tout-petit est très pénible, physiquement et émotionnellement. « Pouvoir masser mon bébé et l'aider à se relaxer m'a permis de me détendre et de trouver la paix de l'esprit, déclare Mary, maman d'un bébé de dix-huit mois.

J'ai commencé quand il avait quinze jours et souffrait de violentes coliques. Je massais Michael quand il se réveillait en criant au milieu de la nuit. Au bout d'une semaine, il se détendait dès que je commençais le massage, se calmait, évacuait ses gaz et s'endormait souvent avant que je termine le cycle. J'étais si heureuse de pouvoir le soulager, pour ne rien dire des heures de sommeil retrouvées ! Même maintenant, s'il est tendu ou se sent mal en point, je peux lui parler, le masser un peu et il se décontracte. Sans ce moyen, je n'aurais jamais su que faire pour lui. Sa petite enfance aurait été un désastre pour nous deux. »

Mon propre bébé avait de sérieuses coliques dès sa naissance. C'est à ce moment que j'ai mis au point le massage « anti-coliques » en adaptant des techniques de yoga avec les conseils d'un spécialiste du massage des bébés. En deux semaines, les coliques du bébé se calmèrent mais mon fils n'oublia pas le remède. Quand il fut en mesure de parler, il réclamait ses massages lorsqu'il était incommodé par des gaz et il remontait de lui-même ses genoux contre son ventre entre les différents mouvements de la séance ! D'ailleurs ce mouvement est également efficace pour les adultes. Les pratiquants du yoga utilisent une posture similaire le matin au réveil. Elle tonifie le système digestif et régularise les fonctions gastro-intestinales.

Le stress provoqué par un bébé souffrant de coliques est tel qu'il est normal d'être envahi par le découragement et de se sentir déprimé. Mais tout être qui souffre se sent mieux quand il est soigné et cajolé avec amour. Votre bébé ne fait pas exception. Le massage est un moyen de le soulager et par là même d'accroître votre confiance en vous et votre propre estime. Vous n'en serez qu'un meilleur parent. Votre bébé éprouvera un sentiment plus profond de sécurité : il pleurera moins, dormira mieux et s'attachera à vous plus profondément. Tout cela vaut bien d'essayer.

CHAPITRE 11

VOTRE BÉBÉ PRÉMATURÉ

> Faisons semblant, Maman, de voyager
> À travers un étrange
> Et dangereux pays.
>
> Rabindranath Tagore

Nous savons à quel point il est important de serrer son bébé dans ses bras dès la naissance. La plupart des futures mamans comptent bien faire en sorte qu'au cours des premières heures et semaines de la vie de leur enfant, rien n'interfère avec l'éclosion du lien affectif.

Quand un bébé vient au monde longtemps avant la date prévue, les meilleurs plans s'effondrent. L'accueil joyeux, tranquille et chaleureux auquel on se préparait est violemment remplacé par une brutale effervescence que l'on n'imaginait pas : celle-ci est inévitable car elle a pour

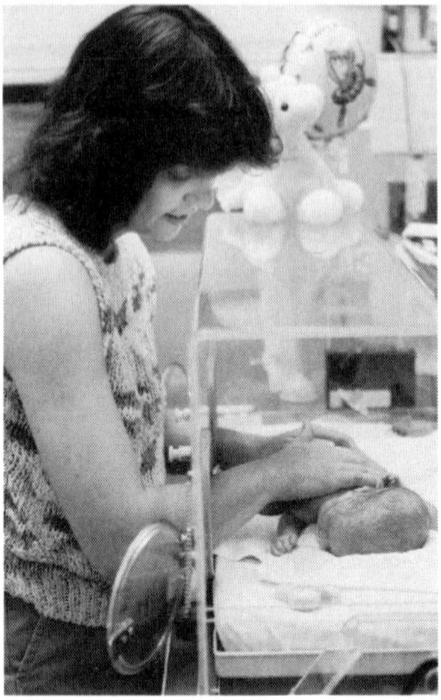

but d'assurer la survie de l'enfant, mais elle engendre en même temps une gamme terrible de réactions et de sentiments chez les parents.

Ceux-ci sont précipités dans un cycle douloureux : choc, déni (ils sont souvent plus obsédés par la prématurité que par l'amélioration de l'état du bébé), culpabilité (*Qu'est-ce que j'ai fait pour provoquer cela ?*), colère (contre enfant, époux(se), personnel médical, fatalité...), dépression (qui creuse souvent un fossé entre parents et bébé), marchandage (*S'il survit, je serai la meilleure mère du monde*) et peur. Ces sentiments et toutes leurs variantes sont naturels et peuvent, longtemps après la naissance du bébé, resurgir de façon cyclique. Tous les parents ne se remettent pas de ce choc au même rythme ; cependant, la plupart s'efforcent de trouver les moyens d'aider leur bébé et d'établir avec lui un lien affectif.

Que dire du bébé prématuré ? Propulsé dans son propre univers de peur, de douleur, de repli, il peut être ignoré en tant qu'être humain sensible et émotif car autour de lui, les adultes se focalisent sur sa survie. Cette attitude va parfois au-delà du nécessaire, transformant le bébé en objet, creusant plus encore l'écart entre lui et ses parents, entre lui et le reste du monde.

Le premier contact d'un nouveau-né avec le monde extérieur peut être une source de douleur : piqûres, intubations, tests, manipulations, lumières vives qui blessent les yeux – tout cela soudainement alors qu'il vient à peine de quitter la chaude protection du ventre de sa mère. Prendre le bébé dans ses bras, le toucher et, selon l'expression des puéricultrices, « faire du peau à peau », est un des premiers gestes que les parents peuvent accomplir pour favoriser la naissance du lien affectif. Cette merveilleuse expression de sollicitude participe à la guérison à la fois physique et psychologique du bébé, mais aussi des parents. Une partie de l'angoisse qu'ils éprouvent au cours de ces premiers jours et semaines peut être atténuée par le sentiment d'une certaine maîtrise de la situation, si faible soit-elle.

De multiples études ont démontré que le fait d'être caressé et d'entendre régulièrement la voix de ses parents favorisait la croissance et le développement d'un prématuré. Judith Talaba, infirmière puéricultrice responsable d'une unité de soins aux enfants prématurés, a incorporé aux soins habituels des massages et des méthodes pour contenir le bébé. Il en va de même dans de nombreuses maternités du monde entier. « Le massage permet aux parents de se focaliser sur leur nouveau-né en tant qu'individu ayant besoin d'eux tout autant que des meilleures ressources technologiques, déclare Judith Talaba. Dans notre maternité, les parents s'inquiètent moins du taux d'oxygénation ambiant, de la prise de poids et de l'alimentation que d'entrer en contact avec leur bébé et de le masser – un changement de perspective très positif. » Les prématurés, ajoute-t-elle, réagissent très bien au massage. Celui-ci atténue le réflexe d'évitement et l'hypertonie. Souvent aussi, il diminue la fréquence des phases d'apnée.

Le docteur Tiffany Field a effectué les études les plus approfondies sur les prématurés. Elles ont démontré que les massages quotidiens étaient suivis de résultats remarquables : par rapport à ceux qui n'en bénéficiaient pas, ces bébés étaient plus souvent en état d'éveil et d'activité ; ils criaient moins, leur taux d'hydrocortisone (un indice de dépression) était inférieur ; ils s'endormaient plus rapidement après un massage qu'après avoir été bercés ; les tests d'émotivité, de sociabilité et d'apaisement témoignaient d'une amélioration ; leur urine contenait moins d'hormones du stress ; leur taux de sérotonine (un analgésique naturel) était plus élevé ; et ces bébés séjournaient moins longtemps à l'hôpital.

Le massage du bébé prématuré à l'hôpital

Les prématurés aiment la sensation que procure le cocon de deux mains chaudes et aimantes. Mais il est essentiel d'agir très progressivement, avec beaucoup de tendresse. Avant d'envisager le massage, examinez l'environnement. Quels changements pourraient aider Bébé à se détendre, à se sentir plus à l'aise ? Une petite modification de l'éclairage, des bruits ambiants, des comportements apporte parfois une amélioration sensible.

Les unités néonatales donnaient naguère l'impression que les bébés y étaient traités comme des objets. Ils devaient souvent subir les conversations bruyantes, les sonneries des téléphones et autres appareils, la musique rock des radios, les décibels des moniteurs des couveuses, le claquement de leur porte, le tintement des instruments.

Ces conditions ont heureusement évolué. Les portes des couveuses sont désormais munies de bourrelets qui amortissent le bruit de leur fermeture. Autant que possible, elles sont entourées d'une couverture qui remplit plusieurs fonctions : elle atténue la lumière, les sons ambiants, le bruit des instruments ; les parents en enveloppent leur bébé quand il quitte l'hôpital et elle sert alors de lien entre la maternité et la maison.

En France, la maîtrise thérapeutique étant assurée, les « soins relationnels » et le confort du nouveau-né font aujourd'hui partie des préoccupations primordiales des services de néonatalogie.

Les prématurés doivent être surveillés en permanence et les puéricultrices ont évidemment besoin de lumière pour effectuer cette surveillance. Vous pouvez néanmoins veiller à ce que votre bébé soit protégé d'un excès de lumière ou de bruit – par exemple, si besoin est, en plaçant une couverture pliée en deux sur la couveuse. Quand son état de santé sera stabilisé, demandez que la couveuse bénéficie d'un peu de pénombre le soir afin de favoriser l'adaptation du nouveau-né au cycle du jour et de la nuit si cela n'est pas déjà fait par le personnel.

Par ailleurs, certains sons peuvent tranquilliser votre nouveau-né. Comme tous les bébés, les prématurés sont calmés par la voix et les battements du cœur de leur maman.

Quand vous ne pouvez être présente, faites placer près de lui une peluche contenant un mécanisme amovible qui diffusera un enregistrement de vos battements de cœur ou de votre voix. Assurez-vous que son volume sonore ne soit pas agressif. Quand vous êtes avec votre bébé, parlez-lui et chantez. Même s'il semble ne pas réagir, il vous entend. Il reconnaît votre voix et elle le sécurise.

Quand vous toucherez votre tout-petit pour la première fois, il est possible que ses réactions initiales vous découragent. Approchez-le avec douceur : apprenez à le découvrir en l'observant, en l'écoutant. Informez-vous auprès des membres les plus sensibles du personnel du service néonatal, car les signes de ses difficultés – l'apnée (pauses respiratoires) et la bradycardie (rythme cardiaque ralenti) – risquent de vous effrayer et vous dissuader de le toucher.

En réalité, et ce n'est pas surprenant, il est prouvé que les mamans sont les plus aptes à atténuer la détresse de leur nouveau-né prématuré.

Respirez lentement, détendez-vous et traversez ces moments *avec* votre bébé. Affirmez-lui qu'il va bien, que vous êtes là, que vous l'aimez et l'aiderez quoi qu'il arrive. Il a besoin de votre force et de votre confiance en vous.

Observez ses biorythmes afin de repérer le meilleur moment pour le masser. Découvrez quel type de stimulation lui convient. Certains bébés sont si fragiles qu'ils ne peuvent tolérer qu'une forme de stimulation à la fois – la parole, le contact physique ou le contact visuel. Renseignez-vous sur les médicaments qu'on lui a administrés. Certains, comme le curare ou le *pavulon*

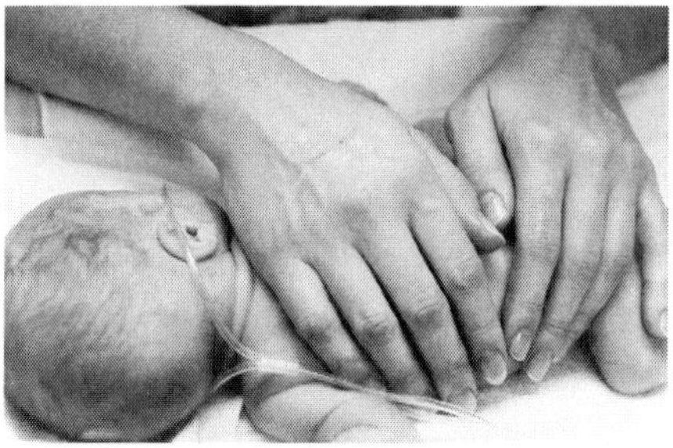

(employés autrefois de façon exceptionnelle et remplacés aujourd'hui par les dérivés morphiniques tel le Fenta et supplémenté parfois par l'Hypnovel), laissent le bébé sans réaction ; mais même alors, il est conscient de votre présence, il la sent, il vous entend et il a besoin de votre contact et de votre tendresse.

Comment commencer

Vous pouvez instaurer votre pratique régulière du massage par le chaud contact des *mains posées* pendant la période d'hospitalisation de votre bébé (contact « contenant ») ; vous commencerez les vrais mouvements de massage quand vous l'emmènerez à la maison. Tenez son petit corps et éprouvez son poids dans le cocon de vos mains détendues.

Pratiquez la respiration abdominale profonde et sentez la relaxation et la chaleur se propager jusque dans vos mains. Respectez la façon de communiquer de votre bébé, si subtile soit-elle. Les infirmières puéricultrices peuvent vous aider à déchiffrer son langage corporel afin que vous sachiez discerner le moment où il a besoin de repos.

Faire sentir au bébé le respect que vous éprouvez pour lui est une partie importante du massage. Il ne perçoit lui-même et son corps qu'à travers des sensations, mais celles que vous lui renvoyez le touchent directement. Cela ne signifie pas que vous deviez abruptement cesser le massage s'il semble réagir de façon négative. Vous voulez aider votre enfant à dépasser ses peurs et non les renforcer.

Un bébé qui éprouve le besoin de se protéger la poitrine, par exemple, garde souvent les bras repliés et serrés contre elle. Détendez-les par le *toucher-relaxation* ou les *mains posées*, en les laissant dans cette position plutôt que de les écarter de force. Pour votre bébé, cela signifie : *Je comprends ton besoin de te protéger et je suis avec toi*. Naturellement, restez à l'affût des signes indiquant qu'il a besoin d'une pause et n'allez pas au-delà de ce qu'il peut accepter.

Le contact visuel

Un lien puissant se crée quand votre bébé vous regarde dans les yeux pour la première fois. Ce contact est un des éléments les plus importants de l'échange qui construit le lien affectif et une des joies du massage.

Mais n'étant pas encore en mesure de se réguler, un prématuré a besoin de votre coopération active. S'il fuit votre regard, apportez-lui une aide discrète en atténuant les lumières trop crues et en vous plaçant de manière à ce qu'il vous voie. Il peut, au contraire, être incapable de détacher son regard de vous et en être stressé : dans ce cas, vous pouvez rompre délicatement le lien visuel en modifiant légèrement votre position ou en passant doucement la main devant son visage.

L'aptitude de votre bébé à communiquer avec vous par le regard se développera au fil de sa croissance. Soyez patiente, ne forcez rien. Grâce à votre soutien constant et sans hâte, vous aurez bientôt le bonheur d'échanger ces regards qui contribuent fortement à tisser le lien affectif.

Les points difficiles

Le corps d'un bébé a été particulièrement traumatisé par la naissance. Remarquez les points précis qui semblent réagir au toucher par un réflexe de retrait ou d'évitement. Les pieds, la tête et la poitrine sont souvent très sensibles.

Au début, les équipements de la maternité peuvent vous les rendre inaccessibles. Quand ils cesseront de l'être, procédez comme indiqué dans l'encadré page 162.

Si possible, refaites ces gestes chaque jour jusqu'à ce que vous sentiez que votre bébé est prêt à en accepter d'autres. Vous pourrez alors commencer à masser très doucement la même région avec une huile de massage, en restant toujours détendue et en formulant les mêmes affirmations positives.

- Tenez un pied (la tête, la poitrine, etc.) du bébé dans le creux de vos mains comme s'il s'agissait d'un joyau inestimable.
- Décontractez-vous tout entière en faisant plusieurs respirations abdominales relaxantes et sentez cette détente partir de votre cœur et, à travers vos bras et vos mains, gagner votre bébé.
- Parlez-lui, demandez-lui de détendre son pied. Reconnaissez qu'il a éprouvé beaucoup de douleur dans cette partie du corps et qu'il a été très courageux. Vous êtes là pour l'aider à évacuer sa souffrance et la remplacer par du plaisir. Dites-lui que cette période pénible sera bientôt dépassée et qu'il sera alors heureux et en bonne santé, ouvert et riche de tout son avenir. Bercez-le doucement en associant un mot ou une expression-clé que vous répétez lentement – *relaxe, là… là…* ou *C'est bien*, etc.
- Quand il réagit par un relâchement, complimentez-le.

Les signaux de détresse

Certains chercheurs ont remarqué que les enfants prématurés en état de stress donnaient des signaux quasi universels. Ils peuvent néanmoins ne pas s'appliquer à votre bébé. Votre intuition vous guidera pour en juger. Apparition de rougeurs, hoquet, étranglements, apnée (pauses respiratoires), bradycardie, réaction d'évitement ou geste de la main devant le visage comme pour se protéger d'éventuels stimuli peuvent indiquer qu'il est stressé.

N'en concluez pas que vous devez immédiatement renoncer au *toucher-relaxation* ou au massage. Faites une pause, pratiquez la méthode des *mains posées.* Si votre bébé continue à donner des signes de stress, laissez-le dormir et essayez à nouveau plus tard. N'oubliez pas de respirer à fond, de vous détendre et ne laissez personne vous taxer d'incompétence. Peu à peu, votre bébé tolérera mieux la stimulation et vous pourrez le toucher et le masser plus aisément.

Le massage du bébé prématuré à la maison

C'est lorsque Bébé quitte l'hôpital que vous pouvez réellement commencer à travailler avec lui. Tenez bien compte du fait qu'il s'agit pour lui d'un grand changement qui peut entraîner une certaine régression. Peut-être devrez-vous faire un peu machine arrière dans votre massage et vous focaliser à nouveau sur la libération de sa douleur et sur sa relaxation.

Dans la chaleur et la sécurité du foyer, votre bébé a enfin la possibilité de se débarrasser de sa tension et des conséquences du choc de la naissance. C'est souvent une phase pénible qui peut inquiéter : à la suite de son changement d'environnement, il se met soudain à pleurer sans arrêt. Les allées et venues du personnel de néonatalogie vous avaient parfois agacée, mais privée de son soutien, vous vous sentez maintenant perdue. Au moment même où vous avez besoin d'être rassurée, les réactions de votre bébé semblent signifier : *Ça ne me plaît pas, ici !*

En réalité, à moins d'être provoqués par la douleur, les pleurs sont une véritable délivrance. Les nouveau-nés crient souvent très fort après un massage, ce qui ne veut pas dire qu'il leur déplaît ou qu'il a été mal effectué. C'est simplement leur seul moyen de se libérer d'une accumulation d'angoisse. Soutenez votre bébé en vous efforçant de le détendre, laissez-le faire ce qu'il a besoin de faire, soyez seulement présente avec tout votre amour et essayez de vous débarrasser de vos propres peurs. Si vous avez envie de pleurer avec lui (qui n'en a pas envie ?), n'hésitez pas, pleurez !

Petit à petit, vous passerez du portage et de la simple relaxation au massage à proprement parler. Cela dit, le massage de l'enfant prématuré diffère un peu du massage d'un bébé né à terme. Commencez par la partie du corps qui a été la moins investie – c'est généralement le dos. Miniaturisez chaque geste. Suivez l'enchaînement du chapitre 8, mais en adaptant ses mouvements : par exemple, utilisez deux ou trois doigts au lieu de la main entière. Mais ne craignez pas d'être ferme : votre bébé aime sentir la force de votre présence alors qu'un toucher trop léger peut être irritant et provoquer un excès de stimulation.

Assurez-vous qu'il fait bien chaud dans la pièce et que le bébé est douillettement entouré : utilisez la posture « en berceau » (cf. p. 74) ou calez-le dans le creux d'un oreiller. Vous voudrez peut-être faire tiédir l'huile de massage, mais le frottement de vos mains peut suffire et bientôt, Bébé s'épanouira comme une petite fleur en entendant le bruit caractéristique de l'huile entre vos paumes. Il va apprendre à anticiper le massage comme un plaisir, un moment de rassurante sécurité entre vos mains. Il se stabilisera quand il se sera libéré de toutes ses tensions. Il dormira, s'alimentera, digérera et éliminera mieux. Vous pourrez alors admirer votre enfant qui s'ouvre à l'acceptation de la vie.

Si possible, prenez vous-même rendez-vous chez un kinésithérapeute pour un massage de tout le corps. Vous aussi avez traversé une sérieuse épreuve. Votre bébé réagira d'autant plus positivement à votre toucher que vous vous serez libérée de vos propres tensions.

CHAPITRE 12

UN BÉBÉ AUX BESOINS PARTICULIERS

> Le voisin le traite de mongolien
> Le médecin parle de trisomie 21
> Moi je l'appelle Kim
>
> Mia Elmsater, formatrice au massage des bébés

Lien et attachement avec un bébé « différent »

La naissance du lien affectif est une affaire d'interaction. Le lien se crée par la stimulation parentale, dont les signaux appropriés déclenchent les réactions du bébé. Ces réactions mêmes entraînent un engagement supplémentaire du parent – contact visuel, sourire, parole, langage corporel. Un bébé né avec un handicap ou un retard de développement visuel, auditif, mental ou moteur peut être incapable de manifester l'une des réactions habituelles aux signaux parentaux. Le synchronisme de l'interaction est alors inhibé et le parent se sent parfois dans l'impossibilité d'établir un contact avec son enfant – d'autant plus que les parents de bébés handicapés se trouvent souvent submergés par la masse d'informations qu'ils doivent assimiler, par les thérapies qu'ils sont censés administrer et par une situation qui oblige à la fois à célébrer et à pleurer la naissance.

Leurs réactions émotionnelles, en découvrant les besoins particuliers de leur nouveau-né, sont très différentes. Elles vont de la panique, du déni, de la colère, des illusions, de la dépression, de l'intellectualisation à l'acceptation. Ces sentiments naturels peuvent se combiner, disparaître et réapparaître au fil de l'adaptation à la vie commune et de l'évolution de l'enfant.

Le massage constitue un merveilleux moyen de créer un lien affectif entre un parent et un bébé handicapé. Non seulement ses bienfaits physiologiques sont indéniables, mais son intérêt et son but sont l'interaction et la connexion entre le parent et le nourrisson. Le massage, qui se pratique *avec lui* plus encore que *pour lui*, n'est pas une thérapie supplémentaire, c'est un moyen de partager votre amour. Aucune autre forme d'interaction ne constitue un facteur de connexion comparable à un massage quotidien. Un bébé handicapé en tire un bénéfice plus grand encore qu'un bébé en bonne santé. Le fait que certaines voies de communication lui soient fermées oblige d'autant plus ses parents à bien le connaître : percevoir ses tensions ou sa relaxation, discerner s'il souffre d'une douleur ou d'une tension, savoir reconnaître par la vue et le toucher de son abdomen si ses malaises ont pour cause des gaz… Ces parents doivent avoir une conscience aiguë et permanente de l'état de leur enfant qui peut, à tout moment, être menacé par une affection mortelle. Ils seront alors, plus que d'autres, à même de détecter rapidement les signes d'un danger potentiel.

Élizabeth est atteinte de mucoviscidose et sa maman est heureuse d'avoir découvert les massages dès sa petite enfance. « Au début, nous ne la massions pas chaque jour, déclare la maman. Mais plus nous persévérions, plus nous constations des résultats remarquables. Nous en avons donc fait une pratique régulière. Élizabeth a cessé d'avoir constam-

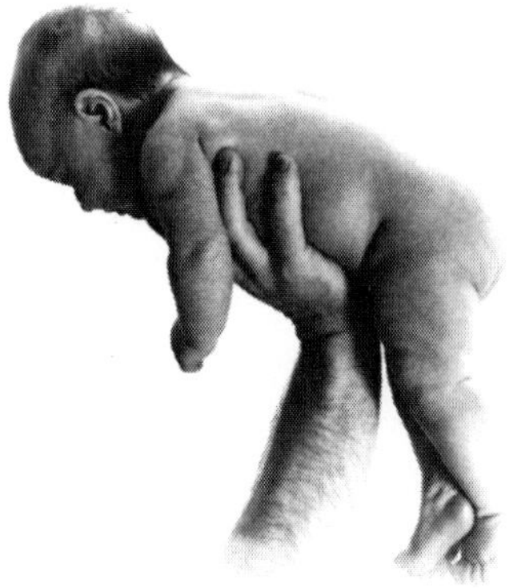

ment froid ; quand cela se produit, nous recourons au massage. Elle a moins de douleurs abdominales et son corps tout entier est plus détendu. Au cours de nos séances quotidiennes, nous nous concentrons maintenant moins sur la mucoviscidose que sur Elizabeth, notre belle petite fille. Le massage nous a permis d'établir avec elle une relation qui a dépassé nos espérances et il continue à nous donner beaucoup d'espoir. »

Dans ce chapitre, nous parlerons des situations et des divers problèmes qui exigent des adaptations spécifiques. Il ne peut, bien sûr, vous indiquer la meilleure façon de procéder dans une situation précise, les cas et les bébés étant tous tellement particuliers. En revanche, je peux vous apporter des informations générales, des notions de base sur le massage d'un bébé handicapé, qui permettront des échanges plus fructueux avec le pédiatre ou le spécialiste d'une thérapie manuelle.

Les professionnels vous aideront à concevoir une séance de massage et de relaxation adaptée aux besoins personnels de votre bébé. Les associations de massage pour bébé, en en France, Belgique, Suisse et Canada (cf. adresses p. 215), peuvent vous orienter vers un instructeur compétent qui a une spécialité dans le domaine des enfants présentant des problèmes médicaux.

Et faites-vous confiance. Personne ne connaît mieux votre enfant que vous. Vous en êtes le spécialiste et le compagnon que personne d'autre ne pourra jamais remplacer.

Les problèmes du développement

Au fil du développement, des problèmes de santé tels que des encéphalopathies peuvent se manifester. Selon leur nature, le kinésithérapeute recourt à des pratiques manuelles visant à inhiber ou stimuler la tonicité musculaire. L'inhibition atténue celle-ci tandis que la stimulation l'accroît. Les pratiques inhibitrices peuvent inclure les lents mouvements, les secousses très discrètes, les postures, le bercement et la simple chaleur. Les pratiques stimulantes comprennent l'emploi de la glace, les postures, le peigner, la pression et les vibrations (cf. chapitre 8). Les massages décrits dans ce livre peuvent être modifiés pour inhiber ou stimuler la tonicité musculaire. Pour l'inhiber, employez des mouvements longs et lents et le *toucher-relaxation* ; pour la stimuler, pratiquez des mouvements plus vigoureux accompagnés d'interactions ludiques grâce à des comptines et des chansons bien rythmées.

La séance de massage peut suivre le déroulement proposé au chapitre 8, moyennant certaines adaptations. Le massage de la plante du pied provoque souvent une réaction d'extension et de raidissement de la jambe. Modifiez les mouvements *sous les orteils*, *coussinet du talon* et *pression des pouces* en exerçant la pression vers l'extérieur plutôt que directement sur la plante du pied. Le massage du ventre, *pouces vers les côtés*, est particulièrement utile pour améliorer la respiration abdominale. Les bébés présentant des problèmes de développement donnent souvent des signes de résistance au toucher des épaules. Pour le massage de la poitrine, commencez par lui appliquer les *mains posées ;* puis essayez une seule fois le *papillon* qui englobe l'épaule ; vous le répéterez au fur et à mesure que

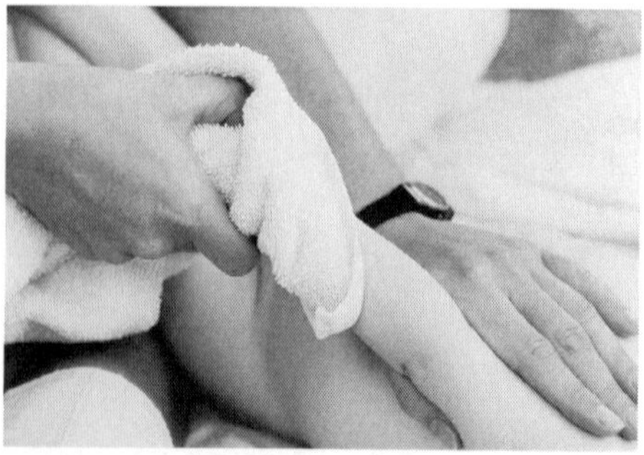

le bébé acceptera mieux la stimulation. Pour le visage, le *sourire* (sur les lèvres) facilite la fermeture des lèvres qui favorise la déglutition. Il est particulièrement indiqué pour un bébé qui bave et respire par la bouche. Le massage facial est un excellent prélude à la stimulation orale et à la thérapie par la nutrition pour les nouveau-nés dont la région buccale est hypersensible. Si vous pratiquez le massage anti-coliques, ne maintenez pas les genoux du bébé contre son ventre plus de cinq secondes afin de ne pas restreindre la respiration.

Le massage et la pression exercés avec suffisamment de fermeté sont bénéfiques pour les bébés qui réagissent au contact de façon défensive. Un bain chaud et une friction avec une serviette éponge avant le massage peuvent accroître la tolérance du contact « peau à peau ».

Selon certains spécialistes des encéphalopathies, un massage lent et ferme le long du rachis peut améliorer l'organisation cérébrale : ne massez pas le dos en remontant contre le sens du duvet.

Si votre bébé a dû subir une dérivation ou un pontage, son kinésithérapeute vous indiquera le degré approprié de pression à exercer à la périphérie de la région concernée par l'opération ; mais il est possible que d'abord, vous puissiez seulement appliquer les *mains posées* sur une autre partie du corps – sur les jambes par exemple.

En cas d'intervention chirurgicale, vous pouvez pratiquer le massage, le contact « contenant », le *toucher-relaxation* sur les autres parties du corps du bébé en suivant les indications de son kinésithérapeute. Votre contact, votre amour et le sentiment de sécurité qu'ils lui apportent jouent un rôle important dans l'amélioration de l'état de votre bébé.

Les problèmes visuels

Le massage peut être une expérience très positive pour les bébés ayant des problèmes visuels car la stimulation tactile les aide à définir leur univers. Les chercheurs ont ainsi obtenu des résultats remarquables tant chez les animaux que chez les humains atteints de déficiences de la vue. Selon une étude effectuée en milieu animal, le handicap visuel n'entraîne pas de handicap sur le plan émotionnel ni sur celui de l'apprentissage quand il est compensé par la stimulation tactile. En son absence, en revanche, les animaux deviennent extrêmement passifs ou agressifs. Des études réalisées avec des bébés placés en institution ont démontré qu'en étant simplement tenus chaque jour pendant vingt minutes supplémentaires, ils développaient beaucoup plus rapidement leur attention visuelle, ce qui confirme l'existence de corrélations à l'intérieur du système sensoriel : la stimulation tactile encourage l'exploration visuelle. Les bébés visuellement handicapés ayant avec leurs parents des liens affectifs très forts manifestent beaucoup d'interaction, d'attention et de réactivité dans les premiers mois de leur vie. Ils sont capables de se tendre vers l'origine d'un son plus tôt que les autres bébés visuellement handicapés.

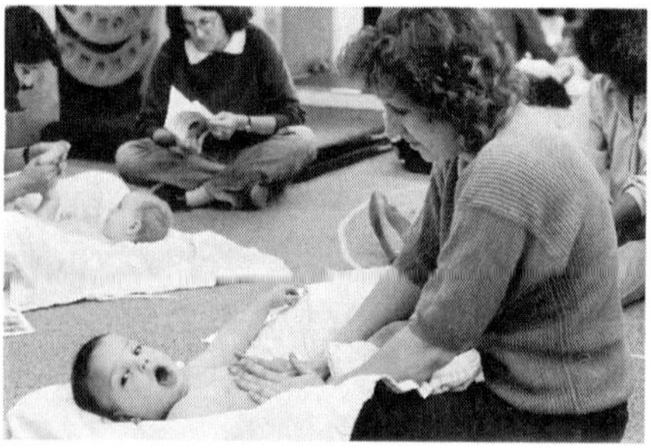

Le massage aide les bébés à se construire une image réelle de leur propre corps. Il contribue ainsi de manière importante à établir la permanence de l'objet qui permet à l'enfant de se séparer du parent et de commencer à explorer son environnement. Au cours des premiers mois, le développement moteur d'un bébé visuellement handicapé ne diffère pas de celui d'un bébé jouissant d'une vue normale, bien qu'il commence souvent à ramper et à marcher avec quelque retard. Certains chercheurs imputent ce délai à la résistance que montrent les bébés aveugles à la position ventrale, une résistance qui entraverait le développement de la force de la partie supérieure du corps nécessaire au ramper et à la marche. Le massage en position ventrale permettrait au bébé d'accepter celle-ci progressivement pour jouer, car peu à peu, il associe le massage à un sentiment de confiance et de sécurité.

Votre amour s'exprime par l'emploi simultané du toucher et de la voix. Le fait qu'ils ne provoquent pas la réaction faciale instinctivement attendue peut vous éloigner de votre bébé. Cultivez au contraire un rapport plus intime avec lui à travers le contact. Parlez-lui en le massant, expliquez ce que vous êtes en train de faire et ce que vous ferez ensuite. Prononcez souvent son prénom et amplifiez les signaux sonores tels que le bruissement de l'huile entre vos mains. Au cours des six premiers mois, n'utilisez pas de sons autres que celui de votre voix. Par la suite, vous pourrez associer une musique dont le rythme correspond à celui des mouvements de votre massage et l'accompagner en chantonnant afin qu'elle soit parfaitement intégrée à la séance. Entretenez à tout moment un lien étroit avec votre bébé, votre visage proche du sien, une de vos mains en permanence au contact de son corps. Annoncez toujours le massage par des indices vocaux et pour le premier contact, tenez d'abord puis touchez doucement les jambes et les pieds de votre bébé. Tenez compte de l'éclairage : la lumière peut être une source de distraction pour certains bébés qui voient mal, alors que d'autres ont besoin d'une lumière plus forte pour se sentir à l'aise.

Les handicaps auditifs

Les bébés qui entendent mal ont besoin du même soutien tactile que les autres bébés. Dans leur vie à tous, l'interaction affectueuse revêt une importance primordiale. Les nourrissons atteints d'un handicap auditif ont besoin qu'on leur parle. Au tout début de leur vie, le son stimule la croissance des connexions nerveuses entre l'oreille et le cerveau. Dans l'univers de tous les bébés, la stimulation sonore développe le réseau des fibres nerveuses. De nombreux bébés malentendants sont équipés d'un appareil destiné à amplifier les sons perçus. Les spécialistes *d'Infant Hearing Resources* (Ressources auditives pour les nourrissons) formulent des recommandations qui valent en fait pour tous les bébés : « Dites à votre bébé ce que vous pensez et ressentez. Il aime entendre ce qui vous rend heureuse ou triste, ce qui vous inquiète ou vous enchante. La façon dont vous le tenez, votre langage corporel lui expriment toute une gamme de sentiments. Vous feriez aussi bien de les nommer. Ainsi, quand il les éprouvera, il connaîtra les mots pour les exprimer. »

Parlez normalement à votre bébé pendant le massage, établissez avec lui un contact visuel affectueux et détendu aussi souvent que possible. Décrivez ce que vous faites, par exemple : « Voilà ton pied, Jérôme. Et voilà tes orteils. Un, deux, trois, quatre et cinq orteils ! » Conversez avec lui et imitez les sons qu'il produit. Les experts pensent que le « parler bébé » est une forme de communication parfaitement normale et acceptable avec les nourrissons ayant un handicap auditif. Les parents qui choisissent d'apprendre le langage des signes et de l'enseigner à leur bébé peuvent commencer pendant le massage, même avant qu'il n'en manifeste la compréhension.

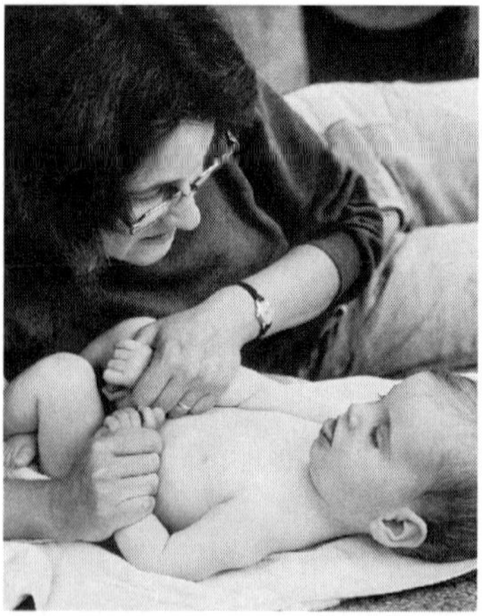

Massez votre bébé pour le plaisir, le vôtre et le sien. Un massage quotidien vous enrichira de maintes façons. Il vous permettra de mieux connaître votre bébé, de mieux lui montrer votre tendresse et d'apprécier sa manière unique de communiquer avec le monde.

Les bébés malades

Les études du Touch Research Institute (l'Institut de Recherche sur le Toucher) prouvent que tous les bébés, quelles que soient les maladies et les circonstances qui les affectent – prématurité, séropositivité, dépendance à la drogue, dépression maternelle, violences sexuelles ou maltraitance, asthme, autisme, diabète, polyarthrite rhumatoïde, retards de développement, troubles de la nutrition, dermatites, cancers, brûlures, stress, troubles post-traumatiques – tous ces bébés tirent profit des massages. Dans tous les cas, ces derniers atténuent l'angoisse, abaissent le taux d'hormones du stress et entraînent de meilleurs résultats à tous les tests médicaux.

En général, le massage des bébés malades exige des précautions particulières que le personnel de l'unité néonatale pourra vous expliquer. Travaillez avec les puéricultrices qui s'occupent de votre bébé, suggérez des techniques « contenantes » (*mains posées*), de portage-kangourou et des massages. Si le service ne les pratique pas, mettez-vous en rapport avec un psychomotricien, voire un instructeur de massages pour bébés spécialisé pour les enfants prématurés (consultez les *Adresses* à la fin de l'ouvrage). N'oubliez pas que vous êtes le parent ou le substitut parental de cet enfant. Il est naturel que vous cherchiez des moyens d'établir avec lui un lien qui aboutira à un attachement profond.

13

BÉBÉ GRANDIT : LE LIEN ENTRE FRÈRES ET SŒURS

> La grâce éclatante des plantes jaillit
> Du sein chaleureux de la terre
> Et les enfants de l'homme se dressent
> Reconnaissants pour se joindre
> Aux esprits du monde
>
> Rudolph Steiner

Les aînés ont aussi besoin de contact

Un soir, après une réunion de famille où chacun avait fait la connaissance d'un petit cousin nouveau-né, une fillette de six ans grimpa sur les genoux de sa mère et lui dit : « Maman je voudrais bien être un bébé. Comme ça, on s'occuperait de moi. » C'était un signal : celui du massage avant le coucher. Pourquoi ? Pas vraiment parce qu'elle avait besoin d'attention, mais plutôt parce qu'elle avait

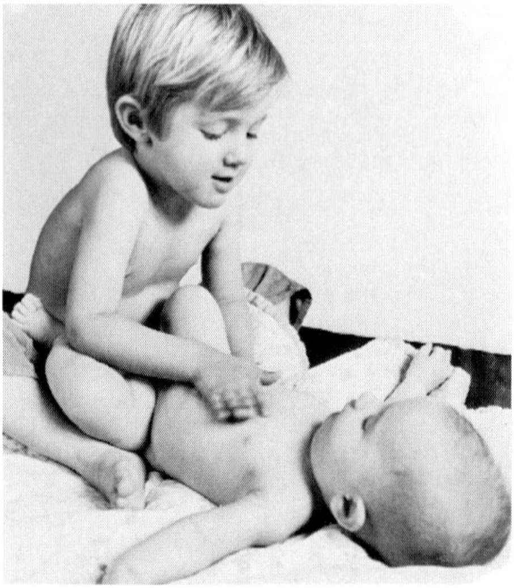

besoin de parler des sentiments que son nouveau cousin lui avait inspirés.

Il est important pour les enfants d'exprimer leurs sentiments, mais parfois difficile de les amener à les formuler. Souvent, plus on les interroge, plus ils se referment. Mon fils a dû être opéré quand il avait huit ans. Je voyais qu'il avait peur et besoin de le dire, mais je ne réussissais pas à le faire parler. Le lendemain du jour où nous sommes allés à l'hôpital pour rencontrer le personnel médical qui allait l'accueillir, il me semblait tendu. Je lui ai demandé s'il voulait poser des questions. « Ché pas... » marmonna-t-il en haussant les épaules et en filant dans sa chambre. Plus tard dans la soirée, j'ai proposé de lui masser les pieds, les jambes et les genoux. En l'espace de cinq minutes, il était détendu et commençait à parler. Il m'a interrogée sur l'opération qu'il allait subir et a pu ainsi obtenir le réconfort dont il avait besoin – à savoir que je serais présente, qu'il ne se réveillerait pas en cours d'opération et qu'il pourrait encore parler après l'ablation de ses amygdales... L'intervention se passa sans problème et j'ai utilisé le pouvoir apaisant du contact, avant et après l'opération : un massage de temps à autre nous a permis de nous détendre et de nous débarrasser de nos craintes.

L'anthropologue Ashley Montagu a écrit que pour un enfant, une relation étroite avec ses parents constituait une source d'estime de soi. « Les personnes insensibles aux besoins d'autrui, tellement endurcies qu'on peut dire qu'elles ont perdu le contact avec la nature humaine, ne l'ont pas seulement perdu figurativement, mais effectivement aussi sur le plan physiologique », dit-il. Une étude publiée dans le *Journal of Humanistic Psychology* (Revue de psychologie humaniste) le confirme en révélant qu'un sujet communique d'autant plus par le contact physique qu'il a une plus haute estime de lui-même. Avant l'âge de douze ans, les enfants appréhendent le monde par le sens du toucher plus que par l'ouïe et la vue. Par conséquent, un contact physique affectueux a plus de chances de déclencher un épanchement des pensées et des sentiments que la communication verbale. Dire « *Je t'aime* » à un enfant est important, mais communiquer son amour par le regard, l'attention et le contact physique l'est davantage. Un enfant intériorise un compliment accompagné d'un contact physique quatre-vingt-cinq fois sur cent alors qu'un compliment seulement verbalisé n'est cru et intériorisé que quinze fois sur cent.

L'attachement entre parents et enfant continue à se développer tandis que ce dernier grandit. Qu'il ait dépassé l'âge d'être « aux bras » ne signifie pas qu'il n'a plus besoin de votre attention ni de votre contact. Il ne tétera plus, il ne se blottira plus contre vous de la même façon, son cercle de vie s'élargira et il sera de plus en plus accaparé par l'exploration des possibilités illimitées de son univers. Mais en échappant aux bras de son père et de sa mère, il chérira ces moments d'intimité rassurants qui lui confirment qu'il pourra toujours retrouver le sourire et le massage pleins de chaleur et de tendresse de ses parents.

Bien que le moment idéal pour entreprendre les massages se situe dans les neuf premiers mois, il n'est jamais trop tard pour commencer. Entre un et trois ans, un enfant qui n'a jamais été massé est en général trop actif pour rester immobile, mais vous pouvez procéder à un début de massage par une légère friction du dos dès qu'il est couché. Quand vous l'aurez habitué au massage, il le demandera lui-même et bientôt, c'est lui qui vous massera ! C'est le principe action-réaction : ce que nous faisons nous revient comme un boomerang !

Comment commencer

Vous n'aviez peut-être jamais envisagé le massage comme un moyen de communication entre vous et votre enfant. Comment l'entreprendre sans trop se compliquer la vie ? Voici un plan d'action :

- Assurez-vous que la pièce est chaude et sans objet de distraction.
- Retirez vos bijoux et lavez-vous les mains.
  La sortie du bain et le coucher sont de bons moments, quand votre enfant est propre et prêt à se détendre.
- Demandez-lui toujours la permission de le masser et respectez sa réponse. Même en passant simplement d'une partie du corps à une autre, demandez toujours : « Je peux masser ton ventre (tes bras, etc.), maintenant ? »
- Employez une huile naturelle, sans excès, juste assez pour faciliter les mouvements.
- Massez une jambe à la fois par des pressions et des roulés (cf. chapitre 8). Utilisez les pouces pour les pressions circulaires autour des genoux et pour travailler sur tout le pied, et le bout des doigts pour masser doucement les mollets.
- Valorisez votre enfant à ses propres yeux par des affirmations positives à la faveur des divers mouvements : « Que tu as de beaux cheveux ! » ou « J'ai vu que tu as prêté tes jouets à ton petit copain. C'est bien, tu es vraiment gentil ! »

Les âges et les étapes

Aux divers stades de sa croissance, votre enfant réagira différemment au massage. Mon meilleur conseil est de vous laisser guider par ces variations. Voici l'attitude à adopter face aux stades par lesquels passent la plupart des enfants. Ces stades ne sont pas déterminés de manière rigide, bien sûr, chaque enfant ayant ses propres cycles et son rythme de croissance.

Le rampeur actif

La période du ramper est un défi pour beaucoup de parents qui s'étaient habitués à des séances de massage sereines et méditatives. Elles se transforment en jeu avec l'apprentissage de l'autonomie du bébé. Tout lui est plus agréable que de rester allongé sur le dos ! Recourez au jeu, aux chansons, occupez-le avec un biscuit ou un jouet. Votre bébé va se tourner, ramper, s'accrocher à vous, s'asseoir sur vos genoux, se livrer à toutes sortes d'acrobaties. Au lieu de suivre votre enchaînement habituel, massez la partie du corps qui se présente. Soyez imaginatifs. Mon fils et moi avions inventé un jeu. Il commençait à ramper et je disais : « Non, non, non ! Je vais t'attraper ! » et en riant, je le ramenais vers moi. Il riait aussi et recommençait encore et encore. Pendant ce temps, je lui massais le dos, les fesses, les jambes et les pieds.

De un à trois ans

De un à trois ans, votre enfant acquiert de plus en plus d'autonomie, qu'il exerce dans une large mesure en disant « Non ». Souvent, il refuse le massage. Respectez ce refus. Parfois, il le demandera en langage codé, en disant par exemple : « J'ai mal au ventre. » Proposez alors de lui masser le ventre. Effectuez les mouvements de façon ludique. Clara Ute Zacher Laves, formatrice de spécialistes du massage des bébés, suggère de faire des choses amusantes comme prétendre planter un jardin sur son dos ou pétrir une pâte à tarte sur son ventre. Utilisez votre ima-

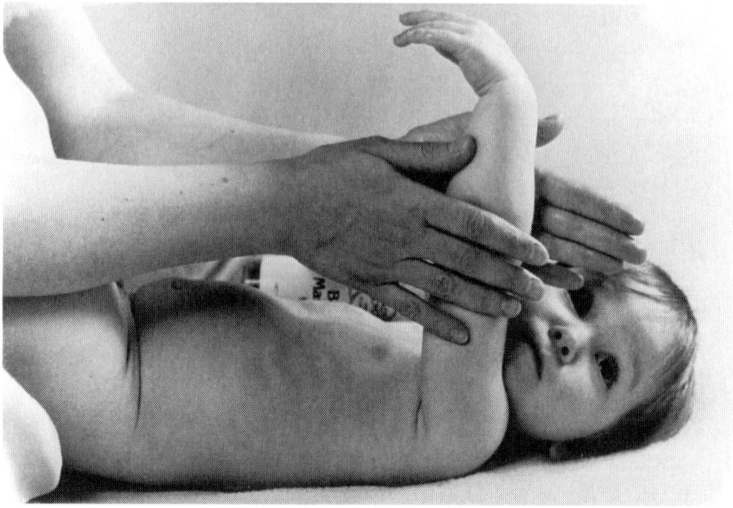

gination et votre enfant profitera de cette occasion de jouer. Les massages indiens peuvent être décomposés en deux parties : la cuisse (ou le bras) d'abord, puis le mollet (ou l'avant-bras). Pressions, torsions et roulés devraient commencer juste en dessous du genou ou du coude plutôt que de partir de la hanche ou de l'épaule afin d'éviter de tordre les articulations.

L'enfant préscolaire

Vers trois ans, l'enfant se calme et prend de nouveau plaisir à être massé plus tranquillement. Il a affirmé son indépendance et apprécie à nouveau l'idée d'« être un bébé » et de recevoir toute l'attention de ses parents. Massez-le après le bain ou avant le coucher. Modifiez les mouvements en fonction de sa croissance et renoncez à ceux qui ne semblent plus adaptés. Respectez la pudeur qu'il peut commencer à manifester en le laissant garder son T-shirt ou son slip. Racontez une histoire en lui massant les jambes, les pieds, le ventre et le dos ; ou demandez-lui quelle partie du corps vous êtes en train de masser, afin de lui en apprendre le nom – avant-bras, cuisse, mollet, etc. Vous pouvez désormais oublier les étirements en douceur (cf. chapitre 8) puisqu'il est suffisamment actif pour « s'étirer » toute la journée.

À partir de cinq ans

Continuez à adapter les massages à la taille croissante de votre enfant. Pétrissez les cuisses et les mollets plutôt que de procéder au massage indien ou câlins glissés. Pour l'encourager à s'exprimer, parlez-lui en laissant une porte ouverte aux réponses : « Tu avais l'air triste cet après-midi en rentrant de l'école… » La musique, les contes et la conversation enrichissent l'expérience du massage en donnant à votre enfant le temps de se sentir unique et une occasion de s'ouvrir à vous. Vous pouvez aussi le laisser choisir un extrait parfumé à ajouter à l'huile de massage. À ce stade, la plupart des petits écoliers préfèrent être massés à plat ventre plutôt que sur le dos.

L'adolescent

Il est souvent difficile de masser un adolescent : c'est l'âge de la conscience de soi embarrassée. En lui parlant de sa journée, vous pouvez lui proposer un massage du dos ou des pieds. S'il est réceptif, demandez-lui s'il aimerait que vous lui massiez les mollets. Tenez-vous à l'écart de toute partie du corps associée à la sexualité. Vous le mettriez mal à l'aise et il est impératif de ne transgresser aucune limite alors qu'il est en train de devenir un adulte. Comme auparavant, il préférera sans doute être allongé sur le ventre plutôt que sur le dos. Proposez-lui des coussins à placer sous l'estomac ou ailleurs pour assurer son confort.

Si votre fille a des crampes abdominales quand viennent ses règles, un massage du ventre ou des reins peut la soulager. Avec le talon de la main, pressez en remontant du bas du rachis au creux des reins. Le massage des points d'acupuncture du tendon d'Achille, de part et d'autre du talon juste en dessous des malléoles, atténue souvent ces douleurs. Faites asseoir votre fille par terre entre vos genoux, soulagez la tension de son cou et de ses épaules tout en conversant avec elle. Son visage n'étant pas face à vous, il est possible qu'elle extériorise plus facilement ses sentiments et ses préoccupations.

Comptines et jeux pour le petit enfant

On ne masse pas un bébé plus âgé de la même façon qu'un tout-petit. Pour qu'il participe et ne vienne pas à s'ennuyer, vous voudrez sans doute varier les séances et y introduire souvent de nouveaux éléments. Un des massages que les petits enfants préfèrent est le mouvement sur le ventre *I Love You* (Je t'aime) (cf. p. 101). Ils aiment accompagner leur maman qui étire les trois syllabes à la manière d'un chant.

Associez au massage des comptines, des histoires ou des jeux qui permettent de nommer les différentes parties du corps, de compter les doigts ou les orteils. Ils retiendront l'attention de votre petit en l'amusant, favoriseront la communication entre vous et lui et stimuleront l'éveil de tous ses sens. À la fin de l'ouvrage, vous trouverez les références de quelques recueils de jeux et comptines.

Comptines et jeux

Vers trois mois, l'enfant découvre ses mains. Il les suit du regard avec intérêt et joue à les faire bouger. Il est aussi attiré par les mains de l'adulte qui s'animent devant lui, s'ouvrent, se ferment, apparaissent, disparaissent, etc.

Les jeux parlés et chantés qui énumèrent les parties du visage et du corps sont avant tout des moments de communication privilégiée.

Petit à petit, l'enfant participera à ces jeux accompagnés de comptines racontées avec les mains et leurs gestes variés : tourner, frapper, plier les doigts... Puis il commencera à en répéter les paroles, puis à inventer de nouveaux gestes.

Profitez des massages, de la toilette, de l'habillage pour pratiquer ces jeux qui développent la motricité et l'intelligence et préparent au langage.

Jeux de doigts, jeux de mains

Une aiguille je te pique

(tenir la main de l'enfant)

Une épingle je te pince

(tenir l'index)

Une agrafe je t'attrape

(tenir les deux mains)

Main morte, main morte

(tenir et agiter la main de l'enfant)

Frappe à la porte

(tapoter l'autre main ou celle de l'adulte).

Massage de chaque doigt :

Dans un pré il y avait
Un berger
Une bergère
Un gros chien
Un grand loup
Et un petit mouton qui fait bêê bêê...

Toc toc pouce es-tu là ?

(un pouce caché dans le poing, l'autre frappe dessus)

Chut ! je dors (l'index sur les lèvres)

Toc toc pouce es-tu là ? (même geste)

Voilà je sors ! (sortir le pouce)

Je couche bébé, pouce !
(fermer le pouce du bébé dans le creux de sa main)
Je mets son drap (plier l'index)
Je mets sa couverture (le majeur)
J'éteins la lumière (l'annulaire)
Et je ferme la porte (l'auriculaire).

Que fait ma main ?
Elle caresse doux, doux.
Que fait ma main ?
Elle frappe, pan pan.
Que fait ma main ?
Elle gratte, grr, grr.
Que fait ma main ?
Elle chatouille, guili, guili.
Que fait ma main ?
Elle pince ouille, ouille.
Que fait ma main ? Elle danse.
Au revoir, les amis, au revoir !

Dans un petit jardin tout rond
Tout rond, tout rond,
(caresser le creux de la main de l'enfant)
Il y a des poireaux, des carottes,
Des radis, des tomates, des pommes de terre
(prendre un doigt après l'autre)

Et une petite rivière qui coule,
Qui coule, qui coule
(chatouiller le bras en remontant jusqu'au cou).

Le Pouce part en voyage
L'index lui montre le chemin
Le majeur porte les bagages
L'annulaire porte les bijoux... et
L'auriculaire, le plus petit de tous,
ne porte rien du tout !

Pour les jambes et les pieds

Voici mon petit jardin
(massage du pied avec les pouces)
J'y sème, j'y sème de petits grains
(pouces qui marchent sous le pied)
Je les recouvre de terre chaude et noire
(pression sur les parties charnues)
Voici la pluie fine qui leur chante: bonsoir !
(massage du coup de pied)
Voici le seigneur Soleil qui les appelle:
Réveillez-vous, mes belles !
(petits cercles autour des chevilles)
Il est grand temps de sortir !
En voici une !
(rouler chaque orteil après l'autre)

En voici deux !
En voici trois !
En voici quatre !
Et voici cinq petites fleurs qui disent : Bonjour !

Pour les orteils (en roulant chaque orteil du pouce jusqu'au plus petit) :

Ce petit cochon est allé au marché
Ce petit cochon est resté à la maison
Ce petit cochon-là a mangé du poulet
Ce petit cochon n'a rien eu du tout
Ce petit cochon est rentré chez lui en criant
oui, oui, oui...

Autour du visage

En montrant les parties du visage (du bas vers le haut) :

Nez cancan (narines)
Bouche d'argent (bouche)
Menton de buis (menton)
Joue brûlée (une joue)
Joue rôtie (l'autre joue)
Petit n'œillet (un œil)
Grand n'œillet (l'autre œil)
Toc toc maillet (front).

En montrant les parties du visage (du haut vers le bas) :

Grand front (front)
Petit front (front)
Grands yeux (yeux)
Petits yeux (yeux)
Nez cancan (nez)
Bouche d'argent (bouche)
Menton fleuri (menton).

Guili guili (cou)
Pan pan ! (front)
Qui est là ? (menton)
C'est moi ! (une joue)
Entrez !
Par où ? (l'autre joue)
Par là (bouche)
Ding ding ding (cheveux)
Toc toc toc (nez)
Tournez le bouton (nez)
Entrez dans la maison (bouche).

Voici mon front
Mon nez tout rond
Et mon menton
Voici mes joues
Elles sont à vous
Embrassons-nous.

Je fais le tour de la maison (tour du visage)
Je ferme les fenêtres (yeux)
Je ferme les volets (bouche)
Et je fais clic clac (nez)
Je fais le tour de mon jardin
(tour du visage)
Bonjour papa
(une paupière)
Bonjour maman
(l'autre paupière)
Je descends l'escalier
(le long du nez)
Je sonne à la porte: dring
(bout du nez)
Je m'essuie les pieds
(lèvre supérieure)
Et j'entre (bouche).

J'ai deux oreilles
(petits cercles autour des oreilles et sous le menton)
Pour entendre et pour comprendre !
J'ai un petit nez rond
(pression sur les ailes du nez)
Pour sentir ce qui est bon !
Ma bouche est pour goûter
(cercle autour de la mâchoire)
Ce qui est sucré, ce qui est salé !
(sourire sur les lèvres)

J'ai deux yeux pour regarder,
(massage des sourcils)
De tous côtés je les ouvre pour voir.
Quand je les ferme, il fait tout noir.

Découverte du corps

Prendre l'enfant dans les bras, visages face à face :
Bélier, bélier, bélier
(incliner le corps et la tête à droite et à gauche)
Boum !
(en rapprochant doucement les deux têtes)

Le jardin (visage)
Le trottoir (front)
Les lumières (yeux)
Mes gouttières (narines)
Le grand four (bouche)
Les baguettes (doigts)
Le tambour (ventre)
Et zim la boum et zim la boum
(on fait tapoter le ventre de l'enfant avec ses propres mains)

Dans mon jardin (le ventre)
Y'a un bassin (le nombril)
Dans le bassin (le nombril)
Il y a une petite bête
Qui monte, qui monte, qui monte
(chatouillis jusqu'au cou).

La lune est ronde
(en caressant le ventre de Bébé)
Elle a deux yeux
(en dessinant avec le doigt)
Elle a un nez
Et elle a… une bouche
(baiser sur le nombril).

S'asseoir et tenir l'enfant à califourchon sur le bas des jambes, contre les pieds, et le faire avancer par petits bonds jusqu'aux cuisses en lui tenant bien les deux mains :

Polichinelle
Monte à l'échelle
Casse un barreau
Et tombe dans l'eau.
(faire basculer l'enfant vers l'arrière)

À la une dans la lune
(lever les bras en tenant bien l'enfant)
À la deux dans les cieux
(lever l'enfant à bout de bras)
À la trois tout près de moi
(serrer l'enfant contre soi)

Bon massage !

L'adaptation de l'aîné au nouveau bébé

Pour un frère ou une sœur, un nouveau bébé est une créature fascinante et redoutable. Couvé et protégé par les adultes, il a l'air d'une petite chose inaccessible et vaguement dangereuse. On a beaucoup écrit sur l'importance de faire savoir à l'enfant plus âgé qu'il continue à être aimé et chéri pour lui-même quand la famille s'agrandit. L'étape suivante consiste à l'aider à créer avec le bébé sa propre relation. En général, un frère ou une sœur a besoin de plus de temps que les parents pour la construire. Sa première tâche est de comprendre que le bébé « est là », que sa maman va bien, qu'il est aimé tout autant qu'auparavant et que la vie continue.

Votre aîné assistera parfois au massage quotidien du bébé. Il se rappellera peut-être avoir été massé lui-même (peut-être l'est-il encore), et s'identifiera au bébé : ils partagent une expérience, ils ont quelque chose en commun.

Si votre aîné en a envie et que de temps à autre, vous lui permettez de masser le bébé, tous deux en tireront beaucoup de bienfaits. L'aîné s'attachera à son cadet comme vous le faites vous-même – par le contact visuel, le toucher, les mouvements et les sons. Il apprendra que le bébé n'est pas nécessairement dangereux et fragile, mais qu'il est une personne comme lui. Il prendra confiance en découvrant sa propre compétence de masseur et de protecteur. Quant au bébé, il réagira au massage en surmontant la peur initiale provoquée par les gestes parfois un peu brusques ou maladroits ou le comportement inattendu de l'aîné. Et il commencera à le percevoir comme un pair et un allié affectueux.

Avant de proposer à un aîné de pratiquer le massage, il est préférable d'attendre que le bébé ait dépassé le stade pendant lequel il sursaute très facilement. L'âge de trois ou quatre mois est en général adéquat, bien qu'un aîné de plus de quatre ans puisse sans doute commencer un peu plus tôt. Ne vous focalisez pas sur les questions techniques ou sur l'utilisation ou non de l'huile. Montrez à votre aîné

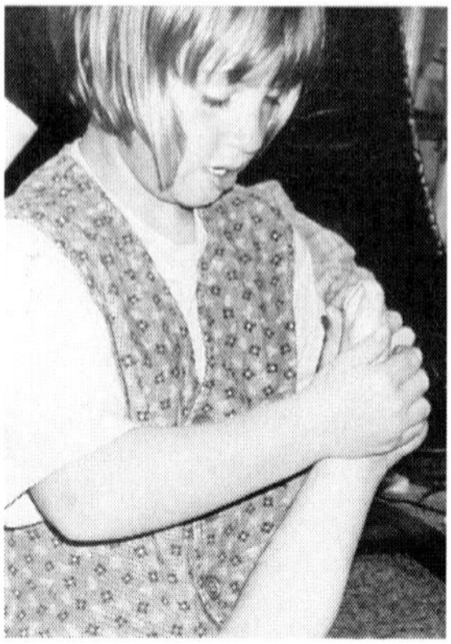

quelques mouvements simples – le *Livre ouvert* sur la poitrine ou *I-Love-You* (*Je-t'ai-me*) sur le ventre – et laissez-le faire à sa guise. Au début il sera sans doute hésitant et aura besoin d'être encouragé pour toucher le bébé. Peut-être ne l'effleurera-t-il qu'une fois ou deux, mais même ce contact minimal sera bénéfique. Ne manquez pas alors d'exprimer votre satisfaction et votre fierté. Dites-lui qu'il a fait du bon travail et que son massage a fait beaucoup de bien à son petit frère (ou sa petite sœur).

Les contacts sains ou malsains

Les parents s'inquiètent du type de contact que leurs enfants reçoivent et des pervers qui peuvent abuser d'eux. À cause de la peur, relayée par les reportages des médias sur les affaires d'agressions sexuelles dont sont victimes les mineurs, de nombreux parents transmettent à leurs enfants des messages négatifs effrayants sur les contacts physiques.

Il est essentiel que nos enfants connaissent la différence entre un contact sain et normal et un contact pervers. Le massage est un moyen positif de familiariser un enfant avec cette différence. Celui qui a été massé depuis le premier âge est avantagé par rapport à celui qui est seulement informé et mis en garde. L'enfant habitué aux massages connaît la sensation d'un contact dicté par la tendresse. Grâce au lien affectif qu'ont engendré les massages, il se sent proche de ses parents et tend à exprimer davantage ses sentiments. Il sera ainsi plus enclin à leur signaler l'inquiétude que lui a inspirée la façon dont telle ou telle personne lui a parlé ou a essayé de le toucher. De plus, avec le temps, la séance de massage se transforme en séance-conversation, pendant laquelle parent et enfant peuvent discuter des choses qui les préoccupent. C'est l'occasion parfaite de parler du contact physique avec un enfant plus âgé et de l'inciter à se protéger en lui disant, par exemple : « Tu devrais toujours informer Papa ou Maman si quelqu'un essaie de te toucher d'une manière qui te déplaît. De toute façon, nous te protégerons toujours. » Le type de relation qui naît de la pratique régulière du massage et du *toucher-relaxation* aide votre enfant à acquérir une image positive de lui-même et la conviction que son corps lui appartient en propre. Il développe aussi une conscience aiguë des sentiments et du langage corporel. Le respect que nous lui témoignons en demandant l'autorisation de le masser et de passer d'une partie du corps à une autre lui apprend que personne n'a le droit de le toucher de façon intime sans sa permission.

En grandissant, les enfants qui ont bénéficié de massages sont généralement plus sûrs d'eux, plus à l'aise avec leur propre corps et ils communiquent plus librement avec leurs parents. C'est une pratique riche de bénéfices à long terme qui vaut réellement les efforts qu'elle demande.

CHAPITRE 14

VOS ENFANTS ADOPTÉS OU ACCUEILLIS

> Ni chair de ma chair
> Ni os de mes os
> Mais miraculeusement mien.
> Rappelle-toi toujours
> Que tu n'as pas grandi sous mon cœur.
> Tu as grandi dans mon cœur.
>
> Anonyme

L'attachement

Les parents d'accueil ou adoptifs sont parmi les parents les plus aimants du monde. Ils choisissent leurs enfants, des enfants qui ont souvent des handicaps ou des problèmes de santé, ou issus d'ethnies et de cultures différentes de la leur. Ces parents ont beaucoup d'amour à donner. Et cependant, il arrive souvent que ces bébés et ces enfants résistent à leur affection.

Certaines théories du passé avançaient qu'un réel attachement est impossible entre parents et enfants accueillis ou adoptés. Mais l'inverse est aujourd'hui abondamment démontré. Des chercheurs comme David Brodinsky, Leslie Singer, Mary Stein et Douglas Ramsay ont étudié le développement de l'attachement entre parents et enfants « biologiques » d'une part et, d'autre part, parents et enfants accueillis ou adoptés. À âge égal, ils n'ont constaté aucune différence : quand les parents adoptifs ou les substituts des parents assurent une atmosphère familiale chaleureuse et affectueuse et répondent sans faillir aux besoins du bébé, la confiance s'installe et l'attachement se développe.

Lois Melina, une spécialiste des questions d'adoption, met en garde les parents adoptifs contre un excès d'attention et d'affection qui étouffe leur bébé. Les enfants qui sortent d'un orphelinat ou d'une famille d'accueil résistent souvent à une affection et un contact trop pressants qui les submergent facilement. Ils doivent surmonter la séparation d'avec la maison ou la famille précédente. Ils ont donc besoin de temps pour s'intégrer à leur nouvel environnement. Auteur de *Bonding and Attachment : How Does Adoption Affect a Newborn ?* (Lien et attachement : comment l'adoption affecte-t-elle un nouveau-né ?), Gail Steinberg déclare : « C'est le bébé qui vous indique le mieux si vous êtes sur la bonne voie. Tirez des encouragements des satisfactions les plus simples : ses sourires, le franchissement des étapes du développement, merveilleux indices de sa croissance. Peut-être Bébé aura-t-il besoin de plus (ou moins) de temps pour s'attacher à vous que vous à lui. Votre partenaire aussi aura besoin de plus ou moins de temps – des jours, des semaines, des mois ou des années. Si le lien se crée plus lentement que vous ne l'aviez imaginé, ne prenez pas ce délai pour un échec. L'important est de construire une famille, quel que soit le laps de temps nécessaire. »

On a écrit des articles entiers sur le « syndrome de dépression post-adoption ». Souvent, les parents adoptifs ont traversé des mois, des années de ce que June Bond appelle « l'enfer de la stérilité » avant d'entreprendre les interminables démarches de l'adoption. Après les premiers jours et semaines et l'émerveillement d'avoir un bébé à la maison, il n'est pas rare qu'ils éprouvent de l'angoisse, de la confusion, des sentiments d'incompétence, une sorte de dépression. Atteindre un objectif qui a demandé tant d'efforts entraîne souvent ce type d'abattement, cette perte de la puissante motivation entretenue par la poursuite du but. S'y mêlent parfois un sentiment de culpabilité par rapport à la véritable mère, à son chagrin et à sa perte, un stress dû à la dépense d'énergie, parfois aussi l'anxiété de découvrir des problèmes de santé insoupçonnés ou des informations concernant l'histoire personnelle de l'enfant. Quant aux bébés adoptés, ils connaissent souvent des troubles de l'attachement, des difficultés d'adaptation ou manifestent des besoins considérables. Tout comme celui d'un parent biologique, votre moral passera par des hauts et des bas ; vous connaîtrez le manque de sommeil, le poids des responsabilités et le stress qui découlent de tous ces facteurs. Certains rejoignent une association de parents adoptifs pour y trouver un soutien. Ils constatent que leurs sentiments et soucis sont largement partagés. Les parents ayant adopté un enfant moins récemment les aident à voir que ces sentiments évoluent, à repérer le passage des étapes du développement et à éviter certaines difficultés communes à beaucoup de nouveaux parents.

Votre bébé adopté montrera les mêmes tensions que tous les bébés, auxquelles s'ajoute l'adaptation à son nouvel environnement, à de nouvelles personnes, à un nouveau cadre de vie avec ses odeurs, ses goûts, ses sons et ses rythmes nouveaux. Peu après l'adoption, il peut traverser une période de régression avec des réflexes d'évitement du contact et des phases de cris que rien ne peut calmer. Relisez le chapitre 9 et mobilisez votre talent pour l'écouter et l'aider à crier et pleurer dans la sécurité de votre amour. Souvent, les cris d'un bébé ne commencent que lorsqu'il se sent suffisamment en sécurité pour s'en libérer – vous pouvez considérer qu'en extériorisant son chagrin, sa colère ou même sa rage, il franchit une étape. Souvenez-vous-en tandis qu'il grandit, car ces sentiments peuvent réapparaître périodiquement. La meilleure attitude à adopter sera alors de les entendre, de leur permettre d'être exprimés et de faire savoir à votre enfant que votre amour est sans condition.

Les transitions

Essayez d'obtenir un maximum d'informations sur l'environnement précédent du bébé, sur les soins qu'il a reçus, les personnes qui s'occupaient de lui, les circonstances de sa naissance, le type de nutrition qui lui a été donné, sur les couleurs, les odeurs et les sons auxquels il a été habitué. La spécialiste de l'adoption Anna Marie Merrill suggère les initiatives suivantes pour faciliter le changement de milieu de votre bébé.

- Si l'infirmière ou la nourrice précédente employait un parfum, mettez-en une goutte sur un mouchoir à proximité du berceau du bébé.
- S'il a été habitué à un biberon placé sur un support, continuez à l'employer mais tenez le bébé sur vos genoux pendant qu'il boit.
- Créez le contact visuel en jouant à « Coucou » afin qu'il se sente suffisamment en sécurité pour établir d'abord ce contact de façon passagère et prolonger progressivement ce temps d'interaction.
- S'il a été emmailloté, utilisez un lange à la maison pour le rassurer et l'aider à rassembler ses énergies après lui avoir permis de crier pour se libérer de son chagrin.
- S'il est plus âgé, nourrissez-le avec les doigts plutôt que de le laisser prendre lui-même la nourriture. Ce minimum de contact peau à peau aide à instaurer la confiance.

- S'il semble fuir le contact, essayez les *mains posées* avant de tenter un massage. Puis prolongez la période de demande de permission et soyez attentif à ses réactions. Veillez à être vous-même très détendue et focalisez-vous doucement sur lui. Si même les *mains posées* sont trop pour lui, faites machine arrière. Laissez-lui ses vêtements et contentez-vous de tenir ses pieds ou ses jambes pendant un très bref instant. Progressez à partir de là en fonction de ses réactions.
- Essayez de savoir s'il a été accoutumé à un type quelconque de musique ou de chansons, de sons et de sensations dans son cadre précédent et recourez-y brièvement plusieurs fois par jour.
- Dans certains pays, la poudre de lait est très diluée ou additionnée de sucre. Adoptez d'abord cette pratique, même si vous ne l'approuvez pas ; puis augmentez progressivement la quantité de lait et modifiez les proportions d'eau et de sucre. Soyez attentive à l'intolérance au lactose. De nombreux bébés allaités au sein ou venant de pays sous-développés réagissent mal au lait de vache utilisé en Occident.
- Plutôt que ces petits habits tout neufs dont vous avez tellement envie de le vêtir, trouvez-en de plus doux comme ceux qui ont déjà été portés. Si possible, procurez-vous la lessive employée précédemment pour son linge afin qu'il retrouve l'odeur qui lui est familière. Supprimez les étiquettes qui peuvent le gratter et l'irriter.
- Si votre bébé vient d'un orphelinat aux murs de couleurs vives, envisagez de peindre sa chambre de la même couleur.

Ces mesures d'adaptation transitoires peuvent aider le bébé à être moins craintif, plus ouvert à son nouveau cadre de vie avec ces images et ces sons familiers autour de lui. Anna Marie pense qu'il est important de laisser à l'enfant adopté un temps de « deuil ». Parlez-lui ; ne tentez pas de faire cesser le moindre cri : laissez-le se débarrasser ainsi de ses frustrations, ses peurs, sa colère, son chagrin, sa souffrance et sa solitude. Les enfants qui n'ont pas eu la possibilité de le faire au cours du premier âge (et parfois même quand ils l'ont eue) les expriment souvent quand ils sont plus grands et savent qu'ils ne risquent rien en se conduisant mal. Ils vous mettent alors à l'épreuve pour voir si vous les aimez encore quand leur comportement est difficile.

Votre nouveau bébé n'est peut-être capable de supporter qu'un ou deux types de stimulation à la fois. Ne le surchargez donc pas de musique, de massages ou d'images. Proposez une interaction à la fois – contact visuel, chanson ou massage, mais ne les cumulez pas avant d'être certaine qu'il peut les accepter.

Gail Steinberg vous suggère de continuer à traiter votre bébé avec tendresse même s'il résiste, se raidit et semble vous rejeter. Mais ne le forcez pas. S'il réagit au contact visuel comme à une menace, essayez de l'établir à distance et à petites doses, et laissez-le vous regarder quand vous le changez, le nourrissez et le baignez sans forcément croiser son regard. Laissez-le se familiariser peu à peu avec le contact physique rapproché.

Anna Marie Merrill m'a raconté comment une maman avait employé cette accoutumance progressive à la proximité pour parvenir à une intimité avec son fils adoptif. Elle avait inventé un jeu avec une longue écharpe. Son fils en tenait une extrémité, elle tenait l'autre et peu à peu, elle remontait les mains sur l'écharpe ; puis elle attendait que son fils fasse de même. Il fallut un certain temps mais petit à petit, leurs mains se rapprochèrent et finirent par se toucher : la sécurité de l'attachement s'était créée. Une autre mère profitait de l'heure du conte pour habituer son enfant à un contact sans pression ni contrainte. Chaque jour, ils s'installaient ensemble dans un fauteuil à bascule et elle lui lisait une histoire. L'enfant s'habituait au contact physique graduellement parce qu'il concentrait son attention sur l'histoire.

Parfois un enfant adopté ou accueilli s'attache à l'un des parents et rejette l'autre. Il est important que dans cette situation, le parent rejeté trouve des moyens subtils et progressifs de faire naître la sensation de sécurité propice à l'épanouissement de l'attachement. Selon Merrill, l'attachement commence quand l'enfant se sent dans la dépendance d'un parent pour la satisfaction de ses besoins. Le parent rejeté devrait donc changer le bébé, le nourrir et s'il l'accepte, le baigner. Sinon, qu'il laisse passer quelque temps avant d'essayer à nouveau. La confiance se construit avec le temps et c'est votre présence sereine et assidue qui entraînera les premiers signes d'attachement auxquels il vous faudra répondre.

Masser un enfant adopté ou accueilli

Masser un bébé adopté ou accueilli est impératif mais peut aussi s'avérer difficile. Renée Henning, spécialiste de l'adoption, déclare : « Je ne veux pas exagérer la différence entre un bébé accueilli ou adopté et un bébé élevé par ses parents biologiques. Il arrive souvent qu'il n'y en ait aucune. Cependant, beaucoup de nourrissons issus d'un orphelinat ou d'une famille d'accueil ont davantage besoin d'un bon contact tactile. »

Je vous suggère donc de commencer très lentement avec les *mains posées* sur votre enfant tout habillé pour parvenir graduellement au massage complet décrit au chapitre 8. Rappelez-vous que votre bébé doit « faire son deuil ». La meilleure attitude consiste à reconnaître ses sentiments en continuant à offrir un contact affectueux ; à faire machine arrière si nécessaire pour progresser à nouveau au fur et à mesure que la confiance et l'attachement se développent. Nancy Verrier a écrit dans *Healing the Primal Wound* (Guérir la blessure primale) : « Les enfants fonctionnent à la sensibilité et à l'intuition, et ils savent s'ils ont ou non la permission de ressentir et/ou d'exprimer leurs sentiments. » Elle souligne l'importance de permettre au nouveau bébé de crier en se sentant compris. Le massage l'aide souvent à extérioriser son accumulation de peur et de chagrin.

La spécialiste de l'adoption Marlou Russell souligne elle aussi le caractère essentiel de cette libération. « Le deuil est un processus nécessaire et déterminant parce que la perte est une partie intégrante de l'adoption. Elle peut créer une situation où le chagrin est nié ou repoussé à plus tard. Parce que l'adoption est perçue comme une solution positive, il peut être difficile de sentir qu'elle comporte aussi sa part de chagrin. » L'expression permise – ou même encouragée – de ce chagrin dans la petite enfance peut limiter les problèmes ultérieurs de comportement dus à une souffrance émotionnelle jamais apaisée. Selon Leah LaGoy, autre spécialiste des problèmes d'adoption, le chagrin réprimé au premier âge peut resurgir au cours de l'adolescence. Dans cette période de transitions décisives et de crise d'identité, les enfants éprouvent souvent vis-à-vis de leurs parents adoptifs une colère qui n'est en partie que cette rage refoulée envers leurs vrais parents dont ils pensent, consciemment ou non, qu'ils les ont bel et bien abandonnés.

Si votre bébé accueilli ou adopté réagit négativement à votre affection, il est sans doute victime de troubles de l'attachement qui peuvent et devraient être pris en compte au plus tôt. Il est possible que dans son environnement précédent, ce bébé n'ait pas reçu les réponses dont il avait besoin et qu'il y ait finalement renoncé. Face à l'affection et à la sollicitude, il risque fort de réagir par la crispation,

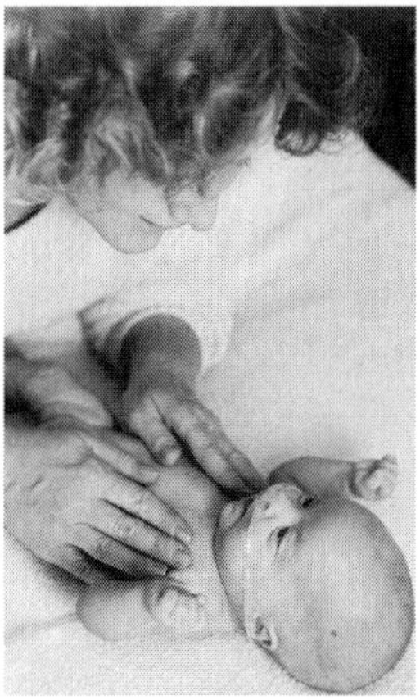

le refus d'être consolé et l'irritabilité. Ne vous croyez pas personnellement visée. Acceptez ses sentiments et trouvez les moyens d'entretenir un contact affectueux jusqu'à ce qu'il se sente suffisamment en sécurité avec l'expression de votre tendresse pour se détendre et accepter vos soins, y compris les massages. Tous les experts en troubles de l'attachement insistent sur la nécessité de faire face à ces problèmes le plus tôt possible afin d'éviter qu'ils surgissent plus tard, sous forme de difficultés scolaires ou de comportements pathologiques ou asociaux. Plus l'enfant grandit, plus il devient difficile de « reprogrammer » les circuits neuronaux pour lui donner la capacité de créer et entretenir des relations d'interdépendance saines et affectueuses.

Quand j'enseigne le massage à des parents d'accueil, on me pose souvent la question suivante : « Dois-je vraiment masser ce bébé et l'aider à extérioriser son chagrin, alors qu'il va peut-être se retrouver dans une situation d'abandon ou de maltraitance ? » Ma réponse est *Oui !* Sans hésitation. Extérioriser son chagrin et sa peur et éprouver une affection et un attachement sincères peut l'aider à devenir plus résilient, plus équilibré et autonome. Même s'il est à nouveau accueilli par de médiocres parents, son comportement sera sans doute différent et il est possible qu'il influence leurs réactions. Peut-être sera-t-il plus détendu, plus souriant, plus câlin, plus enclin au contact visuel – des attitudes qui peuvent agir sur les parents, leur inspirer des réactions plus affectueuses, modifier les rapports et créer plus de confiance. Si, de plus, ces parents peuvent bénéficier d'une formation et acquérir des notions d'un meilleur parentage et d'une pratique saine et adéquate de massage du bébé, la situation sera améliorée d'autant.

Terry Levy et Michael Orlans concluent : « Les études sur les modes d'attachement, sur le développement et le fonctionnement psychosocial montrent régulièrement qu'en grandissant, les enfants ayant noué des liens profonds dans leur petite enfance réussissent mieux dans tous les domaines importants de leur vie. Elles démontrent qu'ils résolvent les problèmes avec plus de compétence, sont plus solides, ont des relations amicales plus satisfaisantes, une meilleure opinion d'eux-mêmes, sont plus indépendants et suscitent dans leur entourage des réactions plus positives. »

Que vous soyez un parent adoptif ou d'accueil, masser votre bébé est une des meilleures choses que vous puissiez faire pour lui et pour vous, pour créer des liens affectueux, détendus, ouverts et harmonieux dont il bénéficiera toute sa vie. C'est un cadeau merveilleux que vous pouvez lui offrir, un don qui peut influencer les interactions dans les générations futures.

CHAPITRE 15

UN MOT AUX PARENTS ADOLESCENTS

Si vous avez décidé de garder et d'élever votre bébé, vous avez fait un choix très difficile, non seulement pour vous mais pour tous ceux qui vous sont chers, y compris le bébé lui-même. Si tel est votre choix, je le respecte et j'espère que vous êtes entourée d'adultes qui le respectent également et sont prêts à vous soutenir et vous aider. Pour votre avenir et celui du bébé, il est d'une importance capitale que vous vous entouriez de tout l'amour et le soutien que vous pouvez obtenir des adultes. Ne laissez personne vous décourager. Allez à la rencontre de toutes les personnes qui peuvent constituer votre petit « village » personnel car dans votre cas, c'est d'un noyau fidèle dont vous aurez besoin pour élever votre enfant. Vous allez devoir naviguer par gros temps. Il vous semblera par moments qu'il n'y a pas de fin aux décisions à prendre. Votre corps va connaître de nombreux changements et des problèmes que vous ne soupçonniez pas vous rendront peut-être irritable. Tout le monde aura des conseils à vous prodiguer, souvent plus déstabilisants que constructifs.

NOTE AUX PARENTS DES ADOLESCENTS

Ce petit chapitre n'est pas facile mais il me semble important de tenir compte des parents adolescents et de les encourager quand ils choisissent d'assumer la responsabilité d'un bébé. Je n'excuse pas et n'encourage pas la grossesse chez les adolescentes ; toute personne qui a mis au monde et élevé des enfants sait à quel point ce serait irresponsable. Mais il est inutile de nous voiler la face et de fuir la réalité, à savoir que beaucoup d'adolescentes se retrouvent enceintes et décident de garder leur bébé. Je crois qu'en tant qu'adultes, le meilleur choix que les parents puissent faire est de les éduquer, les soutenir et les aider plutôt que de les punir.

Quoi qu'on vous dise, vous avez, consciemment ou non, fait le choix de devenir une adulte avant que vous-même ou votre société soyez réellement prêtes à l'accepter.

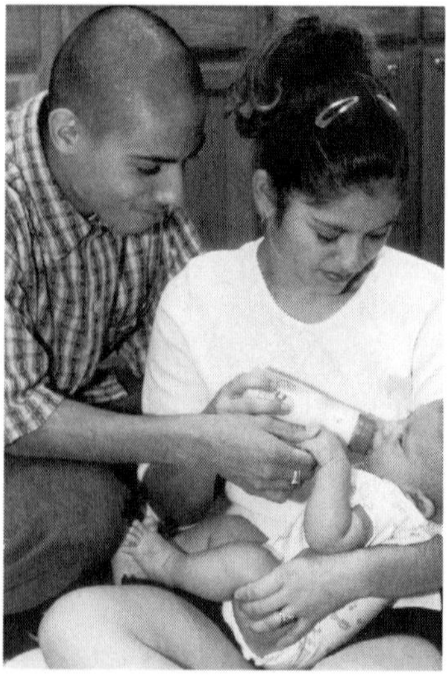

Les pressions de l'éducation, de la famille, des relations, les malaises, les préoccupations esthétiques, votre opinion de vous-même, celle des ami(e)s, les questions médicales, financières – d'un seul coup, tout pèsera sur vous à la fois. Il vous faudra faire face à un certain nombre de difficultés. Je n'en parlerai pas ici, mais ce que je désire souligner est qu'aimer votre bébé doit devenir votre priorité absolue. Privilégiez tout ce qui va en ce sens. Tout ce qui s'y oppose doit, du moins pour un certain temps, passer au second plan ou disparaître de votre vie.

Assurez-vous un suivi prénatal de qualité et écoutez vos médecins. Informez-vous autant que possible sur tous les aspects de cette nouvelle phase de votre vie. La vie et la santé de votre bébé, ainsi que la vôtre, peuvent en dépendre. Prenez le contrôle de votre existence et avec une calme détermination, créez un environnement aimant et chaleureux pour votre bébé et pour vous. Si votre mère n'est pas disponible, cherchez le meilleur substitut possible et ayez le courage de lui demander de vous aider à être une bonne mère, ne serait-ce qu'avec quelques câlins, une écoute cordiale, des réponses à vos questions sur les soins au bébé.

Les massages sont un merveilleux moyen d'apprendre à connaître ce petit être et d'amorcer le processus biologique qui va créer entre vous et lui un lien affectif indestructible. Même si vous ne pouvez pas le faire chaque jour, essayez de le masser un jour sur deux ou d'en faire un rituel hebdomadaire. Si vous le pouvez, inscrivez-vous à un stage de massage dispensé par un spécialiste.

Rappelez-vous tout ce qui contribue à créer le lien affectif et essayez de le mettre en œuvre chaque jour :

- Portez votre bébé peau contre peau.
- Établissez un contact visuel chaud et tendre.
- Parlez et jouez avec votre bébé.
- Regardez son visage quand vous lui donnez le sein ou le biberon.
- Portez-le chaque jour contre votre poitrine.
- Évitez les parfums et les odeurs fortes pendant les trois premiers mois.

Autres notions importantes à ne pas oublier au cours de ces premiers mois où l'on manque de sommeil :

- Ne laissez jamais votre bébé seul ou avec des personnes inexpérimentées ou irresponsables.
- Ne le punissez jamais verbalement ou physiquement ; n'utilisez jamais de mots grossiers pour lui parler ou parler de lui. Si vous vous sentez à bout, si vous avez besoin d'un moment à vous, trouvez quelqu'un pour le surveiller.
- Un quart d'heure de promenade, de respiration relaxante ou même de danse sur votre musique préférée peut vous aider à retrouver votre équilibre.
- Rappelez-vous que les pleurs sont la façon de « parler » des bébés, et qu'ils ont souvent beaucoup à dire. N'isolez jamais votre nourrisson et ne le punissez jamais parce qu'il crie.

Vous trouverez des informations utiles (dans les chapitres 3, 9 et 10) sur l'attachement, les pleurs et la nervosité, ainsi que les coliques. Vos actions au cours des première et deuxième années constituent les fondations sur lesquelles va reposer toute une vie. Pour une adolescente, une ou deux années peuvent sembler bien longues et – je ne vous mentirai pas – il est vrai qu'elles sont parfois difficiles et exigent beaucoup plus de sacrifices qu'on ne l'avait imaginé. Mais tenez bon, ce que vous traversez a sa raison d'être et plus tard, vous serez heureuse et fière d'avoir été une bonne mère pendant cette période décisive. En commençant dans cet état d'esprit, vous vous prendrez au jeu : votre rôle de maman vous fera découvrir des sensations inoubliables et des forces que vous ne vous connaissiez pas. Votre enfant réglera sa conduite sur la vôtre et lui servir de modèle sera pour vous une éducation permanente car vous voudrez continuer à vous instruire et vous améliorer afin qu'il puisse être fier de vous.

Pour les pères adolescents

Vous savez déjà qu'il ne suffit pas de faire un bébé pour être le père d'un bébé. Même si vous et votre partenaire êtes séparés, si cette dernière a décidé de garder l'enfant, vous pouvez participer à son éducation. Essayez de rendre l'environnement de la future maman aussi serein que possible. Oubliez votre ego pour le bien-être de votre petit. Inspirez-vous des adultes que vous considérez comme des modèles de bons pères, qu'il s'agisse du vôtre, d'un professeur ou d'un intervenant social. Vous serez amené à sacrifier beaucoup de choses pour entretenir votre famille. Mais n'imaginez pas que le soutien financier remplace le lien affectif. Lisez, informez-vous auprès des services sociaux sur les moyens de participer de façon positive à la grossesse et à ses suites.

Si votre partenaire est vindicative et refuse de coopérer, faites le maximum pour calmer les tensions, y compris accepter de consulter ensemble un conseiller ou un psychologue ; montrez-vous conciliant afin d'avoir une chance d'être un bon père pour votre bébé. Saisissez toutes les occasions de participer aux cours ou stages pour futurs parents qui peuvent vous être proposés. Montrez à votre partenaire que vous faites de votre mieux pour participer sur les plans financier et émotionnel. Cette période peut être très difficile et stressante, mais dans toute la mesure du possible, prenez une part active et quotidienne à la vie de votre bébé. C'est l'un des événements les plus importants de toute votre vie, que vous pourrez vous rappeler sans regret et avec le sentiment d'avoir agi au mieux quand vous serez plus âgé. Une relation affective profonde avec votre enfant vous permettra à tous deux d'être plus heureux et de mieux réussir votre vie. Que vous soyez prêt ou non, il n'y a aucun doute : si vous allez être père, il est temps de grandir. Et je vous assure que la joie que vous tirerez de l'amour de votre enfant vaut bien tous les efforts que vous consentirez pour être un bon père et un modèle fiable, aimant et responsable.

Si la future maman désire faire adopter le bébé, informez-vous des possibilités qui vous sont ouvertes de jouer votre rôle dans la vie de l'enfant en tant que père biologique. La mairie de votre domicile peut vous orienter vers les associations et les services sociaux compétents[1]. Nous comprenons tous que le bien-être physique, émotionnel, mental et spirituel de nos bébés doit l'emporter sur toute autre préoccupation. Le moment venu, nous devons être prêts à faire les sacrifices nécessaires, à nous engager et à faire passer l'intérêt et l'avenir de nos enfants avant les nôtres, quelles que soient les circonstances. C'est beaucoup demander, mais vous *pouvez* le faire si vous décidez que vous *voulez* et avez besoin de faire, à la fois pour vous-même et pour votre bébé.

1. L'adoption « ouverte » n'est légalisée qu'aux États-Unis et au Canada (N.D.T.).

RÉFÉRENCES ET RECOMMANDATIONS

Vous remarquerez que certains des articles cités datent, mais ce sont les toutes premières recherches publiées qui ont été confirmées depuis de nombreuses fois. Pour moi, ce sont celles-ci qui sont importantes et que j'ai utilisées pour tirer mes conclusions, je ne cite donc pas toutes les publications parues depuis. De plus j'estime que dans un livre comme celui-ci les notes en bas de page sont gênantes, aussi les ai-je réunies par chapitre, en ordre alphabétique.

RÉFÉRENCES BIBLIOGRAPHIQUES DE SOURCE FRANÇAISE[1]

CHAPITRE 1 : POURQUOI MASSER SON BÉBÉ ?

DUMONTEIL-KREMER Catherine, *Élever son enfant autrement. Ressources pour une éducation alternative*, Éditions LaPlage, Sète, 2003.

FIELD Tiffany, *Les bienfaits du toucher*, Payot, Paris, 2003.

FRYDMAN René, SZEJER Myriam, *Le bébé dans tous ses états*, Odile Jacob, Paris, 1998.

LEBOYER Frederick, *Shantala, un art traditionnel, le massage des enfants*, Le Seuil, Paris, 1976.

LEBOYER Frederick, *Pour une naissance sans violence*, Le Seuil, Paris, 2001.

1. Adaptation des références bibliographiques et recommandations par Christel Proudhon, Instructrice et représentante de l'Association française de Massage pour bébé auprès de l'Association internationale de massage pour bébé.

MONTAGU Ashley, *La peau et le toucher : un premier langage*, Le Seuil, Paris, 1979.
MONTAUD Bernard, *Accompagnement à la naissance*, Edit'as, Saint-Nicolas-de-La-Balerme, 1997.
ODENT Michel, *L'amour scientifié : Les mécanismes de l'amour*, Jouvence éditions, Saint-Julien-en-Genevois, 2001.
STERN Daniel et BRUSCHWEILER-STERN Nadia, *La naissance d'une mère*, Odile Jacob, Paris, 1998.
VAIVRE-DOURET Laurence, *La qualité de vie du nouveau-né, corps et dynamique développementale*, Odile Jacob, Paris, 2003.

CHAPITRE 2 : L'UNIVERS SENSORIEL DE VOTRE BÉBÉ

CYRULNIK Boris, *La naissance du sens*, Hachette Littérature, Paris, 1998.
DOLTO-TOLICH Catherine, « L'haptonomie, révolution tranquille », *in* HERBINET E. & BUSNEL M-C., *L'aube des sens*, Stock, Paris, 1989, pp. 287-290.
DOLTO-TOLICH Catherine, « L'haptonomie périnatale », in *Les dossiers de l'obstétrique*, n° 155, octobre 1988, disponible sur le site **www.liewensufank.lu.**
DOLTO-TOLICH Catherine, *L'haptonomie périnatale* (CD audio), Gallimard Jeunesse, Paris, 1999.
ODENT Michel, *Votre bébé est le plus beau des mammifères*, Albin Michel, Paris, 1990.
RELIER Jean-Pierre, *L'aimer avant qu'il naisse*, Robert Laffont, Paris, 1993.
REVARDEL Jean-Louis, *L'univers affectif, haptonomie et pensée moderne*, PUF, Paris, 2003.
STERN Daniel, *Journal d'un bébé*, Odile Jacob, Paris, 2004.
THIS Bernard, *Le développement de la sécurité de base chez l'enfant*, coll. « Trames », Z'éditions, Nice, 1989.

CHAPITRE 3 : LIEN, ATTACHEMENT ET MASSAGE DU BÉBÉ

BRAZELTON Terry Berry, *Points forts. Les moments essentiels du développement de votre enfant*, Le Livre de Poche, Paris, 1999.
CYRULNIK Boris, *Les nourritures affectives*, Odile Jacob, Paris, 2000.
CYRULNIK Boris, *Sous le signe du lien*, Hachette Littérature, Paris, 1989.
DIDIERJEAN-JOUVEAU Claude-Suzanne, *Pour une parentalité sans violence*, Jouvence éditions, 2002.
KLAUS MARSHALL H. et KLAUS Phyllis H., BUSNEL Marie-Claire (préface), *La magie du nouveau-né*, coll. « La cause des bébés », Albin Michel, Paris, 2000.
MONTAGNER Hubert et STEVENS Yves, *L'attachement, des liens pour grandir plus libre*, L'Harmattan, Paris, 2003.
PIERREHUMBERT Blaise, *Le premier lien : Théorie de l'attachement*, Odile Jacob, Paris, 2003.
THIRION Marie, *Les compétences du nouveau-né*, Albin Michel, Paris, 2002.

CHAPITRE 4 : SPÉCIAL PAPAS

DANIEL Stéphane, *Au bonheur des pères*, Bayard, Paris, 2001.
STROUK Gérard, VILDER BOMPARD Corinne, *Je vais être papa*, Éditions du Rocher, Paris, 2001.

CHAPITRE 6 : MUSIQUE ET MASSAGE

Disques :

BOHY Hélène et CHAUMIÉ Agnès, *75 Comptines et jeux de doigts*, Enfance et Musique.
Comptines et jeux de doigts (avec Rémi), Éd. Rémi, BP 515, 71322 Châlon-sur-Saône.

MARSAUDON Fabienne, *Hymne à la vie*, *Les p'tits mots doux*, *La petite musique de jade*, éditions Monte-Cristo, Annecy Vente via le site internet: **www.montecristo-editions.com.**

Livres:

Jeux de doigts à la carte. Fichier de 24 jeux de doigts illustrés, sur des fiches cartonnées, Nathan, Paris, 1991.

ALBAUT Corinne et BOUCHER Michel, *Comptines pour compter*, coll. « Les Petits Bonheurs », Actes Sud Junior, Paris, 1997.

ALBAUT Corinne et BRUNELET Madeleine, *Comptines de la tête aux pieds*, coll. « Les Petits Bonheurs », Actes Sud Junior, Paris, 1997.

ALBAUT Corinne, *101 Comptines à mimer et à jouer avec les tout-petits et les plus grands*, Bayard Jeunesse, Paris, 2001.

BRULEY Marie-Claire et TOURN Lya, *Enfantines, Jouer, Parler avec le bébé*, L'École des loisirs, Paris, 1988.

CHAPITRE 9: CRIS, NERVOSITÉ ET LANGAGE DU BÉBÉ

ANTIER Edwige, *Mon bébé dort bien*, coll. « Guide France Info », Balland/Jacob-Duvernet, Paris, 2001.

BRAZELTON T. B., SPARROW Joshua D., *Apaiser son enfant*, coll. « Méthode Brazelton », Fayard, Paris, 2004.

BRAZELTON T. B., SPARROW Joshua D., *Votre enfant et son sommeil*, coll. « Méthode Brazelton », Fayard, Paris, 2004.

FILLIOZAT Isabelle, *Au cœur des émotions de l'enfant*, Marabout Poche, Paris, 2001.

MC COURT Lisa, *101 conseils pour élever un enfant heureux*, Éditions de L'Homme, Paris, 2001.

MAUREL Olivier, *La fessée, 100 questions-réponses sur les châtiments corporels*, éditions La Plage, Sète, 2001.

ROQUES Nathalie, *Dormir avec son bébé*, L'Harmattan, Paris, 2003.

SEARS William, *Que faire quand bébé pleure ?*, édité par l'association La Leche League. En vente sur le site internet: **www.lllfrance.org.**

SEARS William, *Être parent le jour… et la nuit aussi*, édité par La Leche League. En vente sur le site internet de l'association.

SOLTER Aletha J., *Pleurs et colères des enfants et des bébés: une approche révolutionnaire*, Jouvence éditions, 1997.

SOLTER Aletha J., *Comprendre les besoins de votre enfant*, Marabout, Paris, 2000.

SOLTER Aletha J., *Mon bébé comprend tout*, Marabout, Paris, 1998.

THIRION Marie, CHALLAMEL Marie-Josèphe, *Le sommeil, le rêve et l'enfant de la naissance à l'adolescence*, Albin Michel, Paris, 2004.

CHAPITRE 11: VOTRE BÉBÉ PRÉMATURÉ

Ma petite sœur s'appelle prématurée, édité par le Conseil général de la Loire, DPS- 23 rue d'Arcole, BP 264, 42016 Saint-Étienne Cedex 01.

AUTHIER-ROUX Frédérique, *Aux marges de la vie: être parent d'un bébé mort, fragile ou handicapé*, coll « Mille et Un bébés », Érès, 1999.

BEYSSAC-Fargues Claude, SYFUSS-ARNAUD Sabine, *Le bébé prématuré. L'accueillir, le découvrir, le soutenir*, Albin Michel, Paris, 2000.

BLOCH Henriette, LEQUIEN Pierre et PROVASI Joëlle, *L'enfant prématuré*, Armand Colin, Paris, 2003.

BOULÉTREAU Aline, *Un enfant né très prématurément. Tu vivras !* L'Harmattan, Paris, 1999.

CHARPAK Nathalie, DE CALUME Zita et HAMEL Annick, *La Méthode Kangourou*.

Comment les mères des enfants prématurés se substituent aux couveuses, coll. « La Vie de l'enfant », ESF, 1996.

Druon Catherine, *À l'écoute du bébé prématuré. Une vie aux portes de la vie*, Aubier, Paris, 1996.

Golse Martine, Golse Bernard, *Naître ou renaître : le bébé en réanimation*, Odile Jacob, Paris, 2001.

Laurent-Bednarek Anne, *Ma petite sœur est revenue d'être morte. Histoire d'une naissance prématurée*, Éditions Feuilles Familiales, Belgique, 2000.

Lelièvre Frédéric, *Un lien pour la vie*, Éd. Le Publieur, Paris, 2003.

Louis Sylvie, *Le grand livre du bébé prématuré. Du choc de la naissance à l'arrivée du bébé à la maison*, Éd. de l'Hôpital Sainte-Justine, Montréal (Québec), 2001.

Loux Françoise, *Une si longue naissance*, Stock, Paris, 1991.

Pills Mildred, Claude Walter et Millet Denise, *Ma maman a besoin de moi*, Bayard Jeunesse, Paris, 2001.

Ratynski Nathalie, *Je vous parle, regardez-moi ! L'enfant prématuré : mieux le connaître, mieux le comprendre…*, édité par l'association SPARADRAP, 2002 (cf. adresse *Ressources*).

Relier Jean-Pierre, *Adrien ou la colère des bébés*, Robert Laffont, Paris, 2002.

Szejer Myriam, *Des mots pour naître. L'écoute psychanalytique en maternité*, Gallimard, Paris, 1997.

Vermot Marie-Sophie, Silloray Florent (illustrations), *Un si petit petit frère*, coll. « Milan poche cadet », Milan, 2002.

CHAPITRE 12 : UN BÉBÉ AUX BESOINS PARTICULIERS

Ferland Francine, *Au-delà de la déficience physique ou intellectuelle. Un enfant à découvrir*, coll. « Parents », Éd. de l'Hôpital Sainte-Justine, Montréal (Québec), 2001.

Terra Daniel (sous la dir. de), *Prendre en charge à domicile l'enfant handicap*, coll. « Les Services d'éducation spéciale et de soins à domicile (SESSAD) », Dunod, Paris, 2002.

CHAPITRE 13 : BÉBÉ GRANDIT

Antier Edwige, *Élever mon enfant aujourd'hui*, Robert Laffont, Paris, 2003.

CHAPITRE 14 : VOS ENFANTS ADOPTÉS OU ACCUEILLIS

Le placement familial ou la parentalité en tensions, « Actes des journées d'Étude 1999 – Nantes », Association nationale des placements familiaux, L'Harmattan, Paris, 2000.

Bass Denise, Pellé Arlette, *2001, l'odyssée du placement familial ou l'illusion du retour*, Érès, 1997.

Berger Maurice, *L'enfant et la souffrance de la séparation. Divorce, adoption, placement*, Dunod, Paris, 1997.

David Myriam (sous la dir. de), *Enfants, parents, famille d'accueil. Un dispositif de soins : l'accueil familial permanent*, Érès, Paris, 2000.

David Myriam, *Le placement familial. De la pratique à la théorie*, ESF, Paris, 1997.

Domergue Marie, Ray Marie-Christine, *Devenir parents*, Éd. de l'Atelier, Paris, 2003.

Eliacheff Caroline, *À corps et à cris*, Odile Jacob, Paris, 2000.

Fouda Vincent Sosthène, *Notions de réussite et d'échec dans la filiation adoptive*, L'Harmattan, Paris, 2002.

Laporte Danielle, *Être parents, une affaire de cœur*, coll. « Parents », Éd. de l'Hôpital Sainte-Justine, Montréal (Québec), 1999.

Masselot-Astruc Anne, *Adoption, le guide pratique*, Éd. Prat, Issy-les-Moulineaux, 2004.

PEYRÉ Janice, *Enfance et familles d'adoption. Le guide de l'adoption*, Marabout, Paris, 2002.
SZEJER Myriam (sous la dir. de), *Le bébé face à l'abandon, le bébé face à l'adoption*, Albin Michel, Paris, 2000.

SITES INTERNET ET ADRESSES

J'apprécie les commentaires et questions de mes lecteurs qui peuvent me joindre en s'adressant aux associations de massage pour bébé de langue française (en France, Suisse et au Québec) citées ci-dessous ou, pour ceux qui écrivent en anglais, en m'envoyant un courrier électronique à l'adresse suivante: **vimala@iaim.net.**

L'Association internationale de massage pour bébé (International Association of Infant Massage) que j'ai fondée a pour but de promouvoir le massage du bébé, toucher affectueux, la communication avec les bébés, par des formations, par l'apprentissage et la recherche afin que tous les bébés, et les personnes s'occupant d'eux puissent être aimés, respectés et valorisés par la communauté mondiale.

AIMB (Association Internationale de massage pour bébé)

Le bureau de l'association internationale se situe en Suède. Son site internet: **www.iaim.net**.

Les associations citées forment des instructeurs de massage pour bébé qui donnent des cours aux parents. Si vous êtes intéressé(e) pour prendre des cours de massage avec votre bébé, vous pouvez contacter ces associations qui vous fourniront les coordonnées de leurs membres instructeurs proches de chez vous.

- **FRANCE**
  AFMB (Association française de massage pour bébé)
  Informations générales, formations d'instructeurs
  Site Internet: **www.massage-bebe.asso.fr**
  Email: afmb@massage-bebe.asso.fr
- **BELGIQUE**
  Le site est en cours de création. Renseignements sur **www.iaim.net.**
- **SUISSE**
  ASMB (Association suisse de massage pour bébé)
  Chemin de la Scierie 30 – CH - 2504 Bienne
  Email: asmbch@yahoo.de – Site Internet: **www.ch.iaim.net**
  Tél.: 032 342 07 07
- **CANADA**
  AIMB-Q (Association internationale de massage pour bébé, section québécoise)
  5305 Waverly, Montréal, Québec, H2T 2X6, Canada
  Email: lefebvre.dugre@sympatico.ca – Site Internet: **www.infantmassage.ca**
  Tél: 1-877-532-2323

Nous nous développons très rapidement, les années passant, il y aura de plus en plus d'instructeurs et de formateurs d'instructeurs de par le monde.
Pour les associations de massage pour bébé de pays étrangers fédérées par l'Association internationale, vous trouverez leurs coordonnées sur le site **www.iaim.net** ou en contactant le bureau international par email.

De nombreux instructeurs certifiés en massage pour bébé (ICMB), membres de l'Association internationale, ont développé des programmes spécialisés, vidéos et sites Internet, proposant leurs services.

Mise en garde : ce n'est pas parce que quelqu'un a été formé au massage (adulte) qu'il sait enseigner le massage bébé aux parents. Cet art traditionnel n'a rien à voir avec le massage adulte, et ce n'est pas une série d'exercices de jeux non plus. Vous devez non seulement savoir comment le corps du bébé fonctionne, mais également connaître la signification de la relation entre le parent et le bébé, la manière dont l'enfant répond en fonction de son âge, reconnaître les signaux du bébé, et de nombreux autres aspects subtils de la communication entre parents et enfants pour pouvoir enseigner le massage bébé. Les bébés réagissent mal aux chatouilles, aux pincements, au massage des muscles profonds ou à un massage trop léger. Les enfants « différents » ont des besoins particuliers et le massage doit leur être adapté. Tous les bébés en grandissant doivent être traités avec respect, authenticité et, par-dessus tout, avec beaucoup d'amour. Le massage bébé tel que nous l'enseignons repose sur l'idée que c'est le meilleur outil que nous avons pour continuer le processus d'attachement, aussi la manière dont nous massons, répondons aux signaux du bébé est très importante.

Le massage que nous enseignons a été mis à l'épreuve depuis mille ans dans le « laboratoire de l'expérience humaine ». L'enchaînement que j'ai développé est basé sur des pratiques très anciennes, agencées dans un ordre fonctionnel. J'ai donné un nom à chaque mouvement et les ai organisés afin de répondre au mieux aux besoins de pratiquement tous les bébés. J'ai aussi créé un enchaînement pour apaiser les coliques, pour apprendre à se relaxer (le *toucher relaxation*). Il m'est ainsi très facile de savoir si quelqu'un a appris ma technique ou inventé la sienne. Bien sûr, quand vous aurez un peu pratiqué avec votre bébé le programme que nous vous proposons, vous créerez votre propre manière de faire, adaptée à vos préférences et celles de votre bébé.

Mais je crois qu'il est important plutôt que d'improviser, de suivre un cours par un instructeur certifié, afin de vous assurer que votre propre massage est véritablement bénéfique pour votre bébé et que vous ne créez pas de problèmes. Les milliers de parents qui ont suivi nos cours depuis 1976 pourraient faire écho à ce que je vous dis. La plupart réalisent que c'est une expérience riche et intense qu'ils n'avaient pas imaginée avant les cours. Quand il s'agit de votre enfant, la meilleure qualité devrait guider votre choix.

Les sites sélectionnés touchent à divers domaines de la périnatalité, de la naissance, du massage bébé et de la parentalité « autrement ». Des sites apparaissent tous les jours sur la toile, et vous y trouverez des références de livres, vidéos et produits en lien avec ces thèmes. Si vous tapez « massage bébé » ou en anglais « infant massage » ou « baby massage », vous trouverez de nombreux sites intéressants. J'approuve tout site créé par un instructeur certifié de massage bébé ou un formateur de l'IAIM qui mentionne ce livre ou mon nom.

Sites en relation avec le massage bébé (en anglais)

www.babysfirstmassage.com

www.infantmassageinstitute.com

www.miami.edu/touch-research : l'Institut de recherche sur le toucher de Miami (Floride), dirigé par le Dr Tiffany Field, présente les résultats des études évaluant l'effet des massages sur des populations variées (prématurés, enfants et adultes malades etc.).

Sites d'instructeur de massage bébé ou de formateur (en français)

www3.sympatico.ca/lefebvre.dugre/fl/index.htm : site de formation professionnelle d'instructeur en massage pour bébé, certifié par l'AIMB.

www.naissance.ca : réseau québécois d'accompagnantes à la naissance réparties à travers presque toutes les régions du Québec.

www.naissanceaffective.com : associations pour la préparation affective à la naissance – Section Belge infopan@planetinternet.be – Section Québécoise (APAN) informations@naissanceaffective.com

Autour de la naissance

http://biogassendi.ifrance.com/biogassendi/bebebio.htm : informations pour une alimentation naturelle du bébé.

www.cam.org/~rnr/ : le Regroupement Naissance-Renaissance (RNR) travaille depuis 25 ans à l'humanisation de la naissance et des services en périnatalité au Québec.

www.haptonomie.org : Centre international de recherche et de développement de l'haptonomie (Tél. : 04 68 39 42 23).

www.liewensufank.lu/francais/peres/haptonomie.htm : site présentant l'haptonomie.

www.peau-a-peau.be : association diffusant des informations sur le portage des bébés (mode traditionnel) et l'allaitement (aussi pour les bébés prématurés, les jumeaux) et assurant la formation d'animatrices en Belgique et en France.

www.maman-nature.com : site sur le parentage et les produits écologiques pour enfants.

www.lllfrance.org : site français de La Leche League qui œuvre pour l'allaitement maternel.

www.lalecheleague.org : site international (en anglais) de La Leche League et liaison vers les sites nationaux.

www.continuum-concept.org : le concept de continuum, mis au point par Jean Liedloff, repose sur l'idée que l'enfant doit être dans un contact continu avec ses parents, jusqu'à ce qu'il ait lui-même l'initiative de son autonomie, et ce pour lui assurer un développement physique, mental et émotionnel optimal.

www.adoptionefa.org : Fédération (française) Enfance et Familles d'Adoption

www.maternologie.fr.fm : association luttant pour la prise en charge de la souffrance et des difficultés maternelles pré ou postnatales.

www.francoise-dolto.com/maison.htm : permet de trouver les adresses des maisons vertes créées par Françoise Dolto.

Pour les parents de bébés prématurés ou hospitalisés

www.sparadrap.org : l'association Sparadrap aide les parents et les professionnels quand un enfant est malade ou hospitalisé.

www.cipap.net : Le CIPAP (Centre d'Information, de Prévention et d'Accompagnement de la Prématurité) est une association d'entraide franco-belge, fondée par des parents d'enfants prématurés.

www.reseau-naissance.com/rsn-peau-a-peau. html : la technique du Peau-à-peau.

www.naitre-et-vivre.asso.fr : la fédération Naître et Vivre, reconnue d'utilité publique, œuvre pour la prévention de la mort subite du nouveau-né.

Pour les enfants aux besoins spéciaux

www.enfantdifferent.org: portail d'informations à destination des parents d'enfants porteurs de handicap.

www.enfant-aveugle.com: site présentant des informations pour les parents ayant un enfant aveugle.

www.autisme.fr: ce site s'adresse aux professionnels de la santé comme aux familles concernées, et présente notamment un répertoire des structures accueillant des personnes autistes très complet. Liens vers les associations francophones et mondiales.

www.unapei.org: l'UNAPEI (Union Nationale des Associations de Parents et Amis de Personnes Handicapées Mentales) est une association œuvrant pour que la dignité des personnes handicapées mentales et de leurs familles soit reconnue et garantie.

www.cisic.fr: le CISIC (Centre d'information sur la surdité et l'implant cochléaire) présente des témoignages de personnes sourdes ayant reçu un implant cochléaire.

Attitudes éducatives

www.awareparenting.com: site de Aletha Solter, psychologue suisse/américaine, fondatrice de l'Institut d'Éducation consciente (The Aware Parenting Institute), dont le but est de créer un monde sans violence dans lequel tous les enfants peuvent atteindre leur plein potentiel d'épanouissement.

www.nvc-europe.org/france: site de l'association de communication non violente Marshall Rosenberg qui propose articles, stages, témoignages sur l'effet de la pratique de la CNV en famille ou au travail.

www.lausannefamille.ch – www.formation-des-parents.ch: Fédération suisse pour la formation des parents, offrant des stages autour de la parentalité.

www.ecoledesparents.org: site de la FNPEPE (Fédération Nationale des Écoles des Parents et des Éducateurs): accompagnement, groupes de parole, etc. (Tél.: 01 47 53 62 70).

www.webzinemaker.net/maisonenfant: l'« Atelier des Parents Jardiniers » de Catherine Dumonteil-Kremer, auteur du livre *Élever son enfant autrement*, propose une foule de renseignements, d'activités à faire avec votre enfant, et des stages de parentage actif.

Placement familial

www.anpf.net: site de l'ANPF (Association Nationale des Placements Familiaux), 63, rue de Provence - 75009 Paris (Tél.: 01 42 80 21 21).

www.uf-am.org: site de l'UFNAFAAM (Union Fédérative Nationale des Associations de Familles d'Accueil et Assistantes Maternelles), « Les Commères » - 32170 Tillac (Tél.: 05 62 70 09 96).

Musique et chansons

www.enfancemusique.asso.fr: les musiciens animateurs et formateurs d'Enfance et Musique agissent pour que la musique vivante retrouve sa place dans le quotidien de la vie des jeunes enfants.

www.comptinesetjeuxdedoigts.com : Rémi, le chanteur des tout petits, propose son univers de comptines, formules et gestuelle.

www.fabienne-marsaudon.com: Fabienne est québécoise et chante les émotions de la grossesse.

www.alternatives.be/fiches/chant-prenatal-2.htm: pour se renseigner sur le chant prénatal.

http://marieanne.sevin.free.fr: informations sur le chant prénatal et familial.
www.college-de-psychophonie.net: site officiel de psychophonie Marie-Louise Aucher, 93 rue Thiers – 17300 Rochefort (Tél./Fax 05 46 84 66 64).

Les forums sur le thème de la parentalité

www.123boutchou.com
www.magicmaman.com
www.maman-nature.com
www.france5.fr/maternelles

Adresses

En particulier pour les futurs parents adolescents: pour être aidés, conseillés ou orientés vers les structures compétentes, obtenez les adresses locales de ces organismes à la mairie de votre domicile:

- Direction départementale des affaires sanitaires et sociales (DDASS)
  Toutes les adresses sur: **www.social.gouv.fr**
- Centre communal d'action sociale
- Caisse primaire d'allocations familiales : **www.caf.fr**
- Planning familial 4, square Saint-Irénée – 75011 Paris (Tél.: 01 48 07 29 10)
  Site Internet: www. **planning-familial.org** – Email: mfpf@planning-familial.org
- Protection Maternelle et Infantile
- Ministère de la famille : **www.famille.gouv.fr**

RÉFÉRENCES BIBLIOGRAPHIQUES DE SOURCE ANGLAISE

CHAPITRE 1

Références

Adamson, S. "Hands-on therapy." *Health Visitor* 66: 2 (February 1993).
Adamson, S. "Teaching baby massage to new parents." *Complementary Therapies in Nursing and Midwifery* 2:6 (December 1996).
Ainsworth, M. *Infancy in Uganda.* Baltimore: Johns Hopkins University Press, 1967.
Auckett, A. "Baby massage: An alternative to drugs." *Australian Nurses Journal* 9:5 (November 1979).
Barnard, K. E., and Brazelton, T. B., eds. *Touch: The Foundation of Experience.* Madison, WI: International University Press, 1990.
Brown, C., et al., eds. *The Many Facets of Touch.* Johnson & Johnson Pediatric Round Table, no. 10. New York: Elsevier, 1984.
Carpenter, E. *Eskimo Realities.* New York: Holt, Rinehart & Winston, 1973.
Clary, E., et al. "Socialization and situational influences on sustained altruism." *Child Development* 57 (1986).
Crockenberg, S. "Infant irritability, mother responsiveness, and social support influences in the security of infant-mother attachment." *Child Development* 52 (1981).
Curran, F. "Massage: A skill at our fingertips." *Modern Midwife,* July 1996.
Day, L. "Infant massage." *Massage Magazine* 1:5 (1986).
Dellinger-Bavolek, J. "Infant massage: Communicating love through touch." *International Journal of Childbirth Education* 11:4 (December 1996).
Devore, I., et al. *Ethology and Psychiatry.* Toronto: University of Toronto Press, 1974.

Epstein, H. "Phrenoblysis : Special brain and mind growth periods." *Developmental Psychobiology.* New York : Wiley, 1974.
Field, T. "Infant massage." *Zero to Three* 14:2 (1993).
Field, T. "Infant massage." *Journal of Perinatal Education* 3:3 (1994).
Field, T. "Massage therapy for infants and children." *Journal of Developmental and Behavioral Pediatrics* 16:2 (April 1995).
Field, T., Schanberg, S., Scafidi, F., Bauer, C., Vega-Lahr, N., Garcia, R., Nystrom, J., and Kuhn, C. "Tactile/kinesthetic stimulation effects on preterm neonates." *Pediatrics* 77 (May 1986).
Fitzgerald, H., et al. *Child Nurturance : Studies of Development in Non-human Primates,* vol. 3. New York : Putnam, 1982.
Goleman, D. "Patterns of love charted in studies." *New York Times,* September 10, 1985.
Gubernick, D., et al. *Parental Care in Mammals.* New York : Plenum Press, 1981.
Hammett, F. "Studies in the thyroid apparatus : I." *American Journal of Physiology* 56 (1921).
Hammett, F. "Studies in the thyroid apparatus : V." *Endocrinology* 6 (1921).
Harlow, H. "The nature of love." *American Psychologist* 13 (1958).
Harlow, H. "Love in infant monkeys." *Scientific American* (June 1959).
Harlow, H., and Harlow, M. "Social deprivation in monkeys." *Scientific American* (November 1962).
Harlow, H., Harlow, M., Dodsworth, R., and Arling, G. "Maternal behavior of rhesus monkeys deprived of mothering and peer association in infancy." *Proceedings of the American Philosophical Society* 110 (1966).
Isherwood, D. "Baby massage groups." *Modern Midwife* 4:2 (February 1994).
Kinzey, W., ed. *The Evolution of Human Behavior : Primate Models.* New York : State University of New York Press, 1987.
Leiderman, L., Tulkin, S., and Rosenfeld, A., eds. *Culture and Infancy : Variations in the Human Experience.* New York : Academic Press, 1977.
McClure (Schneider), V. "Infant massage." *Childbirth Educator* 5:4 (Summer 1986).
Medoff, M. "The gentle benefits of baby massage." *East West Journal* 16:2 (February 1986).
Montagu, A. *Touching : The human significance of the skin,* 3rd edition, Harper and Row Publishers, 1986
Ottenbacher, K. J., et al. "The effectiveness of tactile stimulation as a form of early intervention : Quantitative evaluation." *Developmental and Behavioral Pediatrics* 8:2 (1987).
Pearce, J. *Magical Child.* New York : Dutton, 1977.
Plotsker-Herman, C. "The gentle art of infant massage." *American Baby Magazine* (March 1986).
Prescott, J. "Pleasure/violence reciprocity theory : The distribution of 49 cultures, relating infant physical affection to adult physical violence." *Futurist,* April 1975.
Queen, S., and Habenstein, R. *The Family in Various Cultures.* New York : Lippincott, 1961.
Reinis, S., and Goldman, J. *The Development of the Brain.* Springfield, IL : Thomas, 1980.
Restak, R. *The Infant Mind.* New York : Doubleday, 1986.
Rheingold, H. *Maternal Behavior in Mammals.* New York : Van Nostrand Reinhold, 1963.
Rice, R. "Neurophysiological development in premature infants following stimulation." *Developmental Psychology* 13 (1977).

Roberts, M. “Baby love.” (Effects of infant experience on later adult love life ; a study by Shaver and Hazan.) *Psychology Today,* March 1987.
Rorke, L., and Riggs, H. *Myelination of the Brain in the Newborn.* Philadelphia : Lippincott, 1969.
Schneider, E. F. “The power of touch : Massage for infants.” *Infants and Young Children* 8:3 (January 1996).
Selye, H. *Stress Without Distress.* New York : New American Library, 1974.
Slater, C. “The effects of tactile stimulation on infants.” *Massage Magazine* 28 (1990).
Sullivan, L. E. “The gift of touch.” *American Baby Magazine* 57 : 8 (August 1995).
Trotter, R. “The play's the thing : Baby massage.” *Psychology Today,* January 1987.
Whittlestone, W. “The physiology of early attachment in mammals : Implications for human obstetric care.” *Medical Journal of Australia* 1 (1978).
Witkin-Lanoil, G. *The Female Stress Syndrome.* New York : Berkley Books, 1984.
Yang, R., et al. “Newborn responses to threshold tactile stimulation.” *Child Development* 45 : 1 (March 1974).
Zborowsky, M., and Herzog, E. *Life Is With People.* New York : International University Press, 1952.

Livres recommandés

Baldwin, R. *Special Delivery.* Berkeley, CA : Celestial Arts, 1979, 1986.
Berends, P. B. *Whole Child, Whole Parent.* New York : Harper, 1975, 1997.
Eisenberg, A., Murkoff, H., and Hathaway, S. *What to Expect the First Year.* New York : Workman Publishing, 1996.
Leach, P. *Babyhood* (revised and expanded). New York : Alfred A. Knopf, 1998.
Leboyer, F. *Loving Hands : The Traditional Art of Baby Massage.* New York : Newmarket, 1976, 1997.
Maiden, A. H., and Farwell, E. *The Tibetan Art of Parenting : From Before Conception Through Early Childhood.* Boston : Wisdom Publications, 1997.
Sears, M., and Sears, W. *25 Things Every New Mother Should Know.* Boston : Harvard Common Press, 1995.
Sears, W., and Sears, M. *The Baby Book : Everything You Need to Know About Your Baby from Birth to Age Two.* New York : Little, Brown, 1993.
Stillerman, E. *Mother Massage : A Handbook for Relieving the Discomforts of Pregnancy.* New York : Dell, 1992.

Vidéos recommandées

Baby Massage : A Video for Loving Parents. Produced by Elly LeDuc. Pacific Communications. Website : **www.iaim-us. com**

Note aux parents :

L'apprentissage du massage des nourrissons n'est jamais aussi bien fait que dans le cadre de cours donnés par des instructeurs certifiés. Les cassettes video telles que celle-ci peuvent être utilisées comme une aide visuelle chez vous, après un cours. rien ne peut remplacer l'expérience et les enseignements que pourra vous apporter un instructeur qualifié.

CHAPITRE 2

Références

Bernhardt, J. “Sensory capabilities of the fetus.” *Maternal Child Nursing* 12 (January–February 1987).
Birnholtz, J. “The development of human fetal eye movement patterns.” *Science* 213 (August 7, 1981).
Bower, T. “The visual world of infants.” *Scientific American* 215 (December 1966).
Condon, W., and Sander, L. “Neonate movement is synchronized with adult

speech: Interactional participation and language acquisition." *Science* 183 (June 1974).
Day, S. "Mother-infant activities as providers of sensory stimulation." *American Journal of Occupational Therapy* 36: 9 (December 1982).
DeCasper, A., et al. "Of human bonding: Newborns prefer their mothers'voices." *Science* 208 (June 6, 1980).
Fantz, R. "Maturation of pattern vision in young infants." *Journal of Comparative and Physiological Psychology* 55 (1962).
Fantz, R. "Pattern vision in newborn infants." *Science* 140 (1963).
Ferreira, A. "Emotional factors in the prenatal environment." *Journal of Nervous and Mental Diseases* 141 (1965).
Figar, W. P., and Moon, C. "Psychobiology of newborn auditory preferences." *Seminars in Perinatology* 13 (1989).
Hooker, D. *The Prenatal Origins of Behavior.* Lawrence, KS: University of Kansas Press, 1952.
Hunziker, U., and Barr, R. "Increased carrying reduces infant crying: A randomized control trial." *Pediatrics* 77 (May 1986).
Kellen, A. "Babies understand 'baby talk, research suggests." *CNN Interactive,* March 18, 1999.
Klaus, M., and Kennell, J. *Bonding: The Beginning of Parent-Infant Attachment.* New York: New American Library, 1983.
Kuhl, P. 1997, Univ. of Washington: in the article "Goo-goo, Ga-ga Really Helps Baby Learn to Talk," as reported by the Associated Press, CNN Interactive, 7/31/97.
Liley, A. "The fetus as a personality." *Australian and New Zealand Journal of Psychiatry* 6 (1972).
Ludington-Hoe, S., and Golant, S. *How to Have a Smarter Baby.* New York: Rawson Associates, 1985.
McCarthy, P. "Scent: The tie that binds?" *Psychology Today,* July 1986.
Montagu, A. "The skin and human development." *Somatics* 1:3 (Fall 1977).
Pederson, P., et al. "Evidence for olfactory function in utero." *Science* 221 (July 29, 1983).
Porter, R., et al. "The importance of odors in mother-infant interactions." *Maternal Child Nursing* 12 (Fall 1983).
Restak, R. *The Infant Mind.* New York: Doubleday, 1986.
Rowland, R. "Babies learn language lessons before they talk, study shows." *CNN Interactive,* December 31, 1998.
Spence, M., and DeCasper, A. "Prenatal experience with low-frequency maternal voice sounds influences neonatal perception of maternal voice samples." *Infant Behavior and Development* 10 (1987).
Springer, S., and Deutsch, G. *Left Brain, Right Brain.* New York: Freeman, 1985.
Stott. "Children in the womb: Effects of stress." *New Society,* May 19, 1977.
Valman, H., and Pearson, T. "What the fetus feels." *British Medical Journal* 280 (1980).
Verney, T., and Kelly, T. *The Secret Life of the Unborn Child.* New York: Dell, 1981.
Williams, H. Personal interview by author, 1987.

CHAPITRE 3
Références

Anisfeld, E., Casper, V., Nozyce, M., and Cunningham, N. "Does infant carrying promote attachment? An experimental study of the effects of increased physical contact on the development of attachment." *Child Development* 61 (1990).

Austin, P. "Synchronous movements to human speech." *Perceptual Motor Skills* 79 (1983).
Belsky, J., and Steinberg, L. "The effects of day care : A critical review." *Child Development* 49 (1978).
Bolton, F.G., *When bonding fails : clinical assessment of high-risk families* Beverly Hills Publisher, Sage Publications, 1983.
Bowlby, J. *Attachment and Loss.* New York : Basic Books, 1969, 1996.
Caldwell, B. "The tie that binds : Does daycare weaken the bond with your baby ?" *Working Mother,* April 1987.
Capra, F. *The Tao of Physics.* New York : Bantam Books, 1980.
Clary, E., et al. "Socialization and situational influences on sustained altruism." *Child Development* 57 (1986).
Condon, W., and Sander, L. "Neonate movement is synchronized with adult speech : Interactional participation and language acquisition." *Science* 183 (June 1974).
Curry, M. "Maternal attachment behavior and the mother's self-concept : The effect of early skin-to-skin contact." *Nursing Research* 31 : 2 (March–April 1982).
DeCasper, A., et al. "Of human bonding : Newborns prefer their mothers'voices." *Science* 208 (June 6, 1980).
DeChateau, P., and Wiberg, B. "Long-term effect on mother-infant behavior of extra contact during the first hour postpartum." *Acta Paediatrica* 66 (1977).
Divitto, B., et al. "Talking and sucking : Infant feeding behavior and parent stimulation." *Infant Behavior and Development* 6:2 (April 1983).
D'Spagnat, B. "The quantum theory and reality." *Scientific American,* November 1979.
Edwards, C., et al. "The effects of daycare participation on parent-infant interaction at home." *American Journal of Orthopsychiatry* 57 : 1 (January 1987).
Fagot, B. I., and Kavanagh, K. "The prediction of antisocial behavior from avoidant attachment classifications." *Child Development* 61 (1990).
Field, T., Guy, L., and Umbel, V. "Infants'responses to mothers'imitative behaviors." *Infant Mental Health Journal* 6:1 (1985).
Grace, M. "Attachment in early childhood." Pact, An Adoption Alliance, 1998. Website : **www.pactadopt.org**.
Harlow, H., and Harlow, M. "Learning to love." *American Scientist* 54 (1959).
Harlow, H., and Harlow, M. "Effects of various mother-infant relationships on rhesus monkey behaviors." In *Determinants of Infant Behavior,* edited by B. M. Foss, vol. 4. London : Methuen, 1969.
Hunt, D. *Parents and Children in History.* New York : Basic Books, 1970.
Karen, R. *Becoming Attached : First Relationships and How They Shape Our Capacity to Love.* New York : Oxford University Press, 1998.
Klaus, M., and Kennell, J. *Parent Infant Bonding.* St. Louis : Mosby, 1982.
Lorenz, K. *Evolution and the Modification of Behavior.* Chicago : University of Chicago Press, 1965.
Magid, K., and McKelvey, C. *High Risk : Children Without a Conscience.* New York : Bantam Books, 1987.
McKenna, J. J. *Babies Need Their Mothers Beside Them.* Natural Child Project Society, 1996.
Pearce, J. *Magical Child Matures.* New York : Bantam Books, 1986.
Prescott, J. "Pleasure/violence reciprocity theory : The distribution of 49 cultures, relating infant physical affection to adult physical violence." *Futurist.* (1975, 1985).
Reite, M. "Touch, attachment, and health : Is there a relationship ?" In *The Many Facets of Touch,* edited by C. Brown et al., Johnson & Johnson Pediatric Round Table, no. 10. New York : Elsevier, 1984.

Restak, R. *The Infant Mind.* New York : Doubleday, 1986.
Ringler, N., et al. "The effects of extra postpartum contact and maternal speech patterns on children's IQ, speech, and comprehension at five." *Child Development* 49 (1978).
Roberts, M. "Baby love." [Effects of infant experience on later adult love life ; study by Shaver and Hazan.] *Psychology Today,* March 1987.
Snow, C. "The development of conversations between mothers and babies." *Journal of Child Language* 4 (1977).
Ziglar, E. "Recommendations of the Yale Bush Center Advisory Committee on Infant Care Leave." *Hearing on parental leave HR 2020 before House Subcommittees on civil service, labor management relations, labor standards, and employee benefits* (October 17, 1985). Washington, DC : U.S. Government Printing Office, 1985.

Livres recommandés

Brazelton, T. B. *Earliest Relationships : Parents, Infants, and the Drama of Early Attachment.* Reading, MA : Perseus, 1991.
Brazelton, T. B. *Touchpoints : Your Child's Emotional and Behavioral Development.* Reading, MA : Perseus, 1992.
Briggs, D. C. *Your Child's Self-Esteem.* New York : Doubleday, 1970.
Karen, R. *Becoming Attached : First Relationships and How They Shape Our Capacity to Love.* New York : Oxford University Press, 1998.
Klaus, M., Kennell, J., and Klaus, P. *Bonding : Building the Foundations of Secure Attachment and Independence.* Reading, MA : Perseus, 1996.
Leach, P. *Children First : What Society Must Do – and Is Not Doing – for Children Today.* New York : Random House, 1995.
Liedloff, J. *The Continuum Concept : In Search of Happiness Lost.* Reading, MA : Perseus, 1977, 1998.
Magid, K., and McKelvey, C. *High Risk : Children Without a Conscience.* New York : Bantam Books, 1987.
Pearce, J. *Magical Child.* New York : Dutton, 1977.
Pearce, J. *Magical Child Matures.* New York : Bantam Books, 1986.

CHAPITRE 4

Références

Block, J. *Lives Through Time.* Berkeley, CA : Bancroft Books, 1971.
Daly, T. "Men, infant massage, and manhood." *Tender Loving Care.* (Newsletter of the International Association of Infant Massage.) Winter 1987.
DeCasper, A., et al. "Human newborns'perception of male voices : Preference, discrimination, and reinforcing value." *Developmental Psychobiology* 17:5 (September 1984).
Fiefer, M., et al. "A method to help new fathers develop parenting skills." *JOGN Nursing* 10:6 (November–December 1981).
Field, T. "Interaction behaviors of primary versus secondary caretaker fathers." *Developmental Psychology* 14 (1978).
Kennell, J., et al. *Parent Infant Bonding.* St. Louis : Mosby, 1982.
Lamb, M. *The Role of the Father in Child Development.* New York : Wiley, 1981.
Lozoff, M. "Fathers and autonomy in women." In *Women and Success,* edited by R. Kundsin. New York : Morrow, 1974.
Pannabacker, B., et al. "The effect of early extended contact on father-newborn interaction." *Journal of Genetic Psychology* 141 (September 1982).

Parke, R. "Father infant interaction." In *Maternal Attachment and Mothering Disorders.* Johnson & Johnson Pediatric Round Table. New York : Elsevier, 1978.
Parke, R. "Father-infant interaction and infant social responsiveness." In *The Handbook of Infant Development,* edited by J. Osofsky. New York : Wiley, 1979.
Taub, D., ed. *Primate Paternalism.* New York : Van Nostrand Reinhold, 1984.
Tuttman. "The father's role in the child's development of the capacity to cope with separation and loss." *Journal of the American Academy of Psychoanalysis,* July 1986.
Zaslow, M., et al. "Depressed mood in fathers : Associations with parent-infant interaction." *Genetic, Social, and General Psychology Monographs* 3:2 (May 1985).

Livres recommandés

Brott, A. *The New Father : A Dad's Guide to the First Year.* New York : Abbeville Press, 1997.
DeMorier, E. *Crib Notes for the First Year of Fatherhood.* Minneapolis : Fairview Press, 1998.
Jamiolkowski, R. *A Baby Doesn't Make the Man : Alternative Sources of Power and Manhood for Young Men.* Teen Pregnancy Prevention Library, 1997.
Karen, R. *Becoming Attached : First Relationships and How They Shape Our Capacity to Love.* New York : Oxford University Press, 1998.
Marzollo, J. *Fathers and Babies : How Babies Grow and What They Need from You, from Birth to Eighteen Months.* New York : HarperCollins, 1993.
Meyer, D., ed. *Uncommon Fathers : Reflections on Raising a Child with a Disability.* Bethesda, MD : Woodbine House, 1995.
Parke, R., Brott, A. *Throwaway Dads : The Myths and Barriers that Keep Men from Being the Fathers They Want to Be.* New York : Houghton Mifflin, 1999.

CHAPITRE 5

Références

Benson, H., and Proctor, W. *Beyond the Relaxation Response : How to Harness the Healing Power of Your Personal Beliefs.* New York : Berkley, 1994.
Davis, M., et al. *The Relaxation and Stress Reduction Workbook.* New York : New Harbinger, 1998.
Debelle, B. "Relaxation and baby massage." *Australian Nurses Journal* 10:5 (May 1981).
Schaper, K. "Towards a calm baby and relaxed parents." *Family Relations : Journal of Applied Family and Child Studies* 31 : 3 (July 1982).
Selye, H. *Stress Without Distress.* New York : New American Library, 1974.

Livres recommandés

Benson, H., and Proctor, W. *Beyond the Relaxation Response : How to Harness the Healing Power of Your Personal Beliefs.* New York : Berkley, 1994.
Davis, M., et al. *The Relaxation and Stress Reduction Workbook.* New York : New Harbinger, 1998.
McClure, V. *A Woman's Guide to Tantra Yoga.* Novato, CA : New World Library, 1997.
McClure, V. *The Path of Parenting : Twelve Principles to Guide Your Journey.* Novato, CA : New World Library, 1999.

CHAPITRE 6

Références

Ayres, B. "Effects of infant carrying practices on rhythm in music." *Ethos* 1:4 (Winter 1973).

Bench, R. "Sound transmission to the human fetus through the maternal abdominal wall." *Journal of Genetic Psychology* 113–14 (1968–69).
Cass-Beggs, B. *Your Baby Needs Music.* New York : St. Martin's Press, 1978.
Daikin, L. *The Lullaby Book.* London : Publications, Ltd., 1959.
Geestesleven, U. *Clump-a-Dump and Snickle-Snack : Pentatonic Songs for Children.* New York : Mercury Press, 1966.
Hill, D., Trehub, S., and Kamenetsky, K. "Mothers'and fathers'songs to infants." *Current Research in Music Cognition,* 1998.
Matterson, E. *This Little Puffin.* London : Penguin Books, 1972.
Opie, I., and Opie, P. *The Oxford Nursery Rhyme Book.* London : Oxford University Press, 1955.

Livres recommandés

Chorao, K. *The Baby's Bedtime Book.* New York : E. P. Dutton, 1984.
Dyer, J. *Animal Crackers : A Delectable Collection of Pictures, Poems, and Lullabies for the Very Young.* New York : Little, Brown, 1996.
Emerson, S., MacLean, C., and MacLean, M. *The Nursery Treasury : A Collection of Baby Games, Rhymes and Lullabies.* New York : Doubleday, 1988.
Kapp, R. *Lullabies : An Illustrated Songbook.* New York : Harcourt Brace, 1997.
McKellar, S. *A Child's Book of Lullabies.* New York : DK Publishing, 1997.

CHAPITRE 7

Références

Daga, et al. "Appropriate technology in keeping babies warm in India." *Annals of Tropical Pediatrics,* March 1986.
Davis, A. *Let's Have Healthy Children.* New York : Harcourt Brace Jovanovich, 1972.
Glas, N. *Conception, Birth, and Early Childhood.* Spring Valley, NY : Anthroposophic Press, 1972.
Johanson, R. B., Spencer, S. A., Rolfe, P., Jones, P., and Massa, D. S. "Effect of post-delivery care on neonatal body temperature." *Acta Paediatrica* 81 : 11 (November 1992).
Lancet [editorial]. "At what temperature should you keep a baby ?" 2:1 (September 12, 1970).
Rutter, N. "Response of term babies to a warm environment." *Archives of the Disabled Child* 53 (March 1979).
Strothers, J., et al. "Thermal balance and sleep state in the newborn infant in a cool environment." *Journal of Physiology* 273 (December 1977).
Wolff, P. "The causes, controls, and organization of behavior in the neonate." *Psychological Issues* [Monograph 17] 5 (1965).

CHAPITRE 8

Références

Berkson, D. *The Foot Book : Healing with the Integrated Treatment of Foot Reflexology.* New York : Funk & Wagnalls, 1977.
Crelin, E. *Functional Anatomy of the Newborn.* New Haven : Yale University Press, 1973.

CHAPITRE 9

Références

Acredolo, L., and Goodwyn, S. *Baby Signs : How to Talk with Your Baby Before Your Baby Can Talk.* Chicago : Contemporary Books, 1996.

Anisfeld, E., Casper, V., Nozyce, M., and Cunningham, N. "Does infant carrying promote attachment? An experimental study of the effects of increased physical contact on the development of attachment." *Child Development* 61 (1990).

Ainsworth, M., and Bell, S. "Infant crying and maternal responsiveness." *Child Development* 43 (1972).

Chisolm. "Swaddling, cradleboards, and the developing child." *Early Human Development* 2:3 (September 1978).

Crockenberg, S. "Infant irritability, mother responsiveness, and social support influences in the security of infant-mother attachment." *Child Development* 52 (1981).

Cunningham, N., Anisfeld, E., Casper, V., and Nozyce, M. "Infant carrying, breastfeeding, and mother-infant relations: Cache or carry? Experimental evidence for positive effects of early infant carrying." *Lancet* 14 (February 1987).

Gatts, J. D., et al. "Reduced crying and irritability in neonates using a continuously controlled early environment." *Infant Advantage: Clinical Reports,* 1995.

Gray, L., Watt, L., and Blass, E. M. "Skin-to-skin contact is analgesic in healthy newborns." *Pediatrics* 105 #1: e14, January 2000.

Hunziker, U., and Barrm R. "Increased carrying reduces infant crying: A randomized controlled trial." *Pediatrics* 77: 5 (May 1986).

Johanson, R. B., Spencer, S. A., Rolfe, P., Jones, P., and Massa, D. S. "Effect of post-delivery care on neonatal body temperature." *Acta Paediatrica* 81: 11 (November 1992).

Kopp, C. "A comparison of stimuli effective in soothing distressed infants." *Dissertation Abstracts* 31: 12B (June 1971).

Korner, A., and Thoman, E. "The relative efficacy of contact and vestibular-proprioceptive stimulation on soothing neonates." *Child Development* 43 (1972).

Levy, T. M., and Orlans, M. *Attachment, Trauma, and Healing: Understanding and Treating Attachment Disorder in Children and Families.* Washington, D.C.: CWLA Press, 1998.

Moss, J., et al. "Swaddling, then, there, and now: Historical, anthropological, and current practices." *Maternal Child Nursing* 8:3 (Fall 1979).

Murray, A. "Infant crying as an elicitor of parental behavior." *Psychological Bulletin* 86 (1979).

Roberts, M. "No language but a cry." *Psychology Today,* June 1987.

Sagi, A., and Hoffman, M. "Empathic distress in the newborn." *Developmental Psychology,* 1976.

Sears, W., and Sears, M. *Parenting the Fussy Baby and the High Need Child: Everything You Need to Know from Birth to Age Five.* New York: Little, Brown, 1996.

Shaw, C. "A comparison of the patterns of mother-baby interactions for the group of crying, irritable babies and a group of more amenable babies." *Child Care, Health, and Development* 3 (1977).

Sherman, M. "Differentiation of emotional responses in infants: The ability of observers to judge the emotional characteristics of crying infants." *Journal of Comparative Psychology* 5 (1927).

Simner, M. "Newborn's responses to the cry of another infant." *Developmental Psychology* 5 (1971).

Solter, A. *The Aware Baby: A New Approach to Parenting.* Goleta, CA: Shining Star Press, 1984.

Wipfler, P. *Listening to Children: Crying.* Palo Alto, CA: Parents Leadership Institute, 1990.

Livres recommandés

Jones, S. *Crying Baby, Sleepless Nights.* Boston : Harvard Common Press, 1992.

Sammons, W., and Brazelton, T. B. *The Self-Calmed Baby.* New York : St. Martin's Press, 1991.

Sears, W., and Sears, M. *Parenting the Fussy Baby and the High Need Child : Everything You Need to Know from Birth to Age Five.* New York : Little, Brown, 1996.

Solter, A. *The Aware Baby : A New Approach to Parenting.* Goleta, CA : Shining Star Press, 1984, 1998.

Solter, A. *Tears and Tantrums : What to Do When Babies and Children Cry.* Goleta, CA : Shining Star Press, 1998.

CHAPITRE 10

Références

Anderson, G. "Infant colic : A possible solution." *Maternal Child Nursing* 8 (1983).

Barr, R. G., McMullan, S. J., Spiess, H., et al. "Carrying as colic 'therapy': A randomized controlled trial." *Pediatrics* 87 (1991).

Carey, W. "Maternal anxiety and infantile colic : Is there a relationship ?" *Clinical Pediatrics* 31 (1968).

Craven, D. "Why colic ?" *Medical Journal of Australia* 2 (1979).

Evans, R., et al. "Maternal diet and infantile colic in breastfed infants." *Lancet* 1 (1981).

Hsu, C. Y., et al. "Local massage after vaccination enhances the immunogenicity of diphtheria-tetanus-pertussis vaccine." *Pediatric Infectious Disease Journal* 14:7 (July 1995).

Jakobsson, L., and Lindberg, T. "Cow's milk proteins cause infantile colic in breastfed infants : A double blind study." *Pediatrics* 71 (1983).

Johanson, R. B., Spencer, S. A., Rolfe, P., Jones, P., and Massa, D. S. "Effect of post-delivery care on neonatal body temperature." *Acta Paediatrica* 81 : 11 (November 1992).

Larsen, J. H. "Infants'colic and belly massage." *Practitioner* 234 (April 1990).

Liebman, W. "Infantile colic : Association with lactose and milk intolerance." *Journal of the American Medical Association* 245 (1981).

Lothe, L., et al. "Cow's milk formula as a cause of infantile colic : A double-blind study." *Pediatrics* 70 (1982).

Paradise, J. "Maternal and other factors in the etiology of infantile colic." *Journal of American Medical Association* 197 (1966).

Said, G., et al. "Clinical trial of the treatment of colic by modification of parent-infant interaction." *Pediatrics* 74 (1984).

Sears, W., and Sears, M. *Parenting the Fussy Baby and the High Need Child : Everything You Need to Know from Birth to Age Five.* New York : Little, Brown, 1996.

Wessel, M., et al. "Paroxysmal fussing in infancy, sometimes called colic." *Pediatrics* 14 (1954).

Livres recommandés

Sears, W., and Sears, M. *Parenting the Fussy Baby and the High Need Child : Everything You Need to Know from Birth to Age Five.* New York : Little, Brown, 1996.

Solter, A. *The Aware Baby : A New Approach to Parenting.* Goleta, CA : Shining Star Press, 1984, 1998.

Solter, A. *Tears and Tantrums : What to Do When Babies and Children Cry.* Goleta, CA : Shining Star Press, 1998.

CHAPITRE 11

Références

Affleck, G., Tennen, J. H., and Rowe, J. "Mothers, fathers, and the crisis of newborn intensive care." *Infant Mental Health Journal* 11:1 (1990).

Anisfeld, E., Casper, V., Nozyce, M., and Cunningham, N. "Does infant carrying promote attachment? An experimental study of the effects of increased physical contact on the development of attachment." *Child Development* 61 (1990).

Dunn, C., Sleep, J., and Collett, D. "Sensing an improvement: An experimental study to evaluate the use of aromatherapy, massage and periods of rest in an intensive care unit." *Journal of Advanced Nursing* 21:1 (January 1995).

Field, T. "Interventions for premature infants." *Journal of Pediatrics* 109 (1986).

Field, T., Schanberg, S., Gunzenhauser, N., and Brazelton, T. "Massage stimulates growth in preterm infants: A replication." *Infant Behavior and Development* 13 (1990).

Field, T., Schanberg, S., Scafidi, F., Bauer, C., Vega-Lahr, N., Garcia, R., Nystrom, J., and Kuhn, C. "Cardiac and behavioral responses to repeated tactile and auditory stimulation of preterm and term neonates." *Developmental Psychology* 15 (July 1979).

Field, T., Schanberg, S., Scafidi, F., Bauer, C., Vega-Lahr, N., Garcia, R., Nystrom, J., and Kuhn, C. "Tactile/kinesthetic stimulation effects on preterm neonates." *Pediatrics* 77 (May 1986).

Gottfried, A., et al. "Touch as an organizer for learning and development." In *The Many Facets of Touch,* edited by C. Brown et al. Johnson & Johnson Pediatric Round Table, no. 10. New York: Elsevier, 1980.

Grossman, K., et al. "Maternal tactual contact of the newborn after various postpartum conditions of mother-infant contact." *Developmental Psychology* 17 (March 1981).

Harrison, L. L., Leeper, J., and Yoon, M. "Effects of gentle human touch on preterm infants: Results from a pilot study." *Infant Behavior and Development* 15 (1990).

Harrison, L. L., Leeper, J., and Yoon, M. "Early parental touch and preterm infants." *JOGN Nursing* 20:4 (1991).

Harrison, L. L., Leeper, J., and Yoon, M. "Effects of hospital-based instruction on interactions between parents and preterm infants." *Neonatal Network* 9:7 (1991).

Harrison, L. L., Leeper, J., and Yoon, M. "Preterm infants'physiologic responses to early parent touch." *Western Journal of Nursing Research* 13:6 (1991).

Harrison, L. L., et al. "Effects of gentle human touch on preterm infants: Results from a pilot study." *Infant Behavior and Development* 15 (1992).

Heffernan, A., et al. "Baby massage – a teaching model." *Australian Nurses Journal* 13:6 (December–January 1984).

Heller, S. A. "A comparison of the effects of containment and stroking of preterm infants at varying levels of maturity." Ph.D. diss. Chicago: Loyola University of Chicago, 1991.

Johanson, R. B., Spencer, S. A., Rolfe, P., Jones, P., and Massa, D. S. "Effect of post-delivery care on neonatal body temperature." *Acta Paediatrica* 81 : 11 (November 1992).

Klaus, M., and Fanaroff, A. *Care of the High-risk Neonate.* Philadelphia: Saunders, 1986.

Kramer, M., et al. "Extra tactile stimulation of the premature infant." *Nursing Research* 24 (September–October 1975).

Kuhn, C. M., et al. "Tactile-kinesthetic stimulation effects on sympathetic and adrenocortical function in preterm infants." *Journal of Pediatrics* 119 : 3 (1991).

McGrade, B. J., Affleck, G., Alen, D., and McQueeney, M. "Mothers of high-risk infants : Is their initial use of early intervention a predictor of later coping ?" *Infant Mental Health Journal* 6:1 (1985).

McIntosh, N. "Massage in preterm infants." *Archives of Disease in Childhood Fetal and Neonatal Education* 70 : 1 (January 1994).

Moses, H., and Phillips, R. "Skin hunger effects on preterm neonates." *Infant-Toddler Intervention* 6:1 (1996).

Oehler, J. "The development of the preterm infant's responsiveness to auditory and tactile social stimuli." *Dissertation Abstracts* 45 : 8B (February 1985).

Paterson, L. "Baby massage in the neonatal unit." *Nursing : Journal of Clinical Practice, Education and Management* [London] 4:23 (November–December 1990).

Powell, L. "The effect of extra stimulation and maternal involvement on the development of low birthweight infants and on maternal behavior." *Child Development* 45 (March 1974).

Rausch, P. "Effects of tactile and kinesthetic stimulation on premature infants." *JOGN Nursing* 10:1 (1981).

Rausch, P. "A tactile and kinesthetic stimulation program for premature infants." In *The Many Facets of Touch,* edited by C. Brown et al. Johnson & Johnson Pediatric Round Table, no. 10. New York : Elsevier, 1984.

Rice, R. "Premature infants respond to sensory stimulation." *APA Monitor,* November 1975.

Rice, R. "Cardiac and behavioral responsivity to tactile stimulation in premature and full term infants." *Developmental Psychology* 12:4 (July 1976).

Rice, R. "Neurophysiological development in premature infants following stimulation." *Developmental Psychology* 13 (1977).

Rose, S. "Effects of prematurity and early intervention on responsivity to tactual stimuli : A comparison of term and preterm infants." *Child Development* 51 : 2 (June 1980).

Rose, S. "Preterm responses to passive, active, and social touch." In *The Many Facets of Touch,* edited by C. Brown et al. Johnson & Johnson Pediatric Round Table, no. 10. New York : Elsevier, 1984.

Scafidi, F., et al. "Effects of tactile/kinesthetic stimulation on the clinical course and sleep/wake behavior of preterm neonates." *Infant Behavior and Development* 9:1 (January 1986).

Scafidi, F., et al. "Massage stimulates growth in preterm infants : A replication." *Infant Behavior and Development* 13 (1990).

Schaeffer, J. "The effects of gentle human touch on mechanically ventilated very short gestation infants." *Maternal Child Nursing* [Monograph 12], vol. 11 (1982).

Stern, M., et al. "Prematurity stereotyping : Effects on mother-infant interaction." *Child Development* 57 : 2 (April 1986).

Walt, J., et al. "Mother-infant interactions at two and three months in preterm, SGA, and full term infants." *Early Human Development,* September 1985.

White, J., et al. "The effects of tactile and kinesthetic stimulation on neonatal development in the premature infant." *Developmental Psychobiology* 9 (November 1976).

White-Traut, R. C., and Goldman, M. N. "Maternally administered tactile, auditory, visual and vestibular stimulation : Relationship to later interactions between mothers and premature infants." *Research in Nursing and Health* 11 (1988).

Livres recommandés

Harrison, H. *The Premature Baby Book.* New York : St. Martin's Press, 1978, 1983.

Klein, A. H., and Ganon, J. A. *Caring for Your Premature Baby.* New York : HarperCollins, 1998.

Ludington-Hoe, S., and Golant, S. *Kangaroo Care : The Best You Can Do for Your Preterm Infant.* New York : Bantam Books, 1996.

Manginello, F. P., Foy, T., and DiGeroniomo, M., eds. *Your Premature Baby.* New York : John Wiley & Sons, 1998.

CHAPITRE 12

Références

Als, H., et al. "Stages of early behavioral organization : The study of a sighted infant and a blind infant in interaction with their mothers." In *High Risk Infants and Children, Adult and Peer Interactions.* New York : Academic Press, 1980.

Ayres, J. *Sensory Integration and the Child.* Los Angeles : Western Psychological Services, 1979.

Bigelow, A. "The development of reaching in blind infants." *British Journal of Developmental Psychology* 4 (November 1988).

Bushnell, E. "Relationship between visual and tactual exploration by six-month-olds." *Developmental Psychology* 21:4 (July 1985).

Clark, L. "The importance of touch with an anencephalic baby." *Maternal Child Nursing* 7:5 (September–October 1982).

Cratty, B., and Sams, T. *The Body Image of Blind Children.* New York : American Foundation for the Blind, 1968.

Drehobl, K., and Fuhr, M., *Pediatric Massage for the Child with Special Needs.* Tucson : Therapy Skill Builders, 1991.

Fraser, B. "Child Impairment and Parent-Infant Communication." *Child Care, Health, and Development* 12 (1986).

Gregory, S. "Mother speech to young hearing impaired children." *Journal of the British Association of Teachers of the Deaf* 3 (1979).

Hansen, R. "Motorically impaired infants : Impact of a massage procedure on caregiver-infant interactions." *Journal of the Multi-Handicapped Person* 1:1 (1988).

Harrison, H. *The Premature Baby Book.* New York : St. Martin's Press, 1983.

Hart, V. "Characteristics of young blind children." Paper presented at the Second International Symposium on Visually Handicapped Infants and Young Children : Birth to Seven. Aruba, 1983.

Infant Hearing Resource. *Parent-Infant Communication : A Program of Clinical and Home Training for Parents and Hearing Impaired Infants.* Portland, OR : Infant Hearing Resource, 1985.

Korner, A., et al. "Visual alertness in neonates as evoked by maternal care." *Journal of Experimental Child Psychology* 10 (1970).

Linkous, L. W. "Passive tactile stimulation effects on the muscle tone of hypotonic, developmentally delayed young children." *University of Alabama* (1990).

Porter, S. J. "The use of massage for neonates requiring special care." *Complementary Therapies in Nursing and Midwifery,* August 1996.

Riesen, A. "Sensory Deprivation." In *Progress in Physiological Psychology,* edited by E. Stellar and J. Sprague. New York : Academic Press, 1966.

Scafidi, F., and Field, T. "Massage therapy improves behavior in neonates born to HIV-positive mothers." *Journal of Pediatric Psychology* 21:6 (December 1996).

Simons, R. *After the Tears : Parents Talk About Raising a Child with a Disability.* Denver, CO : Children's Museum of Denver, 1985.
Slater, C. "Massaging crack babies." *Massage Magazine* 28 (1990).
Speirer, J. *Infant Massage for Developmentally Delayed Babies.* Denver, CO : United Cerebral Palsy Center, 1982.
Speirer, J. *Therapeutic Infant Massage as an Intervention for Parent and Child Attachment.* Denver, CO : United Cerebral Palsy Center, 1982.
Strauss, L. "The effects of tactile stimulation on the communicative, social-emotional, and motor behaviors of deaf-blind-multi-handicapped infants." *Dissertation Abstracts* 42 : 10A (April 1982).
Warren, D. *Blindness and Early Childhood Development.* New York : American Foundation for the Blind, 1984.
Weber, K. "Massage for drug exposed infants." *Massage Therapy Journal,* 1991.
Wheeden, A., Scafidi, F. A., Field, T., Ironson, G., Valdeon, C., and Bandstra, E. "Massage effects on cocaine-exposed preterm neonates." *Journal of Developmental and Behavioral Pediatrics* 14:5 (1993).
White, B., and Held, R. "Plasticity of sensorimotor development in the human infant." In *Causes of Behavior : Readings in Child Development and Educational Psychology,* 2d ed., edited by J. Rosenblith, and W. Allinsmith. Boston : Allyn & Bacon, 1966.
Wills, D. "The ordinary devoted mother and her blind baby." *Psychoanalytic Study of the Child* 34 (1979).
Zimmerman, J. "Social interaction patterns between blind and multi-impaired infants and their mothers : An analysis." *Dissertation Abstracts* 42 : 7A (1982).

Livres recommandés

Behrman, R. E. *The Future of Children : Drug Exposed Infants.* New York : Center for the Future of Children, 1991.
Bull, M. T. *Keys to Parenting a Child with Down Syndrome.* New York : Barrons, 1993.
Geralis, E., ed. *Children with Cerebral Palsy : A Parent's Guide.* Bethesda, MD : Woodbine House, 1998.
Holbrook, M., ed. *Children with Visual Impairments : A Parent's Guide.* Bethesda, MD : Woodbine House, 1996.
Hughes, S. *What Makes Ryan Tick : A Family's Triumph over Tourette Syndrome and Attention Deficiency Hyperactivity Disorder.* Carol Stream, IL : Hope Press, 1996.
Kephart, B. *A Slant of Sun : One Child's Courage.* New York : W.W. Norton, 1998.
Kranowitz, C., and Silver, L. *The Out-of-Sync Child : Recognizing and Coping with Sensory Integration Dysfunction.* New York : Perigee, 1998.
Meyer, D. J., ed. *Uncommon Fathers : Reflections on Raising a Child with a Disability.* Bethesda, MD : Woodbine House, 1995.
Miller, F., and Bachrach, S. J. *Cerebral Palsy : A Complete Guide for Caregiving.* Baltimore : Johns Hopkins University Press, 1995.
Ogden, P. W. *The Silent Garden : Raising Your Deaf Child.* Washington, D.C. : Gallaudet University Press, 1982.
Sacks, O. *Seeing Voices : A Journey into the World of the Deaf.* New York : Harper, 1990.
Shapiro, L. *Uncommon Voyage : Parenting a Special Needs Child in the World of Alternative Medicine.* London : Faber and Faber, 1997.
Simons, R. *After the Tears : Parents Talk about Raising a Child with a Disability.* New York : Harcourt Brace, 1991.

Stray-Gundersen, K. *Babies with Down Syndrome : A New Parent's Guide.* Bethesda, MD : Woodbine House, 1995.

Sumar, S. *Yoga for the Special Child : A Therapeutic Approach for Infants and Children with Down Syndrome, Cerebral Palsy, and Learning Disabilities.* Buckingham, NY : Special Yoga Publications, 1998. Website : **www. specialyoga. com.** E-mail : *Info@specialyoga.com.*

CHAPITRE 13

Références

Karen, R. *Becoming Attached : First Relationships and How They Shape Our Capacity to Love.* New York : Oxford University Press, 1998.

Montagu, A. *Touching.* New York : Harper and Row, 1978.

Zacher-Laves, C. U. "Suggestions for adaptations of the massage with the growing child." Private communication to author, 1999.

Livres recommandés

Cole, J., Calmenson, S., and Tiegreen, A. *Pat-a-Cake and Other Play Rhymes.* New York : Morrow, 1992.

Cole, J., Tiegreen, A., and Calmenson, S. *The Eentsy, Weentsy Spider : Fingerplays and Action Rhymes.* New York : Morrow, 1991.

Staff, T., and Mohrmann, G. *1001 Rhymes and Fingerplays.* Boston : Watten Publishing House, 1994.

CHAPITRE 14

Références

Acredolo, L., and Goodwyn, S. *Baby Signs : How to Talk to Your Baby Before Your Baby Can Talk.* Chicago : Contemporary Books, 1996.

Bond, J. "Post adoption depression syndrome." *Roots and Wings.* ADOPT : Assistance Information Support (Spring 1995). Website : **www.adopting.org/pads.html.**

Clark, S. "Prenatal trauma and the adoptee experience." San Francisco : Pact, An Adoption Alliance, 1998. Website : **www.pactadopt.org**.

Dubucs, R. "Touching and the adopted child." *International Concerns for Children* (1998).

Grace, M. "Attachment in early childhood." San Francisco : Pact, An Adoption Alliance, 1998. Web site : **www.pactadopt.org**.

Hage, D. "Foundations of attachment." *International Concerns for Children* (1999).

Henning, R. S. Personal letter to author, 1999.

Ingram, J. "Russian foster families face huge task." *Philadelphia Inquirer,* December 18, 1998.

Karen, R. *Becoming Attached : First Relationships and How They Shape Our Capacity to Love.* New York : Oxford University Press, 1998.

Kurson, B. "Foster parents face a life of tough breaks." *Chicago Sun Times,* March 14, 1999.

Melina, L. "Attachment to older child has some twists." *Adopted Child,* January 1985.

Melina, L. "Unattached child : Going through life not caring." *Adopted Child* (February 1985).

Melina, L. "Attachment theorists believe parent-infant experiences determine later behavior." *Adopted Child,* May 1997.

Russell, M. "The lifelong impact of adoption." San Francisco : Pact, An Adoption Alliance, 1998. Website : **www.pactadopt.org**.

Singer, L., et al. "Mother-infant attachment in adoptive families." *Child Development* 56 (December 1985).
Steinberg, G. "Bonding and attachment: How does adoption affect a newborn?" San Francisco: Pact, An Adoption Alliance, 1998. Website: **www.pactadopt.org**.
"The Special Love of Foster Parents." *Record Online* (December 6, 1998).
Verrier, N. "Healing the primal wound." San Francisco: PACT, An Adoption Alliance, 1998. Website: **www.pactadopt.org**.

Livres recommandés

Babb, L., Laws, R., and DeBolt, R. *Adopting and Advocating for the Special Needs Child.* Bergin & Garvey, 1997.
Davis, S. *Do You Want to Be a Foster Parent?* Lucid Press, 1998.
Karen, R. *Becoming Attached: First Relationships and How They Shape Our Capacity to Love.* New York: Oxford University Press, 1998.
Melina, L. *Raising Adopted Children.* New York: HarperPerennial, 1998.
Russell, M. *Adoption Wisdom: A Guide to the Issues and Feelings of Adoption.* Boston: Broken Branch Productions, 1996.
Verrier, N. *The Primal Wound: Understanding the Adopted Child.* 1993.

CHAPITRE 15

Références

Crockenberg, S. B. "Professional support for adolescent mothers: Who gives it, how adolescent mothers evaluate it, what they would prefer." *Infant Mental Health Journal* 4:1 (1986).
Field, T., Widmayer, S., Adler, S., and de Cubas, M. *Teenage Parenting in Different Cultures, Family Constellations, and Caregiving Environments: Effects on Infant Development.* Miami: University of Miami Medical School, 1986.
Herzog, E. P., Cherniss, D. S., and Menzel, B. J. "Issues in engaging high-risk adolescent mothers in supportive work." *Infant Mental Health Journal* 7:1 (1986).
Karen, R. *Becoming Attached: First Relationships and How They Shape Our Capacity to Love.* New York: Oxford University Press, 1998.

Livres recommandés

Gore, A. *The Hip Mama Survival Guide.* New York: Hyperion, 1998.
Jamiolkowski, R. *A Baby Doesn't Make the Man: Alternative Sources of Power and Manhood for Young Men.* Teen Pregnancy Prevention Library, 1997.
Lerman, E., and Moffett, J. *Teen Moms: The Pain and the Promise.* Buena Park, CA: Morning Glory Press, 1997.
Simpson, C. *Coping with Teenage Motherhood.* NY: Rosen Publishing Group, 1997.
Trapani, M. *Listen Up: Teenage Mothers Speak Out.* NY: Rosen Publishing Group, 1997.

Vidéos recommandées

Rubenstein, Joni. *Healthy Touch: Infant Massage for Teenage Parents.* Tucson: Three Hearts, 1998. Address: 7320 N. LaCholla Blvd. Ste 154-205, Tucson, AZ 85741.
I Am Your Child: The First Years Last Forever. Produced by Johnson & Johnson, narrated by Rob Reiner. 1997.

TABLE DES MATIÈRES

Achevé d'imprimer
en avril 2017 en Pologne